THE PROFESSIONAL
DEVELOPMENT WAY OF LAWYER

律师如何发展

北京市朝阳区律师协会 编

从选择专业到做好专业

12位律师倾情讲述律师专业选择与成长之道

中国法制出版社
CHINA LEGAL PUBLISHING HOUSE

前　言

“士不可以不弘毅，任重而道远。”这几乎是每一位优秀律师同人的从业经历写照。从将律师作为职业选择的那一刻起，如何选择专业并做好自己的专业，便应是终身思考与践行的课题。

从业多年，我曾与许多青年律师有过交流，发现踏入律师行业的许多青年同行，虽满怀一腔热血，却往往忽略或是没有足够的信息与经验去进行细分专业领域的选择与深耕。北京市朝阳区律师协会教育培训委员会立足青年律师实际需求与从业困扰，邀请各个细分领域的优秀律师进行了系列讲座，取得了良好的反响，现将该系列讲座的讲稿整理成书，期望能惠及更多的青年律师。

律师执业领域趋于专业化与精细化，是目前法律服务市场的现实需要，更是未来的发展方向。通常来说，律师业务分为诉讼和非诉讼两大类，而这两大类下又有很多细分的专业方向，每一个业务方向在法律专业的知识要求、工作的主要方式与内容等方面还是会有很大差异。人的时间、精力都是有限的，每个人都存在自身的局限性，如果贪多求全或是随波逐流，有可能会陷入什么都会，但什么都不精的尴尬境地，这对青年律师的成长无疑是不利的。因此，如何选择专业方向，是初入职场的青年律师必须面对的问题。关于对专业方向的选择，有以下几个方面可以考量：

兴趣往往是专业选择的第一引领要素。律师需要终身学习、及时学习、深度学习，还需要不断全方位地锤炼各方面的能力。如果不是发自内心的喜爱，这个过程将会是痛苦且难以忍受的。因此，是否真正喜欢自己所选择的专业方向，是律师能否将工作做得漂亮，进而做出一番成绩的重要基础。而在这个过程中，个人性格又具有比较大的影响，比如活泼开朗、喜欢与客户打交道的律师，一般来说可能更适合需要进行较多交流的业务领域，性格比较内向但认真细心的律师，可能更适合文书类工作比较多的业务领域。需要提示的是，所谓兴趣，一定是通过自己的实践和经历去确认的，而不能只凭借过往的认知与想象。比如，很多青年人往往并没有通过实习或者担任律师助理等实践了解律师行业的工作现状，而是通过一些书籍或影视作品，甚至是坊间传闻了解到律师行业光鲜亮丽的一面，并希望成为跟他们一样的人。那么，当真正接触到这一方向的工作内容后，会因落差而感到无法接受。

薪资与市场需求通常会成为影响选择的又一个重要影响因素。某一专业方向的市场前景如何，能否满足个人对薪资待遇的需求，是绝大多数初入职场的青年律师都会考虑的因素。以北京地区为例，如果没有较好的薪资待遇和市场前景，一个青年律师初入职场后，在或长或短的阶段内会面临巨大的生活压力。

除此之外，还有很多的个人主客观条件需要考虑，比如说是否能够接受长期加班、出差，是否在这个专业方向有扎实的知识积累，以及是否初步具备这个专业方向所需要的重要能力与素质等。不同人所接受的教育及个人能力是有差异的，对工作强度、工作压力的承受能力也是不同的，这对选择执业方向也具有重要影响。

但律师业务专业化并不代表割裂，律师的专业化程度越高，越意味着多领域作战与跨领域合作。以诉讼律师为例，虽然我们诉讼律师的执业方向是专业化的，但客户的问题和需求往往是模糊的，需要我们捕捉信息点去思考，以找到相对应的点。因此，基于客户需求，对一个案子进行多角度思考是对客户负责。有时还需要与其他领域的律师合作，以达到更好的效果。

坚持永远是律师成长之精髓。当你在真正通过考量自身状况与客观情况之后选择了一个专业方向，剩下需要做的，就是“不忘初心，脚踏实地，披荆斩棘”。不要因为没有掌声而放弃梦想，持之以恒地在正确的方向上努力，鲜花和掌声会在未来等你——律师的成长之路，从来都是先有苦、后有甜。绝大多数律师在入行初期，都不会有丰富的案源和光鲜的社会地位，相反，还会面临较大的生活压力。从助理到执业律师，再到合伙人，或许需要十几年的积累与努力。人生确实没有几个十几年，但只有懂得坚持的人才能真正走向职业成功。

一位成功的律师，从来不会停下他的脚步。无论是在地铁、火车、飞机上，还是工作、下班时间，律师打开电脑开始工作的场景随时可见。收获认可、尊重的背后注定是忙碌与辛苦，就看自己是否喜欢这样的生活，是否愿意在奋斗中获得满足感并为之坚持下去。脚踏实地永远是律师成长之要义。律师成长没有捷径，也很难弯道超车。努力把每一件事情做到位、做深入，把每一点碎片化工作做细致、做完整，是获得快速提升的唯一路径。

青年律师在学校里学习的是体系化、系统化的法律知识，当走进职场，面对相对碎片化且更加紧迫的工作任务，往往会觉得无所适从。因此，转变思维模式，把每一件小事做好，工作能力便已在潜移默化中被好好打磨了。要知道，飘在空中的心是无法真正找到适合自己的栖息之地的，律师工作最忌眼高手低，一些青年律师在工作初期会觉得某个业务领域的工作与自己预期不相符，便开始试着换其他的专业方向，如果不行继续再换，导致在每个方向领域都浅尝辄止，无法扎根成长。

终身学习永远是律师成长之大道。总的来说，律师的工作是在法律框架内解决问题，对于法律知识与各式各样问题的学习，是伴随职业生涯始终的。那么，要学什么呢？首先，要在实践中学习。法学是与时俱进的学科，也是需要在实践中去积累、去学习的学科。有句话说，对于实务来讲，三年的书本知识学习不如三年的工作经验。以诉讼律师为例，用自己的知识去解决实际问题的过程，也是反过来不断丰富自己理论知识的过程。不断进行实践，在实践中见微知著，才能慢慢懂得办案的逻辑与方法。另外，除了学习法律知识，还要学习各行业、各领域的知识。律师要解决的问题涉及生活与工作的方方面面，这就要求我们律师不能仅仅做一个法律知识的搬运工。知识面越广，眼界就越广，发现问题、看待问题的眼光就越犀利，洞察事物的能力便在这个过程中潜移默化地得到提升。此外，英语、计算机等作为现代律师工作越来越重要的工具，亦需要个人不断地进行学习，以使自己的专业素养得到更大提升。

总结与反思的习惯永远是律师成长的垫脚石。这是因为直接与间接的经验教训，是律师个人成长道路上的宝贵财富。任何一个种类的案件或项目总有其共性，学会从每一个经手的案件或项目中总结经验、反思不足，可以有针对性地迅速积累、总结经验与教训，扎实掌握类似案件或项目的基本工作技能，并有助于实现“犯过的错不再犯”。长此以往，必然会获得更长足的成长与进步。

“悟已往之不谏，知来者之可追。”律师之路上，选择专业的初心永远坚定，做好专业的信心才不会因风雨而飘摇。此次集合各位律师的执业心得，便是为准备或者已经踏上律师职业道路的那些迷茫的青年人提供参考，愿大家都能找到自己喜欢又适合自己发展的执业方向。一颗心永远热爱，干出属于自己的一番成就。

杨　光

北京市朝阳区律师协会　会长

2020 年 12 月 18 日

目　录

CONTENTS

律师的成长精义在于专业与坚持

程　阳[①]

【干货心得】

遇到瓶颈期不能坐以待毙，解决路径往往就存在于我们所处的环境中。小到从团队搭建事项中找到答案，因为团队建设、团队协作总能带给我们很多新视角、新感受，这无形之中有助于开拓我们的视野，改变我们当下的状态。大到从实现社会价值中寻求出路，承担社会责任无疑要求我们具备更宽广的格局，而在这一过程中我们势必会不断自我改变、不断自我调整。

我的成长不是跌宕起伏的故事，一切都顺其自然。从小到大，我一直是老师眼中的好学生。从中国政法大学毕业后开始从事律师行业，一直都以服务机构客户为主。经过十多年的磨炼和积累，很庆幸自己既有服务的广度——见识了争议、并购等各类业务；更有专业领域的深度——在劳动业务领域深耕多年，从而能够在劳动业务领域继续精进。

---

① 作者系北京市兰台律师事务所合伙人律师，主要执业领域为劳动人事、合规及政府法律服务。擅长契合公司个性化需求，运用法律为客户提供合规实用的法律服务方案，尤其擅长人力资源合规建设，服务客户行业涉及广泛，包括互联网、金融、医疗等。

我先后经历了律师助理、律师、主管律师和薪资合伙人阶段，现在做到权益合伙人，一路走来没有跳级，一步一个脚印走过了绝大多数律师进阶的成长之路。本篇文章中，我将结合自己的经历和观察，和大家分享专业化道路上的点点滴滴，希望对还在是否要专业化以及如何专业化中徘徊的人多少有些启发。

律师专业化不仅是现实需要，更是未来的发展方向。然而，成为专业律师并不容易，如何选择专业、选择专业后如何行动，都是律师在专业化道路上需要解决的问题。对于非在团队的律师，专业还受市场等诸多因素影响，相较于在专业团队的律师，非在团队的律师专业化更难一些。考虑到情况不同，我在写作时，尽量以律师个体可做的事情为依托，希望对非在团队的律师也能有更多的借鉴意义。

律师专业需要大量同质化业务成就，没有大量同质化业务，专业如"空中楼阁"，但只有同质化业务，没有深入、没有管理，专业化仍是表面专业化，很难走得长远。所以，律师专业化是需要不断总结、不断提炼的，专业化是一个过程。

在互联网发达、信息获取便利、人人都可以打造"IP"的今天，个人专业化也成为一种可能，但以团队方式完成专业化能走得更远。

我分五个部分介绍：第一部分，结合我自己的经历和判断，就律师如何选择专业方向进行分析；第二部分，选择专业后通常会经历的三个阶段，以及三个阶段工作的侧重点和方法；第三部分，从律师价值的角度审视律师专业性的三个表现；第四部分，总结自己这些年专业化路上的心态调整；第五部分，提炼自己在专业化道路上的一些心得，供大家参考。

一、律师如何选择专业方向

什么是专业？这个问题很难说清楚，也没有定论。我们可以从不同维度理解专业：从行业角度划分专业，比如医药行业；从业务领域角度划分专业，比如家族财富领域。选择专业会涉及我们如何理解专业化的问题，对专业化的理解一定程度会制约专业方向的选择。而且，随着对专业领域的了解逐渐深入，我们对专业化也会有不同认知。我结合自己选择专业的过程以及这些年的执业体会，和大家聊聊我对专业方向的理解和专业选择时的考量。

我一直在观察各领域内做得非常好的专业律师，发现他们有很多相似的地方：比如，对待任何事情都很认真；再如，从不迟到。大家可能觉得这都太小儿科了，但实际上，做到几十年如一日并不容易。这些小细节的背后，是律师几十年如一日的坚持，是对自我的要求、对客户的责任心，是专业精神。

讲专业选择却以上述观察开头，核心是想表达一个意思，即在选择专业时，不要忽略一些基础底色。从技术角度看，我们需要选择专业，这是市场分工、客户需求、自我精力有限和律所管理的必然结果，但任何专业在专业精神、服务理念方面都有相通之处。我们不是为了选择专业而选择专业，选择专业是因为我们知道精力、时间有限，要想做好，必须有所取舍。但我们不应该因为选择专业而忽略基本的素养要求。

（一）选择专业方向并不意味着画地为牢，根本目的是为客户解决问题

以解决问题为导向思维的背后是我们要切记，选择专业不是为了选择而选择，而是为了更专业地为客户解决问题。我们要将专业放到市场中去考虑，而不仅仅是依照个人喜好。

1. 通过客户表述看到客户真正的需求是选择专业方向的基础

律师是市场经济主体的参与者，要将客户需求作为考虑问题的出发点之一，我们不能只看客户的表面需求，更应该关注其背后的需求。具体表现为：（1）客户需求的挖掘、理解、转换等；（2）分析客户表面需求呈现出的背后问题；（3）寻找这些问题的解决方案。

由于市场变化、政策繁多、业务细分，客户现在面临问题的复杂程度让律师不能再靠着通识的专业知识进行判断。不仅如此，客户表面的专业需求还考

验律师的反馈速度、沟通能力等诸多能力。显然，要想做到专业、速度、质效，律师专业化就是一种必然，本部分以讲解专业知识部分的需求为核心内容。我将举例说明选择专业的重要性，同时，也想说明的一点是，专业选择不代表只局限在专业知识内解决问题，这是专业化过程中必须谨记的事项。

2. 专业方向不应当限制专业思维，而应全面地解决客户问题

客户陈述：某员工离职后去了竞争对手的公司，她拿走很多客户名单，还从公司挖人，程律师，该怎么处理呢？

大家想一下，如果是你，你会如何回答呢？

作为一个劳动法律师，可能首先想到的是竞业限制，而我并没有这么想，因为这样的想法不能切实地解决客户问题。

我首先对客户的问题进行了拆解：（1）公司如何对该名已经离职的员工进行处理？（2）公司的处理方式会对其他员工产生什么样的管理效果？（3）该问题本身暴露出公司存在着哪些问题，后续如何改进？

这些问题的拆解对我而言，几乎没有花时间，而只是一种条件反射。

在完成问题拆解后，我开始了解情况：（1）从竞业限制角度，是否签署了竞业限制协议，离职时是否启动了竞业限制，是否支付了竞业限制补偿，该员工属于哪类人，是高管还是其他掌握商业秘密的人，是否有直接证据证明该员工已经到了竞争对手那里等；（2）从侵犯商业秘密角度，对这些客户信息公司采取的保密措施、员工获取客户信息的方式和渠道、目前该员工的行为给公司造成的影响都是怎样的；（3）甚至可能从不正当竞争或者刑事角度去考量等。

了解完情况后，我们开始讨论具体的解决方法：采取具体措施之前需要调查哪些证据；如果调查，如何锁定证据；根据证据情况采取哪些措施，发律师函、诉讼还是其他。如果在解决问题的过程中发现公司管理上的问题，应当思考后续如何改进。

我举上述例子只想说明，当以客户为逻辑出发点时，我们会发现专业化不是自身发展的需要，而是保障客户利益的需要。同时，也需要提示的是，在专业化过程中，不应当迷失在专业化中。

3. 专业化的其他专业支撑是更专业的基础

在解决上述问题的过程中，我与刑事团队以及知识产权团队律师都有过沟通。目的是为客户提供更为全面的工作方案。所以，专业化一定意味着协作。有效协作是专业化深度发展的前提。为此，在选择专业时，也应当考虑周边相关专业匹配的力量，整合有效的专业资源。

律师专业化是执业方向，但客户需要和问题不一定是专业化的，因此，专业化不是让我们画地为牢，而是以某一领域为支撑。同时，清晰了解哪些问题会跨业务领域，而对于跨业务领域的问题，我们同样可以为客户找到最专业的支撑。

专业选择一定不要站在自己的角度去考虑，而要站在客户的角度选择专业方向，评估自己身边可以借助的力量，客户需求是专业化选择的逻辑起点。

（二）选择专业方向是顺其自然的，是感性和理性结合的过程

兴趣是最好的老师，选择却靠机缘巧合，完全以自己的爱好选择专业很奢侈。而我也见过一直在选择的人，千万不要一直以选择的名义原地踏步。

1. 专业方向不建议追求热门，要从可持续发展的角度去选择

现在资讯非常发达，我们可以通过各种方式了解有哪些业务领域，一定不能靠着自己的“想象”去规划，比如可以参考各个主要领域的排行榜。同时，这些业务领域的市场行情，这些业务领域顶级的律师在干什么，该业务领域的主要业务种类是什么，都是可以通过多种渠道获得相关信息的。要通过了解这些信息来帮助判断未来的业务方向，结合自己的情况选择业务领域。当然，也可以向该业务领域的律师寻求一些建议，但是不论什么建议，都应当有自己的判断，即理性分析市场情况，听取各方建议，但最终选择权一定是自己的，要选一个至少在自己认知范围内，相信该领域是有潜力或者是有所作为的领域。但我个人不建议去追求热门，比如区块链，新的业务领域看似有很多机会，但更多时候，“坑”比机会多。如果没有特别的机遇，选择一个可持续发展的领域更重要。如何鉴别是否可持续呢？还是回归到客户需求，客户的哪类需求是基础

的需求。比如劳动法，就是任何客户在任何时候都有需求的一个业务领域，该领域不一定热门，但却可持续。

律师的执业生涯很长，可持续比热门更重要。

2. 选择专业方向时，要对该领域的市场格局有所了解

当我们选择某领域时，要对该领域的市场格局有所了解，对行业大咖以及行业领先的律师事务所做对比分析，分析他们的成长路径、优势等。同时，也分析他们做哪些业务，不做哪些业务。

就此，建议大家在选择业务领域时仔细看看每个事务所对该业务领域的推介表述，提供的服务内容可以给我们很多启发，我们可以看到该业务领域的空间，以及自身存在的差距。

以我自己熟悉的劳动业务为例，没有入门前，可能觉得劳动业务就是劳资争议，就是一些琐碎咨询，就是员工手册。这种认知方式会限制我们的选择和对未来的想象。如果仔细去研读排名靠前的律师和律所，就会发现上述对专业领域的理解过于狭隘，比如集体协商、大规模人员安置、股权变更、资产转让过程中的人员安排、竞业限制、股权激励等都属于劳动业务，原来与“人”相关的事情这么多。

很多门道站在门外永远看不清楚，对专业领域有一个概括认知是选择专业的需要，也是为未来的发展奠定基础。

3. 选择专业方向时，要对自己未来在该专业领域的建树有目标

目标很重要，目标与功利无关，只关乎自我要求。如果为了选专业而选专业，在未来发展中，一定会遇到很多问题。

我之所以把目标确定作为如何选专业的一个问题，是因为律师在成长过程中有太多的诱惑、困难，很容易走偏。当我们在选择专业的同时，也有一个具象化的目标时，这个目标会成为对我们未来行为的矫正标尺。

如何确定目标是很个人化的事。就我自己而言，要回归到第一个问题，即客户导向。一定程度上，我觉得自己胸无大志，我就希望每一个找到我的客户，我

都能给他们提出快捷、高效、清晰的专业意见，而我给出去的意见经得起推敲，经得起检验。具体执行时，我们会发现，要想达成该目标，真的好难。所以，选择专业方向一定要有目标，有目标指引的专业选择会让专业化走得更远。

综合来看，专业选择中有很多机缘巧合，而我走进劳动法，某种程度上属于被强制安排，被安排时，也谈不上愿意不愿意。只是我性格使然，我习惯于选择了，就要做好。希望每个人都可以结合自己的情况做好专业选择，不要在选择上犹豫太久，尽快行动起来。

（三）选择专业方向要对该专业方向的延展度有认知

律师是要做一辈子的职业，对专业方向延展度的认知需要随着对市场、对行业、对业务领域的认知逐渐深入而有更深刻的理解，但在选择专业领域前，还是有必要对拟选择的专业领域的延展度有初步认知。这与可持续化思维有一定的关联，因为选择专业后，转换专业并不那么容易，如果选择一个市场周期短或者延展度比较差的专业领域，发展到一定阶段后很容易无法突破。

专业和非专业本身就是相对而言的，没有绝对标准。不论是基于客户需求，还是市场变化，跨领域思维和专业深度思维都同样重要。但跨专业思维和专业深度是建立在某专业领域确实专业的基础上的。

专业化是贴标签的过程，但贴标签后，也同时意味着失去，而专业延展度在一定程度上可以解决该问题。我当时特别怕别人给我贴“只做劳动业务”的标签。如何能在专业的同时，又让专业有延展度，是专业化过程中需要解决的问题。解决该问题，需要我们选择的专业有延展度，而我们自己也要意识到该延展度。这种延展意识从刚开始选择专业的时候就要有，而且，应当持续做。

同样以我自己为例，除了从劳动法角度看人力资源合规以外，我还一直从其他角度看合规，比如从行业角度、监察角度，这样，我就需要了解不同行业的特点，了解行政执法的尺度，这样的思维会让我们的专业有弹性、有延展性。

专业本身具有一定的延展度，即与其他行业或专业领域的交叉，在选择专业时，不局限于自己的专业范畴，而以解决客户的问题为导向，不因为专业而受到限制，这样就能实现专业的延展性。

（四）劳动业务领域的未来

劳动业务领域看似传统，却是一个大有可为的业务领域。劳动领域不应当限定理解为劳动关系，而应当理解为人与机构的关系，人与机构的关系业态很丰富，劳动关系只是其中一种。而且，随着社会的发展，人与机构的关系在发生变化，管理组织模式也在变化，劳动法律师的作用和价值当然会发生变化。

1. 劳动法律师未来在用人单位与劳动者沟通协商层面将起到越来越多的作用

我国集体协商一直处在起步阶段，有体制原因，也有发展阶段的原因。这次疫情将集体协商等协商机制如何发挥作用提上了日程，律师基于对法律的熟悉，对人性的判断，对规则和程序的谙熟，应当能在该领域发挥不一样的作用。

2. 劳动法律师在协助机构优化管理方面将发挥不一样的作用

一直以来，律师总是以纠纷解决者的角色出现。但随着律师对管理的认知逐渐深化，劳动法律师将不限于纠纷解决，而律师基于纠纷解决时对冲突的理解，对管理运营规则在执行过程中的异化的理解等，将有能力更深刻了解制定规则、执行规则时应当考虑的问题。

3. 劳动法律师在借助科技智能化方面将有机会走在其他法律专业领域的前面

劳动法确实有同质性的特征，对于同质性的问题借助科技的力量不仅能提高作业质量，而且能高效地发挥作用，劳动法律师可以在这方面发挥更大的作用。

除此之外，劳动业务是所有机构的平台性业务，有机构的地方就会有劳动法的需求，劳动法的市场很大。当然，由于相对准入门槛较低，如何在这个领域做得好、做得有品质，则需要更多的付出。

专业方向选择需要理性的分析，也需要感性的追随，无论如何，尽快做出决定并行动起来至关重要。

二、选择专业后，如何走好成长进阶之路

专业化是一个过程，需要熬过空白期、冲破瓶颈期、远离舒适区。选择专业和专业化很难拆分，但限于文字表达的局限，又不得不拆开来说，在大家选择专业后，如何走上专业这条路是必须解决的问题。以我自己为例，选择专业后，专业化的完成至少要经过三个阶段，即空白期、瓶颈期、舒适区，而且，这三个阶段交替出现，考验着我们的判断与我们的坚持。

（一）熬过空白期

如果你决定做某专业方向，就必须度过空白期。在空白期，没有人认识你、没有人知道你，甚至没有一单业务。度过空白期有很多办法，比如加入该方向的专业团队，该方法在一定程度上是度过空白期最好的方法，但很多人不一定有这样的机缘巧合。所以，选择专业领域后，必须考虑如何度过空白期的问题。对于很多没有在团队执业的同行，空白期最大的问题就是生存问题。我们怎么能在吃不饱肚子的基础上坚持，怎么能在该业务领域拿到业务，拿到业务如何能做好，如何通过一次次的业务建立口碑，这是空白期必须解决的问题。

想要度过空白期没什么好办法，一个字“熬”，如果非要两个字，就是“死熬”。这个过程真的太痛苦了，肚子咕噜噜叫的时候，完全靠“梦想”支撑。但这段时间又是最好的沉淀期，因为工作相对不多，可以为未来准备很多“弹药”。这段时间如果总结成一句话，就是让客户看到你的专业、感受到你的专业，抓住每一次机会，让每一次机会成为下一次机会的铺垫。

1. 借助互联网媒体，塑造自己的品牌——以兰台劳动公众号为外显和内部积累的载体为例

让客户知道有很多方式，但让客户相信并不容易。现在很多律师都借助互联网媒体进行宣传，但我更想说的是，公众号等互联网媒体不应当以“宣传”为目标，而应当以“积累”为目标。我以自己的经历和大家分享，希望对大家有所帮助。

（1）开始比规划重要

现在回头去看6年前的微信公众号内容，只能用“惨不忍睹”来形容，但做起来真的很重要。

很多事情，我们不是做给别人看的，而是记录我们自己的成长的。当抱着这样的想法时，我们更容易行动起来，可以先从简单的做起。

怀揣着这个想法，“百问百答”就诞生了，这也成为我们知识管理最原始的积累。这样的积累，不仅解决了日常工作的重复性问题，还让我们有更多时间去研究如何合理用工；如何在用人单位和劳动者利益冲突中找到平衡，进而推动企业的发展，增强员工的满意度；如何有效地解决劳资纠纷，进而减少不必要的成本支出，而意外的收获就是受到越来越多客户的认可。

（2）坚持比完美重要

追求完美是行动起来的天敌，当开始做时，坚持更重要。但每天的坚持谈何容易，我们有太多的借口可以放弃，而一旦放弃，就很容易形成“破窗效应”。但坚持也是有方法的，比如在公众号中设置微信问答、案例、法规解读、办案心得等栏目，多样化可以解决坚持中的枯燥。对外宣誓后的兑现承诺，也有利于坚持。

现在有很多文章或者讲座会告诉我们要写什么，比如根据客户画像去写，然而，这些听起来全对的建议，执行起来却不那么容易，因为专业认知是一个过程，对客户的认知也是一个过程，识别痛点，赶上热点，传递新知，这些都需要我们持续浸润在一个领域，否则，会如水中捞月，只是看起来很美而已。

所以，不用过于追求完美，让自己先坚持下来，在坚持中不断矫正。

（3）迭代比重复重要

不能为了坚持而坚持，而是要不断迭代。我们可以观察所在的业务领域，以及其他业务领域大家使用的方法和手段，结合自己的情况不断修改，不断地提高标准。空白期，一定不要想着走捷径，真的没有捷径可走。我们是律师，我们的本行一定不是“宣传”，而是专业，以公众号为代表的互联网工具只是承载专业的载体。

2. 用真诚打动客户，用尽全力做好每一件事情

空白期面临的最大问题是我们如何让客户相信我们，比如如何获得每一个领域的第一次业务，传统劳动领域是日常咨询、劳动案件的代理，但拓展新的业务领域，比如人员安置项目、破产过程中人员安排、并购过程中人员安排、股权激励，我们如何接到每类业务的每一单也是空白期必须面临的问题。当第一单业务来临时，客户总会问：程律师，你们有业绩吗？这是我们在专业化过程中必须面临的问题。所以，我特别感谢每一个第一单委托我们的客户。空白期解决第一单很重要的方法就是真诚。

真诚地告诉客户我们确实此前没有做过，但要用客户看得见的方式让客户相信我们可以做到。

（1）永远都在服务区的快速响应

我一直认为响应速度是专业度的重要体现，不论邮件回复、电话回复，都一样。而且，要想做到快速响应，需要一系列的安排和管理。比如，我自己有一些职业铁律，除非确实没有其他可选择的航班，出差从来不在工作时间坐飞机。为什么？我要让我所有客户在第一时间都可以找到我，这些看似不算什么，实际上都是你让客户信赖的东西。有一次客户跟我讲：“程阳，我之所以选择你就是因为你是第一个接我电话的人。”

不仅如此，永远在服务区的响应要求，需要我们对客户需求做出预判，对客户着急的场景进行分析，需要我们提前做一系列的安排，比如根据预测告知客户你在哪个时间段不方便，如果遇到紧急的事情与谁联系等。

永远都在服务区的响应要求在任何时候都需要，空白期尤其重要。

（2）让客户没有疑问的作业标准

在回复客户的咨询邮件后，每当客户再有邮件追问问题时，我内心就会很“抓狂”，可能与我的性格有关。我一直以“让客户没有疑问的作业标准”要求自己，尽管难以百分之百做到。

我们要想做到让客户没有疑问，需要对客户所咨询的问题有全面的了解。比如，客户问，我们有一个员工在周末休息打球时意外身亡，公司应当如何处理？我们可以简单回复，属于非因工伤亡。如果这样回答，客户肯定还会再问，非因工伤亡如何赔偿？如果我们回复丧葬费和抚恤金，以及告知丧葬费和抚恤金标准，这时，客户可能还会问，我们需要和他们签订协议吗？我们可以多给吗？他们家属之间的分配我们需要管吗？对于这种点对点沟通的方式，我个人理解，本身就不是专业体现。

我会这样回复：

①需要了解的信息，包括劳动合同签订情况，工资发放情况，个人用品在公司的情况等。同时，应当了解该员工家庭情况，包括被抚养人情况以及家庭成员中谁说了算，家属情绪，或者谁会是与公司的主要对接人、公司有没有为员工上相关的商业保险。了解这些的目的在于，在沟通事项的过程中我们知道与谁沟通更为有效，抚恤金的计算与被抚养人有一定关系，如果有相关商业保险可以理赔，多少是对家属的一些安慰。

②告知客户该事项的法律定性，非因工死亡在法律上的责任，由于各地赔偿标准不同，需要根据各地规定具体告知，尤其对于社保是否会承担该部分，目前全国也不统一，需要明确告知。

③告知客户后续处理路径以及可能出现的问题，比如是严格按照法律规定赔偿，还是公司会给一些人道补助，如果签署协议，是否需要全部继承人作为签署主体，如果家属中有不愿意知情的人如何处理，若后续家属希望获得更多的赔偿公司应当如何处理？等等。

根据上述分析，我们会给出这样的咨询回复，这样的咨询回复一方面让客户对咨询的问题有一个整体认识，另一方面告知客户可能出现的各种情况以及处理方法。

所以，让客户没有疑问不是一个“虚”的口号，而是基于专业判断的专业体现。

（3）“不计代价”地建立信任

律师有着“市场”属性，如果接受客户委托后，一切就都与“价格”无关，而只与事情本身有关，我不是很建议过于纠结在服务与价格的对价上，尤其在空白期，每个客户的委托都值得我们全力以赴。

律师专业化的过程，就是和客户彼此建立信任关系的过程，他会因为相信你的专业而相信你的为人，也会因为相信你的为人而相信你的专业。我们应当珍惜这种信任。

空白期，由于可以背书的东西很少，信任的建立尤为重要，也尤为难能可贵。信任的建立，我个人认为需要：（1）把客户的事情放在心上；（2）给出的方案要专业、务实、可操作；（3）随时响应客户的需求。

空白期确实没有更好的办法，很多人在空白期退缩，也有很多人一直在空白期，希望大家不断积累知识，每一次业务机会都通过多方面去努力，“熬”过空白期。

（二）突破瓶颈期

当我们熬过空白期，在专业上越来越驾轻就熟，在市场上越来越进入一种良性互动时，在某一时刻，瓶颈期会与我们不期而遇。我在瓶颈期时，实际上挺怀念空白期时的心态，没有杂念，只有努力。

在空白期，我坚信努力了就会有收获。所以，我不知疲惫地写着各种材料，看着各种法条，可能简单的一句话，我都改了又改。当然，强迫症就是这样养成的。

空白期，我坚信付出了就会被认可。24 小时响应着客户和合伙人的各种要求，对待别人的事比人家自己还上心，想了又想。当然，纠结症就是这样养成的。

从我自身的体验看，靠着这种努力和付出在某种程度上收获了专业，收获了认可。但某个时刻，不知道是哪个因素，或者是好多因素的叠加，自己猛然间感到对自己的状态不够满意，可能在这个时刻，瓶颈期就和我们不期而遇了。当然，瓶颈期也有其他的体现，比如创收停留在一个水平，业务范围一直没有办法突破，等等。很多人“困”在瓶颈期里，有的索性选择“寄情山水”了。遇到瓶颈期不能坐以待毙，而解决路径往往就存在于我们所处的环境当中。小到从团队搭建事项中找到答案，因为团队建设、团队协作总能带给我们很多新视角、新感受，这无形之中有助于开拓我们的视野，改变我们当下的状态。大到从实现社会价值中寻求出路，承担社会责任无疑要求我们具备更宽广的格局，而在这一过程中我们势必会不断自我改变、不断自我调整。限于篇幅，笔者选择了从重塑自身价值、拥抱变化、为客户创造更大价值三个方面来讲述。

1. 重塑自身价值

瓶颈期，需要重新思考，不仅是为客户提供优质服务，还要思考客户到底需要什么样的服务，如何让自己的服务更有价值，如何通过团队协作让客户有更好的服务体验。人之所以会遇到瓶颈期，很多时候是因为过多地为自己谋求利益而忽略了对他人的关注。因此，突破瓶颈期的第一步就是要改变既有观念，将工作重心由一味追求自我成长，转移到更多地帮助他人成长。这是自身价值的重塑和责任担当，对于突破瓶颈期有着不可估量的作用。

空白期，我们渴望同质化业务，因为律师没有业务就没有专业化，没有大量同质化的业务也不会有专业化。但到了一定程度，每天处理同质化的业务，会让人陷入一种毫无新鲜感的“木讷”。此时，需要的就是对同质化业务的管理和提炼，通过管理和提炼突破瓶颈期带来的懈怠。

以劳动案件代理为例，处理大量同质化业务之后，我们会梳理形成相关诉讼案件指引，我们还会形成相应案件事实调查表，梳理不同地区对于案件裁判的尺度，不同裁决者对不同问题的认知。这样不断提炼后，我们的价值将不再是个案代理的价值，而是对类案的判断，进而指导我们更好地做好个案代理。

同时，要适当跳出专业领域看专业，比如某公司高管被监管机构处罚，单位要不要承担罚款？单位与高管之间因为处罚而产生的关系是什么关系？这样的问题就不是一个单纯的劳动法方面的问题。我们需要了解金融监管政策的性质，高管被处罚的原因，劳动关系之间是什么关系，高管义务履行情况如何，后续是否涉及追责，甚至是否涉及刑事责任，我们需要综合判断。

为此，瓶颈期突破需要重塑自身价值，需要不断地为客户增值，而不是停留在自我画地为牢的专业领域。另外，必须借助团队的力量。

2. 拥抱变化

现在市场发展变化太快了，各行各业都面临着很大挑战。以劳动领域来说，互联网用工、疫情引发的在家办公等，这些新的用工方式对传统劳动领域有哪些影响？法律又会发生什么样的变化？监管政策未来是什么样的方向？这些问题都需要我们用开放的心态来解决。

瓶颈期，更需要用开放的心态来看问题。心态开放时，才能清晰地判断出业务领域当中的常规业务是什么，未来业务领域当中可能发展的领域方向是什么；当我们不断面临挑战时，瓶颈期可能会转换为我们新业务的空白期，我们又能找回曾经不顾一切去努力的状态。

以劳动业务为例，一方面劳动业务有基础性的业务，需要的是快速反应；但另一方面也有“灵活用工”、跨国用工、不同行业领域用工差异等特殊性业务，尤其这次疫情带来的不确定性给用工模式带来的挑战，更需要律师用全新的视角去思考、设计方案。

拥抱变化我们就需要不断学习，不再局限于法律角度，还包括管理学、心理学、经济学角度，因为人的问题需要在管理中理解，通过心理窥见，在经济发展中彰显价值。在不断学习的过程中，我们可以突破认知，用新的视角去看问题。

3. 为客户创造更大价值

从自身角度考虑问题总容易陷入泥潭，但从如何为客户创造价值的角度思考，瓶颈期可能突破得更快一些，因为方法总比困难多。

律师专业化有业务领域专业化和行业化的区分，劳动法业务领域经常会被认为是根据法律业务领域划分的，我个人以为，劳动法领域兼具这两类特征。劳动法律服务必须与公司人力资源管理结合，若只是停留在法律层面，不利于专业化发展。笔者以劳动纠纷处理为例进行说明，在这里列举的不是律师擅长的诉讼方案、举证质证，而是法律之外的考量。

（1）跳出简单的法律思维分析诱发劳动争议的因素

诱发劳动争议因素包括非法律因素和法律因素，对于法律因素我们比较好理解，也是律师擅长的，但作为专业劳动法律师，更应该理解诱发劳动争议的非法律要素，即不同造就了多样，成就了发展，也蕴含着纠纷。

每个机构对员工的包容、考核、期许不同，每个机构的市场竞争力、抗风险能力以及因此带给员工的归属感不同。同时，每个员工和管理者都有鲜明的个人特色，管理者与员工的互动、管理者对员工的尊重、管理者与员工彼此之间的期望值，这些要素既构成了公司发展的动力，也有潜在纠纷发生的可能。从常见的纠纷来看，这些要素包括：①管理者与被管理者对工作完成的标准不同；②管理者与被管理者各方容忍的点不同；③管理者与被管理者对于规则的理解角度不同。

对非劳动因素的深刻理解，会对劳动争议解决起到重要作用，上述分析并非全部，而是需要不断地去判断。

（2）通过拆分劳动争议的具体内容，让争议解决路径多样化

诱发劳动争议有法律因素也有非法律因素。因此，劳动争议在某种程度上是由三个部分组成，第一部分：诱发争议的事实（原因）；第二部分：各方的想法以及情绪；第三部分：争议背后的利益。而这三个部分的不断排列组合及强弱变化，决定了劳动争议的演变进程。对劳动争议具体内容拆分，可以在解决劳动争议时找到重点，更好地选择方法和策略。

人的本性决定了在处理劳动关系的过程中各方的想法以及情绪起着重要作用。为此，我们不能简单地停留在法律规定、构成要件的层面去解决劳动争议，而应当细致化区分。

（3）让劳动法律师服务嵌入人力资源管理，通过与管理的融合让专业更有价值

劳动纠纷的解决不应是“终点”，而应是撬动人力资源合规管理的开始，任何一个劳动争议案件的爆发都有其内在的管理原因，或是管理制度，或是沟通方法；劳动纠纷的解决不应止于一纸判决文书，而应当通过案件去发现管理中的漏洞、沟通中的缺失，如此，劳动法律服务的价值才能更加凸显。

当我们跳出法律问题，从更广阔的领域来思考我们的专业时，瓶颈期就在不经意间被突破了。

（三）远离舒适区

远离舒适区需要对自己有要求，舒适意味着对市场敏感度的降低，对客户响应的迟延。远离舒适区有很多方法，比如加入一些大家持续在奋斗的圈子，比如高度的自律。再如，投身到公益事业，等等。我还是以专业精进角度的远离舒适区为例。

1. 借助科技的力量，通过知识管理让成长有刻度

（1）知识管理体系的搭建

律师必须告别原始的经验积累，借助管理让知识积累成为一种习惯。没有经过提炼、加工的经验不是经验。而知识管理就是让每个人的经验得以有形化的呈现，并不断在原基础上提高、进步。

知识管理体系搭建是一个实践的过程，可根据个人和团队的情况不断优化，以兰台劳动为例，知识管理体系分为八部分：劳动法律案例库，不是简单的案例收集，而是通过大数据后的类型化分析；法律法规汇编，不是简单的汇编，而是分门别类的细化；劳动法律专题内容汇总，不是被动的汇总，而是基于业

务发展的前瞻性规划；培训课件汇总，不是简单的整理，而是每个课件不断地升华；诉讼管理指引，包括文书、法律事实调查清单等，劳动案件具有类型化的性质，如何高效、质量可控地完成案件代理，如何让每个人的智慧可以在个案中发挥价值，我们通过不断地进行案件精细化类型分析让进步看得见；咨询问题的汇总，通过一期期百问百答的推出，让高频问题不断沉淀，在内部顺畅流转，让工作高效起来；规章制度、协议等修订汇总，我们给客户提供的不仅是合法、合规的意见，还有大量数据积累后对可能发生风险的预判；法律意见书、咨询意见、备忘录等汇总，让内部信息通畅，让每个意见出具得更完备。

这些知识管理不是简单的文件夹整理，而是以微信公众号为外显渠道，内部通过技术手段进行搭建。

（2）知识管理是一个过程

知识管理是慢活，短期内很难见到成效，超过 3 年才会以润物细无声的方式得以呈现。每个人情况不同，以我的经验，如果选择劳动法，在劳动法律师专业化这条路上，就需要坚持，通过变换方式有技巧地坚持，而知识管理不失为一种方法。

知识管理可内部做，也可通过微信公众号等外显的方式呈现。以劳动诉讼业务为例，我们根据劳动诉讼案件的特点及分类，制定详细的事实调查表，比如任何劳动争议案件中均会涉及的劳动合同签订情况、是否续签、劳动合同是否已经解除或终止、是否仍然在岗、工资标准是多少等。同时，对于不同诉请项下也有必须调查事项，以严重违反规章制度解除为例，若我们代理的是用人单位，而劳动者要求违法解除赔偿金时，必须了解清楚用人单位是否有规章制度，规章制度是否经过民主和公示程序、是否有证据证明员工存在严重违反规章制度的行为，公司是否有工会，若有，是否通知了工会，送达是否有效等。如此，劳动诉讼案件类型化的知识管理会让我们更专业，工作效率更高。

基于劳动法的琐碎等特征，以知识管理为手段，不仅有利于持续在专业路上精进，更有利于为客户提供高效的法律服务。这种持续的方式会让我们没有舒适区，因为需要不断进步。

2. 借助可视化，让执行有外部监督

持续写作是远离舒适区很好的一种方法，不是为了发表而写作，只是为了让自己持续在状态而写作。现在互联网的环境让我们这种写作有外部的监督渠道。

现在很多同行做公众号、开抖音，这些都是很好的尝试，只是我们应该清楚我们的主业，我们的主业还是律师，为客户解决问题；我们的目标，只是把写作当成一种监督自我成长的方式，我们的任务，是让自己时刻保持一定的状态，不要懈怠。在不偏离主业的基础上，这些工具是我们远离舒适区的一种尝试，因为外部监督是很好的监督方式。

比如，我在威科上开了专栏，我就需要想着，我至少要保持一个月更新一次，那写什么呢？在这个过程中，会养成自己思考、反思、体系化的思维习惯，同时，会让自己克服倦怠，因为，不能做一个言而无信的人。

我不是很建议暗暗下决定，我觉得吹出去的牛，努力去实现的方式更值得提倡。

再如，我们也会写一些书，写书比写义章的要求更高一些，而我经常会按照写书的要求来要求自己日常的写作，如此，可以形成良性的互动。用外部认可的方式让自己远离倦怠。

3. 赶上变革时代，用创新为成长插上翅膀

倦怠有时候与无趣有关，我们应当努力去寻找新的“领域”。该新的领域与第一部分讲到的专业延展度有关，任何业务做到一定程度，都需要转换视角去看问题。比如，互联网时代，给劳动用工关系也带来诸多挑战。人力资源管理的理念在不断变化，劳动法律服务如何赋能人力资源的管理，告别点对点的咨询。我们就开始做一些产品化的尝试，比如，如何让常规的服务更智能化。以单位常遇到的问题——调岗为例，我们有一个可视化的调岗路径，如图所示：

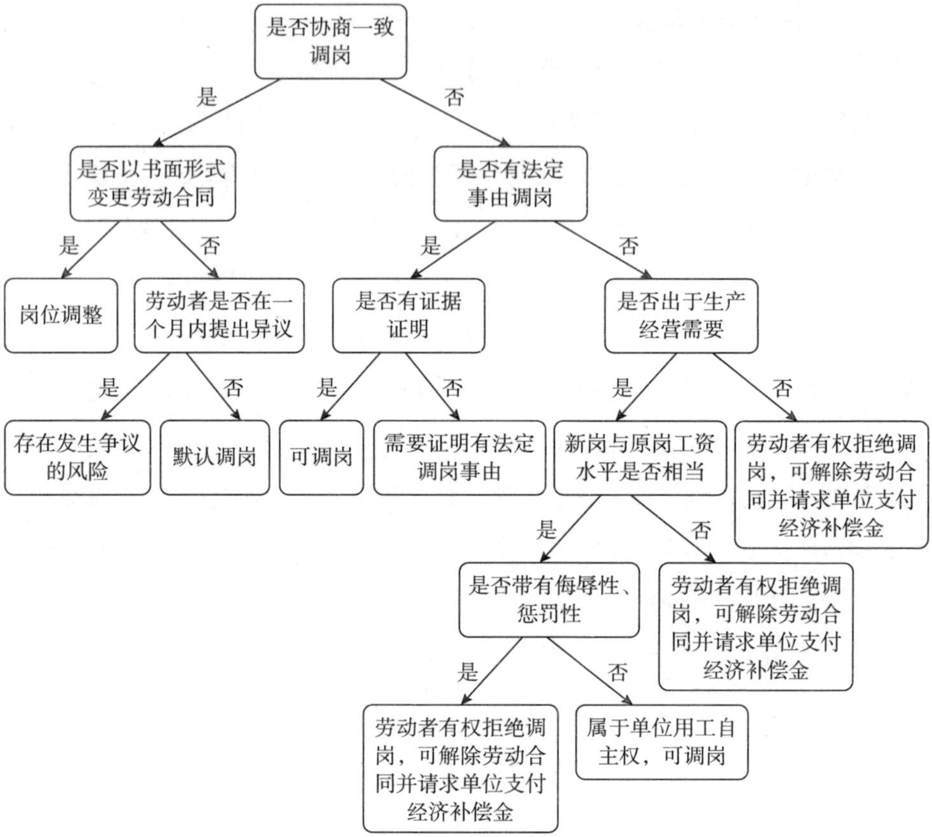

图 1　调岗路径图

通过这样的方式，让客户更清晰地了解调岗全貌，对内部而言，也能有效控制作业质量。当然，不论如何创新，律师的专业能力才是根本。当以专业为根本时，可根据市场变化、工作的更新，不断用创新的思路去尝试。

律师在不同阶段面临的问题不同，前期需要不断自我积累，成长到一定程度，则需通过团队的方式不断输出。律师的专业路径是一个过程，没有尽头，踏上这条路，就需要不断地过关斩将。

三、律师专业化的价值所在

律师专业化过程中，有个问题一直徘徊在我脑海中挥之不去，即某领域专业律师和非专业律师差异到底在哪里？同一领域的专业律师差异又在哪里？什么是我们的价值？

经过几年思索，我现在是这么想的：专业律师可以发现不一样的问题，更能识别法律背后的问题，能甄别哪些是法律问题，或者更能预见到未来哪些是“坑”。

我以劳动业务涉及比较多的规章制度修改为例进行说明，规章制度审核如合同审核一般，律师自有套路。首先，通过框架及核心内容进行性质判断，如规章制度是内部管理规范，还是与员工切身利益相关事项。其次，分析规章制度的结构，对通用条款和非通用条款进行有效区分，对制度内容进行合法性审查，对于部分不合理条款进行说明。最后，提示部分执行过程中需要注意的问题，包括若属于切身利益相关事项，需要民主和公示程序。这样标准动作的完成似乎无可挑剔，但这些真是律师的价值吗？

（一）看到法律背后的问题

1. 看到法律背后的经营管理目标

规章制度是企业内部的“法律”，以股权激励制度为例，律师擅长于构建股权激励的模型、判断股权激励性质，如是公司法意义上的股权激励还是“期权”，或只是现金激励的变种；股权激励的对象、条件、兑付以及终止是否合法、清晰、可操作，以及能否经得起司法检验。但这样是不是足够呢？如果从为客户创造价值的角度看，我认为这样远远不够。我们需要考虑得更长远一些，如股权激励对象选择的规则是什么？这可能需要明确回归股权激励目的是什么？作为一种福利留下更好的员工，还是作为激励手段激发一批奋斗者抑或是企业市场竞争的需要？目的不同，显然对制度需求不同。如此，就需要我们与用人单位不断沟通他们设置制度的目的，让制度回归服务经营。

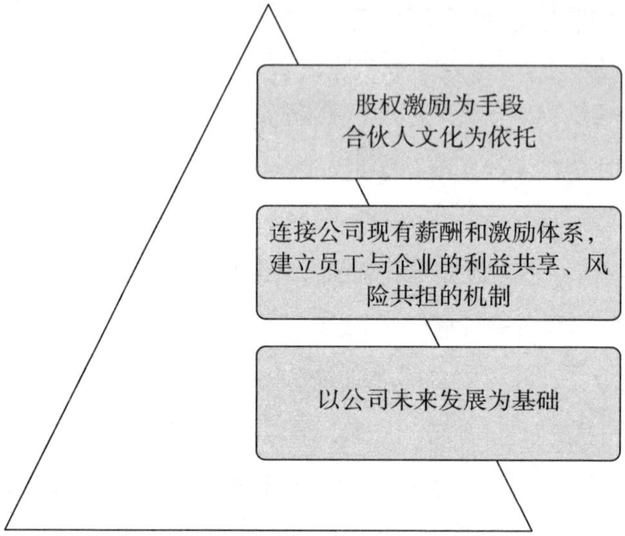

图 2　股权激励制定和落地框架图

以股权激励为例，我们至少应当将股权激励放在如图所示的逻辑项下考虑，专业律师应当更能看到法律问题本身，即股权激励的合法与合规，更应当看到法律背后的问题、企业未来的发展、现有薪资体系的衔接，限于法律谈法律，总是有非常强烈的无力感。

2. 看到法律背后的情理法交融

劳动关系的人身属性决定了规章制度不能单一考虑合法性，合法只是基础；不同文化、不同性质的公司在规章制度的“情理”上差异极大，为此，“情理”必须建立在对用人单位深刻了解的基础上，不是审核者自我的想当然。而是需要站在用人单位的角度去想。比如，同样是欧洲公司，德国和瑞士公司的制度差别极大；同样是国有企业，传统国有企业和新兴国有企业也同样是天壤之别。

以“丧假”为例，不少国有企业仍然沿用《关于国营企业职工请婚丧假和路程假问题的通知》规定，即职工本人结婚或职工的直系亲属（父母、配偶和子女）死亡时，可以根据具体情况，由本单位行政领导批准，酌情给予一天至三天的婚丧假。

问题来了，如果是公婆或者岳父母呢？

当这个问题引起争议时，《北京市劳动局关于国营企业职工请丧假范围有关问题的通知》规定，经征得财政局同意，女职工的公婆死亡时和男职工的岳父母死亡时，经本单位领导批准，可酌情给予一天至三天的丧假。

该问题虽然可从法律规范上找到援引，但对于非国营企业来讲，我们审核类似制度时，不仅局限于劳动法领域对于“直系亲属”的法律认定，而更需要通人情。用人单位倡导职业化，但每个个体又都是有家庭、有感情的人，不通人情的制度将会被不断地挑战，尤其是类似“丧假”这样的制度。

3. 看到法律背后的企业历史

没有几个企业可以轻装上阵，大刀阔斧的改革是一种选择，温和的前行未尝不是一种路径。不论是哪种方式，在审核制度时，尊重历史和发展必须有所平衡。

以“探亲假”为例，1981 年出台《国务院关于职工探亲待遇的规定》规定了探亲假，即职工与配偶、父母团聚的时间，根据实际情况可以给予路程假。根据该规定，只有在国家机关、人民团体和全民所有制企业（国有企业）、事业单位工作的职工才可以享受探亲假待遇。但不少企业，尤其是国有类的企业在历次变革中都沿用了该制度。但时过境迁，当交通四通八达，年休假等假期制度落实时，探亲假本身是否有存在的必要就有了争议，而对规定了该制度的不少单位而言，也常常陷入烦恼，即谁真正地享有了“探亲假”。我们需要尊重“探亲假”的历史，为劳动者争取更多的福利，但如果这样的制度成为少数人的“福利”，还由于该少数人往往是工作量较少的人的福利时，对具体单位而言，可能就是对公平的破坏，对发展的掣肘。

我们在审核类似制度时，不能简单依据该规定只适用于国家机关、人民团体和全民所有制企业、事业单位，直接回复客户贵司不在这个范围，可以不适用。这样简单的回复，客户必然会再追问，那我们该如何取消呢？取消是不是需要经过员工同意呢？如果员工不同意怎么办呢？

我们应该时刻谨记，很多法律问题，不是是与否的选择，我们应当懂得每个法律问题背后的利益纠结，在现实和未来中取舍。

4. 看到法律背后的执行效果

我们需要反复推演规则在执行中的逻辑，如此，制度方能经得起推敲。如某规章制度规定：员工旷工，该员工所在的部门需填写《旷工登记表》，记录旷工事实，并由员工本人签字确认，若员工拒绝签字确认的，则公司可按照实际考勤确定是否为旷工。

不论是类似的制度还是条款，我们都可能会一扫而过，但有这么几个问题：（1）让员工签署《旷工登记表》的是员工所在部门还是人力部门？即该事项的执行主体是哪个部门？（2）是员工拒绝签字当天确定旷工还是人力部门在了解了拒绝签字后才计旷工，若涉及跨月的，该问题如何处理？（3）实际考勤是指什么？是实际到岗的意思吗？

当多问几个问题后，我们会发现，类似文字表述并不那么清晰。同时，让员工签署《旷工登记表》到底是不是一个好的管理手段，或者从法律角度来看是不是一个必要程序？

我们从规则执行角度来看，让员工签字确认认定旷工的环节会徒增不确定性因素，而员工拒绝签字可能对日后旷工事实的认定带来困难。那我们可能就有必要去了解公司增加该环节的考虑，是没有多想还是希望达到什么样的目的，进而去评判是否修改以及如何修改。

除此之外，还应该看到法律背后的成本，法律表面是规则，背后是成本。不止于此，看到法律背后的事务越多，我们离专业就越近。

（二）甄别哪些是法律问题

1. 以规章制度中的“连坐”处罚规则为例

（1）看到这样的制度，我们会提炼出怎样的法律问题

某单位《虚假事件问责制度》规定：“1 个自然月内，所辖范围存在虚假人

员，构成虚假人员行为的当事人及上一级责任人解除劳动合同。”再如，因管理者工作失职或监管不力导致组内员工发生 A 级投诉，连带两级管理者降级追责，其直接上级主管和所属大区经理减发当月绩效 1000 元。B 级投诉成立率超标小组，为管理者工作失职或监管不力，减发相应组长当月绩效 500 元。

我当时想到的是，“连坐”类的处罚措施是否具有法律效力，连坐的处罚规则是否可行呢？

（2）遇到类似问题我们应当如何研究

①“连坐”规则的历史发展

回归历史，传统法律制度中，连坐制度主要在于：为亲属共同刑事责任，如对于叛乱者，株连其几辈族人；相邻共同责任，主要为什伍乡里制度和保甲制度，即某一地区或范围之内的邻里之间互相监督，互相纠察，一家有罪，什伍之间连坐同罪；保举连带责任，保举制度一般适用于政府选拔官员，若被保举人出现违法犯罪行为，保举人要承担相应的连带责任。

虽然在现代化法律制度的演变过程中很多规则被取消了，连坐制度中的连带责任制度却在现代法治中有着持久的生命力。在企业用工管理中，“连坐”规则有其一定的合理性，即上级主管因下级员工在工作中出现的过错而承担相关的监管不当的管理责任。

②通过司法裁判和法理分析连坐适用的前提

判断规章制度的合法性不仅需要考虑有没有违反法律、法规已经明确的强制性规定，还需要考虑是否违反调整劳动法律关系的要求和法律的基本原则。

如果上下级之间的工作相对独立，不存在上级对下级的监督、指导，仅存在非常少部分的交叉，那么对下级员工的违规行为牵连其上级主管的处罚制度，则因上下级间不存在相对紧密的监管关系而失去合法性基础。

③需要提示用人单位注意的问题

“连坐”规则在内容上尚不能直接认定为其与现行有效的法律法规的具体条款相违背，但应当符合比例原则、合理性原则、一事不再罚等基本原则，否则，将失去合法性基础。

2. 以规章制度中溯及既往条款为例

某公司《员工奖惩管理规定》中规定，本规定自2013年1月生效，但对生效前六个月的行为有约束力。

这样的条款我们是会轻易放过，还是会斟酌该条款的合法性？同时，我们是否会延展性考虑类似生效条款中需要注意的问题？法不溯及既往是原则，企业内部的规定可以溯及既往吗？类似条款是否有效？如果无效，是保留让企业注意还是直接删除？

每一个看似简单的问题，背后都有相应法律问题的提炼，我们是否都可以做到敏感地看到这些问题，是检验我们专业与否的重要标志。

3. 以治病救人的条款为例

规章制度和法律一样，在第一章总则部分，会有不少原则条款。比如，某公司规章制度规定，给予员工纪律处分，应当坚持实事求是、公平公正、惩前毖后、治病救人的原则。这样的条款不少人可能会一扫而过，但我想到的却是规则“合理性”的判断是否会因为“治病救人”的表述增加更多变数。

规章制度合理性审查不论对于律师还是司法裁判者，都是没有“标准尺”的，也正因如此，合理性的判断彰显着管理魅力，也体现律师的价值。“治病救人”体现了用人单位对自己处罚权行使的自我约束，在类似解除案件中，如果劳动者和裁决者注意到这样的解释逻辑，即意味着单位必须举证证明在对员工做解除处理前，已经充分给予劳动者机会，最终给予解除的处罚遵循了合理、比例等原则。

不要放过那些看似不经意的条款可能带来的后续影响，这是专业者独到的眼光。能否在看似平淡无奇、司空见惯的表述中发现背后的法律问题，是验证专业与否的标志，看见别人看不见的细节，这就是专业。

（三）预见未来的“坑”

程序正义是法律的基本原则，以奖金考核制度为例，考核程序的设置、主考人员的组成、考核具体规则的设定均应体现程序正义，让员工感觉到公平，或者即使感觉到不公平也应有救济路径。

用人单位的考核制度中，程序性事项既要考虑到司法检验的需要，也需要结合自己的管理现状，如果没有过多的管理成本投入，制度中程序性的事项对公司管理将是一种“制约”。

我们应该用发展的视角看客户的制度，而不是停留在某一时间段。类似的例子很多，简单的旷工属于严重违反公司规章制度，我们都会面临几天旷工可以解除，什么是旷工等问题。为此，我们会有一个旷工的定义，根据公司情况去判断是否有必要充实各种表述，毕竟，不同企业对于工作时间要求的管理严格性是不同的。

专业化的过程，是一个制造差异的过程，专业与非专业的差异不是“名头”，而体现在实实在在的细节中，仍然以旷工为例，专业的律师做到的不仅是旷工表述的审核，还清晰地知道旷工可能发生的情形、旷工在司法中经常被质疑的因素、旷工管理之所以难管的原因、旷工与考勤的关系、旷工与管理的关系。并且，不仅限于知道，而是可以快速输出专业的建议，比如需要明确迟到几个小时算旷工，对于出工不出力的“旷工”如何解决等。

停留在“表面”的专业并不能创造真正的专业价值，专业律师一定要从为客户创造价值的角度不断让自己反省，可以甄别出法律问题、看到法律背后的问题，更能预见未来的“坑”，最重要的是，要有快速填“坑”的能力。

四、调整好心态，在专业之路上越走越远

专业律师的成长过程，需要自我内心的修炼，成为专业律师需要克制、坚持和热爱，心态看似很虚，却至关重要，尤其是作为劳动法律师，相较于热门领域，在创收等方面均会面对更多压力，为此，心态把握更为重要。

（一）克制让我们抵住诱惑

律师专业化的路上，面对诱惑的时候不少。比如，当非专业领域的客户、业务“找上门”，又有比自己专业领域更高的创收额时，当其他专业领域不论名誉、受客户尊重程度、创收额远高于本专业领域时，当专业领域受法律、政策等影响出现低谷时，基于每个人时间和精力均有限，若无法抵制这些诱惑，很难在专业化律师进阶路上继续走下去。所以，当我们下定决心要走一条专业化律师之路时，克制尤为重要。

当然，心态的克制需要外部制约，比如加入专业团队、融入专业的圈子等都有利于在面对诱惑时更好地克制。克制还体现在我们不应该着急“推广”，更应关注专业积淀本身。

（二）坚持让我们感受成长

格拉德威尔在《异类》一书中指出：“人们眼中的天才之所以卓越非凡，并非天资超人一等，而是付出了持续不断的努力。1 万小时的锤炼是任何人从平凡变成超凡的必要条件。”律师作为专业人才，没有人能逃过时间的考验。

法律作为实践性学科，坚持不是简单做业务、读案例、写文章。作为劳动法律师应当持续理解劳动关系的特性，理解劳动关系与经济周期、企业性质、管理文化等之间的关系。同时，处理劳动纠纷也不是简单的“打官司”，而应考虑劳动关系对于个体或用人单位的其他意义。

为此，“坚持”需要通过不断思考，通过做好每个案件，深入研究每一个法条，理解客户真正的诉求，如此，我们就可以在专业化这条路上感受到坚持带来的成长。基于长期主义的思维，我们会注重自己的口碑，不会计较短期利益的得失。

（三）热爱让我们克服倦怠

热爱是一种无形的力量，很难区分是因为坚持而热爱，还是因为热爱而坚持。社会不断变化，法律日益更新，没有热爱作为动力源泉，我们很容易在专业化这条道路上迷失。我们会因为满足于丰衣足食而倦怠，也会因为很难再进步而倦怠，此时，唯有热爱才能让我们继续迎接挑战。

热爱会让我们时刻保持对业务前沿问题的敏感度、时刻在为客户提供服务的过程中保持高度尽责，而这些热爱也会给我们带来更多的机会。

劳动法领域相较于其他领域可能在创收与付出上并不是那么成正比，业内评价和认可度上仍有“误差”，在这种背景下，选择劳动作为专业领域，心态尤为重要。

当然，克制、坚持和热爱不只是在开始的时候需要，而是持续需要。

五、结尾

我选择劳动法作为自己的主要专业领域，有很多偶然因素，中间有想过放弃，看着其他专业的大项目，内心有过不甘；不断重复的过程中，有过焦虑；团队管理中，有过退缩；市场开拓中，有过畏惧。不记得自己有多少次内心崩溃，但哭完后又继续，回想起来，支撑自己一直坚持下来的，实际上是自己内心的几个判断和标准，与大家共勉：

（一）相信不论哪个专业，一定要有一个可以安身立命的专业，“万金油”的时代已经过去，我们总是看到别人光鲜的一面，或许别人也在羡慕我们，无论如何，要做好自己能把握住的。也正因如此，我把“克制”作为专业心态的首要心态。

（二）把自己放到市场上，站在客户的角度，追问我们到底可以提供哪些有价值的服务？律师的成本与客户无关，价值才是我们的专业底气，律师的辛苦与市场无关，结果才是我们在市场中的通行证。与其抱怨机制，不如让自己变得更有价值。

（三）劳动领域作为一个传统的专业领域，要想专业化，需要突破思维上的桎梏，年轻律师一定不能模仿之前成功律师的成长模式，模式不可复制，只能根据自己的情况借鉴。我经历了从专业律师到合伙人的所有阶段，但我在专业律师时期，对自己的要求都不是“听话”，而是对市场、对专业都要有自己的判断。为此，要结合时代特征，通过知识管理等方式，让成长走出不一样的路。

（四）感恩身边每一个帮助我们的人，家人的支持、领导的提携、同事的帮忙、客户的理解，才让我们有机会做成一些事情，不要把自己太当回事。

（五）做成一件事情很重要，哪怕这件事情很小，当交到我们手里的每件事情都可以做成时，我们的路就可以越走越宽，而且，需要让交给我们的每件事情都做得超出期待。

（六）永远提醒自己不要自满，持续地努力，尽自己最大可能，比周边的人都努力，不论别人如何，自己永远都谦卑、友好。

（七）如履薄冰是我挂在办公室的一个牌匾，我每天提醒自己，一切都是新的开始。

愿每一个希望走上专业化这条路的律师，都得偿所愿。

努力做好每一件事情

高美丽[①]

【干货心得】

回想我的执业历程，如果说真的有什么“秘诀”，那就是努力做好经手的每一件事、每一个项目，多一些不问为什么的坚持。无论是诉讼还是非诉律师，大家都是作为参与者加入每一个项目中，这种参与，并不是作为机器运转时的螺丝钉做机械运动，而是带着自己的主观能动性去与项目各方发生交互作用。当代社会讲究分工合作，在律师领域，专业化分工的重要性尤为突出。整个项目虽然被拆分成多个小项，但对于每一位经手人员和负责人来说，事情不分大小，每一环都至关重要。

一、引言：从个人经历看青年律师的专业选择

律师的专业选择是一个历久弥新的话题，一直被讨论，但似乎很难有“结

① 作者系北京大成律师事务所高级合伙人，2018 ALB China 十五佳女律师。现任大成总部破产重整与清算专业组负责人、大成中国区董事、北京市青联委员、北京市东城区青联常委、北京市破产法学会理事。国务院国资委《国有企业依法破产实务研究课题》执笔人，具有独立董事资格。专业领域为破产重整与清算。

论”。我想，这是因为律师专业化虽然是一个行业趋势，但每一位律师对专业的选择却是一个极其具象和个性化的问题。因为每个人的教育背景、经历和性格等各方面都不同，专业化选择也是一个见仁见智、取其精华的过程，我也只能结合个人经历分享一些经验。这些经验之谈并不具有普适性，若对刚入行的律师有一点启发，也算是幸运之至了。

我于2003年加入北京大成律师事务所，彼时，专业化的趋势已经开始凸显。我的执业领域为公司类非诉业务，公司治理、收购重组、公司注销、破产等业务都有涉及。随着对各类非诉项目了解的不断加深，我把精力逐渐集中到破产业务，从2006年《中华人民共和国企业破产法》（以下简称《企业破产法》）实施前参与政策性破产，到2007年深入参与上市公司破产重整，再到负责大型企业的合并重整，积累了破产实务操作经验。

破产业务虽然很累很苦，但大部分情况下，我是处于因疑难问题的破解或者各方博弈后终于达成合作而欣喜的状态的，所以破产业务对我来说是一个很有魅力的专业领域。专业化律师之所以能够以其专业能力取得卓著成果，很大程度上依靠的是经历一系列高强度项目后锻炼出来的技能。其实不局限于破产业务领域，甚至不局限于整个律师行业，社会总体的价值观是慕强和择优的。无论哪一个领域，现在都更加重视抽象思维能力、数据化及信息技术处理能力。

因为过去几十年，最大的经济驱动力来自技术的不断优化和资源分配效率的不断提高。能建立起自己的体系来收集和驱动信息的人，能够收获更多。人才、人的思维是经济的主要驱动力。我认为，一个人的能力是知识体系与实践的结合。青年律师相对来说实践经验不是很丰富。因此，有意识地培养自己构建知识体系的能力就尤为重要。

刚毕业的青年律师，无论在学校是否主攻法学方向，都是在学校构建的课程体系内进行深度学习。而进入律师行业之后，每天面对的更多的是较为碎片化的信息。尤其是在尚未明确自己的专业化方向，参与的项目类型较为多元的情况下，要有框架意识，也就是宏观抽象日常在各类项目中接触到的法律知识的意识。只有这样，随着参与项目的不断增多，才可以对自己接触过的业务领域，都有较深的认识。通过知识体系的搭建，对每一个业务领域的特点、未来发展趋势、主要业务类型、市场状况等有比较具象的理解。在这一基础上，再去选择自己的主专业，就会容易很多，也会更加踏实。

在专业化过程中，我所做的是将有限的时间、精力集中用在一个或几个领域，形成自己的核心专业。我的个人经历，相信也是许多专业化律师执业历程的缩影。专业化形成之路是一个十分辛苦的过程，往往需要律师高负荷运转，但我从心理上接受了这种高强度工作模式带来的满足，因为我们处在一个同行信息高度透明并要求高强度工作的行业现状中，大家都在努力向前奔跑着。

不断学习是每个律师的素养之源。寻求专业化方向的捷径就是百分之一百二甚至百分之一百五地完成手头的工作，同时也要通过不断学习建构自己的知识体系。社会发展日新月异，新旧问题层出不穷，律师要适应社会的发展进程，要靠专业立足，就必须具有既专又博的知识储备。我个人的专业选择路径是一个由繁入简的过程，在对律师各种业务尤其是非诉业务有了相对全面的了解后，才逐渐形成了自己的主专业。丰富扎实的业务功底是破产业务的基础，而将有限的精力和时间集中在某一业务领域，也是不断做好破产业务、提升业务能力的必要条件。

律师专业化是一个简单而又无比复杂的问题。入行初期的律师应首先关注的是博学，即利用机会广泛地汲取知识，保持良好的求知心态，努力做好每一件事情，厚积薄发。

二、专业化的“秘诀”就是努力做好每一件事情

回想我的执业历程，如果说真的有什么“秘诀”，那就是努力做好经手的每一件事、每一个项目，多一些不问为什么的坚持。无论是诉讼律师还是非诉律师，大家都是作为参与者加入每一个项目中，这种参与，并不是作为机器运转

时的螺丝钉做机械运动，而是带着自己的主观能动性去与项目各方发生交互作用。当代社会讲究分工合作，在律师领域，专业化分工的重要性尤为突出。整个项目虽然被拆分成多个小项，但对于每一位经手人员和负责人来说，事情不分大小，每一环都至关重要。

（一）努力做好每一件事情的动力

努力做好每一件事情，是专业化养成的必经之路。在刚入行时，我们对某一专业领域的理解往往只停留在二手知识的层面，可能仅读过一些书籍和文章，并没有参与过实际项目。做好每一件事情的过程，是不断加深对专业领域的了解的过程。在刚刚迈入某一专业领域时，我们往往在某一方面的技能比较突出，有的书面表达能力较强，有的组织协调能力突出，有的口头沟通能力显著。当我们从基础工作的执行角色慢慢转变成工作分支的负责人、项目负责人时，往往需要这些能力的综合发挥。通过一件件事来不断走出“舒适圈”，从以前的“成功学”到现在的“知识付费”等，都在传递这一信息，这已经是老生常谈了，但真正能够从中受益的，只有实际践行的人。

（二）为每一件事做好准备

做好手头的每一件事，首先要做到勤奋。“业精于勤荒于嬉，行成于思毁于随。”通过大量的积累和练习，培养自己高效完成任务的方法，训练自己 24 小时随时能够进入工作状态的大脑模式，从而让每一个项目做得扎实。

做好手头的每一件事，认真的态度也至关重要，律师对待工作是否足够专业、用心，客户是有直接感受的。客户咨询的每一个问题，律师是否思考全面、得出的结论是否有足够的支撑性文件；客户需要的每一个方案，律师是否深思熟虑、提出可行的建议是否经过各种论证。这都取决于律师是否认真对待了每一件事情，同时也决定了律师的工作能否给客户决策提供更大的参考价值。律师往往同时跟进多条任务线，兼顾多个项目，这离不开时间管理能力的养成。

时间管理的本质是自我管理，管理自己的行为。

一个人的思维模式，是可以通过有意识的训练而提高的。青年律师可以试着去培育自己不管在任何环境、任何精神状态下，以最短的时间进入高度集中状态的能力。集中注意力的能力某种程度上决定了青年律师利用琐碎时间的能力。

时间管理或者说自我管理，本质上是一个长线过程，需要大家在生活中的每分每秒、每个阶段都认真思考、做计划，然后去执行计划。在执行计划之前，其实有很多阶段都是纯粹在大脑内部完成的。青年律师可以逐渐训练自己思考的能力。

（三）做好每一件事的具体实操

尽职调查对于很多律师来说，都属于基本功。下面笔者以出具风险化解预案为目的的尽职调查来举例说明青年律师如何做好自己手头的每一件事。专注于某一业务领域的律师团队，对于尽职调查清单及附表，一般会有通用的标准化文本。同时，我们也知道，每一个项目都有其独特之处，尤其是以出具风险化解预案为目的的尽职调查，结合公司的实际情况更为重要。因此，在向企业发送尽职调查清单时，律师内部总会结合已有的模板文件和企业特殊情况，去完善表单和尽职调查清单的附表。合伙人给的模板文件都是一样的，但不同的律师做出的尽调清单及设计的附表，可能会有很大差异。这其中的区别，就在于如何将初步了解到的企业情况及本次尽调的程度和目标，有机地融入尽调清单中，而非模式化地直接运用以前总结的工作成果。努力做好尽调清单，就是要去积极地思考：要求对方提供的每一份具体资料的目的是什么，在本次尽调中的重要性如何，本项目的独特性要求在清单以及附表设计时需要增加哪些内容。只有将这些问题都考虑清楚，才能完成一份适合本项目的尽调清单，既能够让资料提供方觉得指向明确，也可以提高律师从尽调资料中提取有效信息的效率。

专业文件的制作，特别考验一个律师踏实负责的态度。不仅要在形式上没有缺陷，还要在内容上凸显专业度，同时又要匹配这份文件出具的目的。以投标文件的制作为例，接到一份招标通知时，律师首先要从形式与实质上分析本次投标应当注意的问题。形式上包括最终递交文本的形式和截止时间、各类事务所资质与业绩的底线要求，内容上包括本项目的基本情况、客户的核心需求等。形式方面，一份投标文件如果想要做得完美，不能仅仅满足于招标文件的底线要求，尤其是在无法确认对方要求的具体口径时，一定要确保满足最严格的解释口径的要求。内容方面，虽然这一项目只是处于招标阶段，律师尚不了解项目具体情况，但仍然要根据项目经验，同时结合检索与论证，针对本项目的要求，出具可操作的、环环相扣的应对方案。

与客户的互动，更多的是理解需求并做出回应，最能体现一位律师的专业素养，也因此更加偏重于对输出和表达能力的要求。此时，做好与客户的每一次沟通，就要求青年律师有清晰的思维模式，实际上就是将信息进行排序和规律化，进而降低客户的认知成本，让专业信息得到更好的传达。就以参加客户的会议来讲，同样的内容，面对不同的受众，律师需要做出不同的解释和表达。如果客户参加人员是非常专业的法务人员以及对本项目基本情况十分了解的业务人员，很多大家有基础共识的问题就无须解释；如果客户参加人员对相关业务领域从未接触过，那么律师在发表自己的观点时，就需要做一些基础名词的解释工作，并且将背后的原理通过更加通俗易懂的方式表达出来。

三、破产专业领域的进阶发展

（一）破产业务领域的特点

律师的专业化养成，离不开对本专业领域的深入理解。接下来我以破产业务领域为切入点，跟大家分享不断前行的专业之路。在我看来，破产业务和其他业务有很大的差异，其有自己独特的魅力。

1. 更注重工作落地

破产业务要求法律建议和行动方案必须可落地，这一点可能与其他非诉业务有所不同。举例来讲，一般非诉业务给客户的法律咨询意见，虽然从法律专业角度是最终确定的，但客户需要综合衡量法律成本和其他商业方面的因素，最终做出决策并落地实施。因此，最终实施的方案可能与我们提供的建议方案并不一致。但在破产业务中担任管理人角色的话，一般情况下，律师出具的意见或做出的决策不仅仅是供参考，还应是最终要落地和实施的方案。

在角色站位上，破产业务和其他非诉业务是不同的。比如，进入破产程序后，是否对职工债权进行个别清偿。《企业破产法》规定，人民法院受理债务人企业破产后，不得再实施个别清偿。然而实务中，很多企业进入破产程序时，往往已经拖欠了职工较长时间的工资。此时，因为职工要求支付工资、缴纳社保而产生的信访或其他过激的群体性事件压力，就是作为管理人的律师所必须面对和解决的现实问题。作为顾问，我们给出的建议往往是严格依照法律规定；但作为管理人，我们需要考虑职工的切身利益和对当地社会造成的不稳定因素，结合破产企业的财产情况、最终财产分配预估等因素综合做出安排。

2. 知识范围辐射广

破产业务领域，与其他业务领域相比，所需的知识广度有一定差异。当然，无论哪一个业务领域，想要提供更好的服务，除要掌握相应领域的法律知识外，都一定需要对这个业务所处的行业有深入了解。比如，房地产业务领域的律师，不仅要懂得房地产相关法律规定，也要了解整个房地产开发流程、目前房地产市场行情和未来走势，才能把这个领域做专做精。类似的很多业务领域中，律师了解行业知识，是为了让服务效果锦上添花。但是在破产领域中担任管理人角色时，深入了解破产企业所在行业的知识，并不仅仅是为了达成锦上添花之效果，还是管理人忠实、勤勉履职的必要条件。管理人职责除了《企业破产法》第二十五条规定的接管债务人的财产、印章和账簿、文书等资料，决定债务人的内部管理事务，决定债务人的日常开支和其他必要开支，在第一次债权人会议召开之前，决定继续或者停止债务人的营业，管理和处分债务人的财产等，还应当管理好企业的生产经营事务，招募合适的投资人。这一系列工作，都要求律师有一定的知识广度，对于该破产企业所处行业的整体发展趋势、上下游产业链、国内外龙头企业及所占市场份额及特点、行业监管趋势和动态、债务人企业逐渐走向破产的原因和时间线等有较为准确的掌握。

除了行业上的知识跨度，破产程序横向涉及众多法律业务领域。因此，破产律师需要在熟练掌握破产法相关规定的同时，也对民商事诉讼、劳动人事、刑事诉讼、金融领域等有一定把握。

3. 项目重要性强

破产项目对企业和社会来说都十分重要。个人认为，这是由破产在一家公司生命周期中所处的时间点决定的。按照管理学家伊查克·爱迪思创立的企业确认生命周期理论，一家公司从初创到死亡，共经历 10 个阶段，律师的法律服务也渗透其中，从常年法律顾问、企业日常经营的风险管理、政府关系和监管合规，到融资（向机构借贷或公开市场上发行证券）、兼并、收购等，最终的阶段便是解散注销，而破产正是企业退出市场的常见方式。一家公司一旦经历破产，要么灭亡，要么新生。形象化地讲，破产对企业来说可以说是生死存亡的大事，尤其是破产重整项目，对企业能否重获新生十分重要。

公司这一依靠法律拟制才得以存在的组织形式，虽然只存在于共同体的假想之中，但其作为人人默认的社会存在，在现代社会运转中扮演着重要角色。一家公司的生死存亡，与个人、社会、国家的联系可以说是盘根错节。尤其是在大型公司破产时，大股东、小股东、职工、同行业公司、上下游客户、金融机构、公开市场投资者等，各利益相关方均受影响。因此，在破产项目，尤其是破产重整项目中，担任管理人后，律师有义务从法律、投资、行业等各方面进行考量，让项目最终落地，否则债务人可能会转入破产清算。而大型企业清算对当地就业、税收、金融环境、社会稳定和经济发展的影响，往往非常巨大。

4. 团队配合更加重要

破产业务的一大特点，尤其是管理人项目的特点，是所需律师数量众多，而且工作是持续性的。比如，公司日常经营涉及大量的审批事项，管理人就需要长期在现场完成审批、盖章等工作；再如，根据《企业破产法》的规定，在破产财产最终分配之前，债权人均可补充申报债权，就需要管理人长期有人员在现场审查债权，包括与债权人沟通申报资料的补充，与公司业务人员、财务人员、聘请的审计和评估机构等沟通交流，尤其是在债权人数量众多的情况下，更加需要大量人员对债权进行审核与交叉复核。

此外，在破产管理人项目中，并不是一人对应一项工作任务，像打卡进度条那样只要打自己眼前这张卡就可以，而是横向分出多个工作流，每个工作流上会有好几个律师合作完成任务。初始阶段，接管公司与审计、评估机构的遴选、公司基本情况尽调，是比较常见的并行工作；后续的接收债权申报、不同类型债权的审查、破产企业对外债权的催收、公司诉讼的继续、第一次债权人会议的准备等工作，往往也是多头并进的。因此，良好的团队架构和合作就显得十分重要。

5. 工作方式独特

从我个人感受来看，破产领域出差压力的确很大。这一点相信破产律师应该都深有体会，经常出差是必然的，而且在很多情况下需要长期驻场，这就要求破产律师尽量协调好工作与家庭的关系，在驻场时也要合理安排工作、生活和学习。从经验积累角度，我个人认为出差对于一个青年律师的成长是有很大帮助作用的。因为同一个工作任务，在不同环境中的完成路径会发生变化，转换操作环境，也是积累实务经验和提升个人沟通协调能力的有效途径，客观上能起到促使青年律师不断突破舒适圈的作用。但是，非常辛苦也是个很客观的现实问题。

（二）破产业务领域的精益求精

专业化养成之路上，做好每一件事情、每一个项目，同时也需要有意识地提升自我。如果选择了破产业务作为自己的主要执业领域，那么就需要针对破产业务的特点，不断提升，精益求精。

1. 提供多方位法律服务

破产业务中最典型的业务是破产管理人业务，但其实在破产过程中，除了处于推动地位的管理人之外，还有很多主体参与，典型的有债权人比如银行、债券持有人、供应商，还有债务人也就是破产企业本身，还包括大股东、实际控制人、投资人等，这些角色都需要破产领域的律师提供法律服务。

供给侧改革之后，国内破产业务增长量是非常大的。我接触到的很多其他领域的律师也都有这种感受，无论从事的领域是什么，都有一定比例的客户或多或少遇到了破产方面的问题。可能是建设工程领域作为总包的客户，业主或开发商破产了；也可能是金融领域的银行客户，发放了某笔贷款，但债务人企业破产了……

一个破产团队大多是以管理人业务为主，但是衍生业务包括债权人法律顾问、大股东及实际控制人法律顾问、投资人法律顾问、政府部门法律顾问等都会有所涉及。我认为作为专业的破产律师应该尽量多角度提供破产领域的服务，一方面有利于对项目整体把控、专业度的提升，另一方面这些不同的法律服务之间其实也是相辅相成、相互促进的。

以债权人法律顾问为例，为一个银行提供破产债权人法律服务，我们可以运用管理人的执业经验为客户提供服务，同时也可以了解不同银行对于破产债权的处置规制，还可以反向作用于其他项目的管理人工作，互相促进，多角度提升。

投资人顾问也一样。从事其他业务领域的律师，他们的客户都有可能会成为某一个破产项目里的投资人。目前，有不少投资人会在破产企业里找寻收购目标，或者是在锁定收购目标之后通过破产重整的方式进入。第一，破产重整投资对投资人来说成本更低；第二，破产程序中重整计划草案可以多数表决通过，投资沟通更具效率；第三，被收购企业濒临破产时，一般都会发生账户被查封、资产被执行导致主营业务无法启动等情况，一旦进入破产程序，保全措施解除、执行程序中止，有息负债停止计息，被收购企业的资产进入被保护的状态；第四，债务人企业的负债经过债权申报审核、公示以及异议程序核定之后，债权债务比较清晰，收购风险相对较小。

因此，破产业务领域的服务角度不是单一化的，在核心业务之外，也可以更多尝试辐射业务，这样能够让破产领域的律师更加了解破产过程中的参与各方，提升对项目的综合理解，为客户提出更具全局性、前瞻性的法律建议。

2. 多领域的知识积累

破产法的配套机制近几年来发展得十分迅速，随着我国供给侧结构性改革的深入和破产业务的不断发展，破产律师的数量在未来几年可能会继续增长。在破产律师规模不断扩大的同时，也需要破产律师的专业化程度不断提高。破产业务十分复杂，成为一名优秀的“破人”，需要从各方面提升专业素养，建立宏观、串联、高度抽象的知识体系，具备具体破产项目和宏观趋势的预见能力，而非被动地应对破产业务中的各种突发情况和新问题。面临对破产律师的专业性和综合性要求不断提高的趋势，积累多领域的知识，这点在破产业务中非常重要，主要包括以下几方面：

第一，宏观经济形势。宏观经济形势，对企业的生存发展有着重要的影响，也因此在破产这个业务领域里非常接地气。首先，从较长阶段的经济发展趋势来看，在 2007 年《企业破产法》生效之后，我们国家的破产业务发展是非常初步的，法院的破产案件受理量也比较低。供给侧结构改革启动后，破产业务领域迎来了春天，它的发展跟整个国家的经济形势是息息相关的。其次，从突发事件来看，如新型冠状病毒肺炎疫情等公共卫生事件，对我国各行各业可以说都产生了重大影响。以本次新冠疫情为例，消费、餐饮、酒店、旅游、交通运输（公路、铁路、民航和水运）、轻工业（玩具、零件、家电家具、文具、包装、造纸、纺织、服装）、农业和畜禽养殖等行业均受到不同程度打击，这些行业中的众多中小企业有可能通过破产程序退出市场或成为市场上被资方挑选的标的。

第二，行业知识。举例来说，一家企业破产了，这家企业主营业务是生猪屠宰和预制品加工，它从上游生猪养殖户收购生猪，进行屠宰、预加工后将猪肉、预制品出售给下游商超。但由于正逢生猪供应减少（2017 年出台的禁养令、猪补造成的虚拟猪、非洲猪瘟）和生猪价格大幅上涨的“猪周期”，生猪屠宰行业迎来寒冬，生猪采购困难、采购价格提升，但市场需求并没有相应提升，导致利润差和开工率下降。这时所谓的“非洲猪瘟”等对行业有重大影响的消息，就不再停留于新闻资讯的性质，而是直接影响项目走向的关键。整个行业未来几年的走势，将影响与投资人的谈判、整个项目的成本、企业的资产情况和未来清偿率的预估。此时，对猪价飞涨的关注就不能仅仅停留在新闻上，还要深入研究其背后的逻辑以及对项目的影响。

第三，合作机构的专业领域知识。包括审计、评估、投资等专业领域的知识。在一般的非诉业务中，除了聘请律师作为法律顾问以外，客户还会聘请会计师、评估师和券商等其他服务机构。但是在破产项目里，作为管理人，会计师、评估师、财务顾问等中介机构都是由管理人聘请的，与专业的审计和评估机构合作，可以使得破产项目推进得更加顺利。所以我们必须充分掌握相关专业领域的知识。如果不掌握这些专业领域的基础知识，很难有效地与相关机构进行对接，也更加不可能在此基础上做出合理决策。以审计机构为例，一个专业的审计机构，不仅是简单的资产和负债的审计，在筛选企业对外应收的真实债权、核实股东是否真实出资、债权审查、合并破产中的财务混同专项审计等方面，都需要有丰富的经验。反过来看，这也需要律师具备同一广度的知识面，与合作机构去沟通具体事项的办理路径。

3. 关注破产领域前沿问题

破产业务在实操中具备以下特点，这些特点决定了我们必须时刻有创新思维。第一，我国专门规定的破产法律、司法解释数量并不多，但实操中涉及的法律却包含了众多领域的单项部门法；第二，许多破产项目的资产、负债体量非常大，涉及的问题非常复杂，通常需要通过破产程序来“一揽子”解决，操作这种项目，需要创新思维，这与做标准化产品的业务领域不同，各个破产项目的微观形式和投资结构都独具特色；第三，以不违反法律禁止性规定为前提，争取实现项目成功。基于破产实操中的以上特点，破产业务需要创新，但是这种创新需要我们关注破产领域的前沿问题和实务动向，融会贯通，才能做到。所谓前沿问题我认为分以下几类：

第一类是前沿案例。国内破产团队有了新的操作方法和路径，需要时刻关注，可能暂时无法运用到当前项目上，但至少可以拓展思路，同时也有可能在下一个项目遇到同样的问题。

第二类是法律动态。例如，2018 年 3 月出台的《全国法院破产审判工作会议纪要》、2019 年 3 月出台的《关于使用〈中华人民共和国企业破产法若干问题的规定（三）〉》、2019 年 6 月出台的《加快完善市场主体退出制度改革方案》、2019 年 11 月出台的《全国法院民商事审判工作会议纪要》以及地方法院、律协、行政部门出台的相关指导性文件等，这些最新规定颁发时，破产项目若处于推进过程中，就要求根据这些最新的规定迅速做出应对，调整一些项目核心文件和处理思路。

第三类是前沿理论研究。破产业务也是近几年才有比较多的实践，法律和司法解释对于很多实务中有争议的问题还没有明确的规定，并且破产会与很多其他领域发生交叉，这也会产生很多前沿问题。例如，从 2018 年开始，债券发行人破产的案件逐渐增多，我们就需要研究债券的纠纷类型以及这些纠纷都是如何被判决的、呈现什么样的趋势，在发行人破产的过程中债券持有人、债券持有人会议、受托管理人之间是什么样的法律关系。除了常规的破产业务，还包括现在的跨境破产、个人破产、金融机构风险处置、上市公司破产重整等方向，不仅是理论上热烈探讨的，更是未来几年破产业务发展的大势所趋和热点所在。对这些前沿领域，一定要关注，并潜移默化地进行吸收，不断更新自己的知识体系。可以关注破产法相关论坛快速获取前沿理论。在这种论坛上，一般每位发言人占用的时间会控制在几十分钟内，因此每位发言者分享的都是自己累积多年的精华。经常关注这些前沿动向，可以发现破产法发展的趋势，避免自己操作的项目与未来趋势背离。

4. 专业化和标准化

将破产业务作为主专业，会发现一类业务之中有很多共性的东西，包括经常用到的法律法规、经常出具的尽调清单、程序性文件等。这些共性的东西，通常律师团队内部都有提炼和总结，并在团队内部使用和优化。在此基础上，还可以把这些成果由近及远地分享给相同业务领域人员。专业化和标准化工作的推进，能使团队律师从重复性劳动中解放出来，将更多精力用于思维创新类的工作。

四、破产专业团队的协同和培养

要想做好每一个破产项目，必然需要一个高度专业和契合的团队，破产业务应该特别重视团队在专业化方面的培养，在细节处践行“做好手头的每一件事”。

（一）青年律师个人与团队的关系

说到团队成长与培养，可能很多青年律师会感觉距离自己十分遥远，好像这是合伙人才会考虑的事情，实则不然。现在的大型项目，尤其是破产项目，几乎不存在律师单打独斗的作业模式。

青年律师或与其他律师为某一项目组成团队合作，或与其他律师团队直接合作，或本身就是某一合伙人团队成员，总之，难以避免处理个人与团队的关系。虽然大部分青年律师现在可能还不是团队中的管理者角色，但我仍然想从团队管理和培养的角度来切入。因为一个团队的管理和培养，不仅仅是合伙人的任务，更是这个团队作为一个共同体磨合的结果，每个成员都要有一种全局意识。

青年律师业务水平的不断提升，一般是作为团队成员去参加每一个项目的结果，是因为在各个项目上，合伙人和高年级律师毫无保留地传授技能而提升的。因此，作为团队成员和协作者的青年律师，在专业化的道路上，有必要从团队管理角度提前了解这些事项，一是可以更好地协作，二是对于未来成立自己的团队也是很好的铺垫。

（二）从管理角度看破产团队成长

虽然律所每年能升任合伙人的律师数量很有限，但是就我而言，一直认真地将每一个“新人”向合伙人的方向培养。青年律师也可以从合伙人的管理角度去思考，制订个人的专业养成计划。需要说明的是，以下所涉大多基于个人经验。

首先，合伙人应当去思考每一个成员加入团队的目标。以毕业直接加入团队的国内外法学院学生为例，其目标可能主要在于个人成长。

其次，在理解这种目标的基础上，抽象出一种可以总结和实践的“团队文化”来加强和促成这种目标的实现。优秀团队的整体氛围，可以说是向前、向前再向前。原则上青年律师不断去接触充满挑战的项目，上述目标就能得到满足，作为合伙人可以给青年律师安排更多的项目，如此容易形成“目标—文化—目标”的正向循环，使团队的稳定性最大化。

最后，作为合伙人，如何保证某一破产项目上所有的律师都拿出100%的精力，这也与其他非诉业务存在一定差异。破产业务，尤其是与破产重整相关的业务，包括管理人与各参与方法律顾问，其实都有一个法定的时间，即6—9个月。那么在这种情况下，基本无法压缩项目时间。此时，日报、例会等团队管理方法就比较合适，可以用于掌握团队成员的有效工作时间，以即时同步项目进展。

（三）破产团队的信息传递与同步

由于破产团队的成员经常处于在不同地域出差的情况，远程分配任务与沟通各项目进展就成为工作中必要的一环。此时，我认为沟通的直接性、实质性以及团队成员之间的同理心，是非常重要的。

1. 沟通的直接性和实质性

一个高效而专业的团队，应当是鼓励开放和直接交流的。我认为，职场上应该假定每个人都是处于一个理性的状态，指出团队成员的问题不代表人身攻击，而只是为了更好地促进交流和合作，毕竟大家的目的都是高效完成工作。当然，也要采取合适的方式方法，在指出团队成员工作中存在的问题时，应当给团队成员讲明白，采取这种工作方式会造成何种问题和影响，对个人工作习惯养成、团队专业形象和律所声誉等，都有可能造成哪些后果，让团队成员明白所以然。在此基础上，再告知其更加合理高效的工作方法是什么。否则，团队沟通不畅，青年律师可能因为搞不清楚状况而倍感痛苦，项目也达不到好的效果。

2. 沟通时要有同理心

青年律师包括新人律师在接受工作安排时往往不清楚这个任务到底有多重要，需要审核的细致程度，要付出多少精力来保证文件的严谨性。这其实是一个“度”的问题，要结合任务在项目中的作用来判断。

前文也提到过，破产项目往前推进的方式是构造一个多级分工、多线并进的工作流。青年律师在接到任何任务的时候，很重要的一点应该是反复地思考：我现在被放到了哪个工作流上、角色是什么、这个工作流对项目的进展有什么影响、交办任务的律师为什么需要这个文件、我需要怎么做这个任务才能让交办任务律师的后续工作轻松一些且更大程度为项目的后续发展提供支撑。当不清楚一份文件要做到多细致，甚至不清楚一个任务背后的目的时，宁可硬着头皮将要求确认清楚，也不要迷迷糊糊就开始干活。如果最后发现一开始的沟通就出了问题，工作成果达不到要求，反而白白浪费彼此的时间。

同理心不仅适用于接受任务，也适用于布置或分配任务。我认为，很多青年律师其实还是比较善于沟通的，律师们也希望合伙人能够换位思考，在布置任务的时候要逻辑清晰地把要求一一传递。合伙人也应当不断地以这个标准来要求自己。每次在安排工作之前，不妨考虑一下，如果我是对方，一个之前没有接触过这个项目，不知道项目需要做什么的律师，需要哪些信息，才能清楚地知道自己的任务是什么，以及怎么做。在一开始尽量站在对方的角度思考，把可能出现的情况都交代清楚，将会大大节约日后反复沟通来确认彼此需求的时间，且有利于青年律师的工作开展，可以给青年律师做出一个良好的示范，教授青年律师应当如何与其他团队成员、客户沟通。

（四）破产团队的组建

当律师业务逐渐增多时，仅靠自己一个人完成是不太现实的，这时候需要组建一个团队，大家共同协作成长。下面我分享一些组建团队的心得。

除了各领域专业知识以外，破产律师还特别需要具备协调能力。因为你会发现，做一个破产项目，往往不是在后台写一份法律意见书，更多的是天天和人打交道，包括政府、法院、职工、供应商、银行等。因为各方人员都是站在自己利益最大化的角度来参与博弈的，破产是能够充分体现各方博弈的一个业务领域。在博弈的过程中，如何平衡好各方复杂的关系，将项目顺利推进，这是非常重要的。

同时，团队成员的共同成长非常重要。我认为，应当尽量避免造成团队青年律师犹如流水线上的工人，仅能完成自己所熟悉的程序工作，而对工作的全局以及策略缺乏应有的认识。项目伊始，应当共享这个项目所有的前期资料，并充分使每一个参与者了解项目背景并同步项目信息。项目推进过程中，如果出台了最新的司法解释、会议纪要、各地方法院的操作指引等，团队内部应当组织学习。即便是新加入的实习生，也应当找一个团队的核心成员，专门讲破产法的结构、项目的背景、进展以及整体推进计划等，让大家知道负责的具体工作在整个庞大的项目里面处于哪一环，这样有利于青年律师的成长，也是项目高效专业推进的基础。此外，还要做好手里的每一个破产项目。我一直认为，给自己专业能力最好的背书就是做好每一个项目。因为一个项目有没有用心去做，其实客户是能体会到的，各方也都有目共睹。做好每个项目，不仅可以使该具体项目有良好的效果，也具有市场的辐射作用，本身就是对自己专业口碑的正面宣传。很多律师可能都会为市场拓展感到困惑，其实做好每个项目，就是最可控而且最有效的路径。

（五）破产团队的专业化培养

刚刚加入律所的青年律师，可能都有类似的经历。刚开始工作的时候，负责起草项目上一个文件的初稿，合伙人给了一个可以当作参考的相似的文件，可以照葫芦画瓢地改，自认为看得很仔细，反复检查后胸有成竹地交上去，结果居然是每一页都有被标红出来需要修改的地方，通常是令人大吃一惊，仔细一看，抛开法律建议的专业度等实体内容，还出现了标点符号错误、定义的运用不规范、标题的格式不统一等“低级错误”。默默吐槽自己还是不够细心的同时，也感叹团队对于所有文件包括细节上的严谨和规范的高要求。

律师发出去的任何文件，不管是给法院、政府、监管机构、客户、合作律所、投行还是任何其他第三方，都体现了律师的业务水准。在速度快、效率高的基础上，还需要做到文件严谨规范，细节上挑不出任何毛病。青年律师应当尽快适应这种高标准，严于律己。

除了对文件本身精确的高要求之外，工作的方方面面都应当追求严谨和认真。比如，通过微信给客户回答一个问题，简单的一个答案背后的任何一个依据，都应当反复做检索，从各个角度都论证无误后才能确定。例如，客户需要了解目前市场上公司股民主要诉讼的涉案金额情况，就可能需要花大量时间做检索，仅总结检索结果的表格就做几套，最后发给客户的答案不过是几句话。因为我们需要让自己的每一个结论都有严谨的事实支撑，这才是专业的体现，也是客户信任的基础。

五、结语：做好当下，即是未来

人类通过大规模的有序合作，构造了高度复杂的当代社会。专业分工与合作，成为各行各业最基本的工作形式，律师行业也不例外。面对数不胜数的项目、浩如烟海的文件、多线并进的工作指令，新入行的青年律师往往疲于应付，对未来的专业化发展也毫无头绪。最担心的事，或许就是湮没在日复一日的高负荷运转中的同时，还在焦虑着未来发展的方向。

律师的专业化是不可阻挡的时代趋势，前文笔者从自身经历角度分享了如何形成自身的专业化，也从破产业务切入分享了破产业务与其他业务领域的不同之处，并分享了如何通过做好每一件事情，实现自己的专业化。总体来说，对于青年律师，谈及专业化问题，关键在于做好每一件事和每一个项目。而这样做的目的是培养专业化律师的核心竞争力——硬实力和软技能。

硬实力是指核心职业技能，对于破产律师来说，就包括对破产流程的熟悉程度、对文件的精准把握、对破产领域法律问题熟练运用能力、进行各种书面交流的质量和效率、解决各项复杂问题的能力。硬实力往往是随着项目经验而提升的，同一类型的项目做了多次之后，想对各种文件不熟悉都很难。如果发现自己在哪一处的知识储备有所欠缺，去自主学习也是自然而然的事情。

“软技能”的重要性可能会被大多数青年律师所忽视，这就包括对上文提到的沟通交流、团队文化等的种种思索。这些“软技能”能让青年律师在埋头苦干之余，抬起头来去归纳和总结自己的专业化发展经历，用以调整下一步的专业化发展策略。正如，既要脚踏实地，也要仰望星空，不要只盯着眼前的一切，抬起头会发现有更大的世界。

我们经常遇到两种比较极端的青年律师。一种青年律师，在入行前几年纷纷离开律师领域，认为超长的工作时间让工作成为人生的全部，人生没有了其他意义。另一种青年律师，由于缺乏上文提及的培养“软技能”的意识，迷失在追求具体工作的卓越和优秀中，对未来职业发展毫无规划。

对这两类青年律师，我不做倾向性评价，因为我知道，现代社会那些用来评价个人能力的标准，并不具有天然正当性，健康的职业应该是一种自我实现和自我表达。

身处2020年的中国律师行业，青年律师们即便是从国内外名校毕业、起点高于大多数人，也都应该保持学习的状态和渴望。刚刚从象牙塔走向市场和社会的青年律师，我相信也都曾指点江山、激昂文字，但最终还是要一步一个脚印地负重前行。如果想用非常短的时间走完别人很长时间才走完的路，更要脚踏实地、谦虚好学，才能以求寸进。

做好自己手中的每一件事情、每一个项目，是本文想分享的核心理念，也是我过去一直坚持、未来将继续坚持的目标。破产项目，尤其是大型破产项目，往往面临非常复杂的局面，各方的博弈非常强烈，作为破产律师我们需要一种执着的精神——即使问题复杂、交织，依然能沉下心，认真、细致地分析每一个问题的执着；即使项目障碍重重依然能够多头想办法，积极应对不放弃的执着；即使有过不少项目的经验，依然如履薄冰地对待每一个项目，从头开始的执着。

有人曾讲过，人要像水一样。水会不断积蓄自己的力量，可以汇成一弯静潭、河川海洋，也可以滴水石穿、激流勇进。愿所有的青年律师都拥有水的品格，在专业化之路上，可能遇到艰难险恶的高山，也可能遇到一望无际的平原，但永远不会停下，永远拥有向前的力量，在经过的每一处土地上留下印记。

投身双反，一生的选择

侯霄华[①]

【干货心得】

总体来看，双反领域是一个专业性强的领域，需要精通英语和国际贸易法，还要具备比较扎实的财务知识；是一个挑战性强的领域，需要与美国商务部等外国主管部门及美国起诉方直接交锋，答复问卷、应对核查、经常出差，对律师的脑力、体力都是不小的挑战；是一个成就感强的领域，当你为客户甚至行业赢得零税率或低税率，维护了客户和中国行业的利益，得到了中国商务部、行业和客户的肯定，内心的成就感会油然而生。

一、业务选择

（一）青春无悔与法结缘

在学生时代，我一直勤奋好学。本科期间，我成为学院英语外教的助教，

① 作者系北京市长安律师事务所首席律师。2007 年毕业于清华大学法学院，获法律硕士学位。2008 年至 2010 年，于美国格威·舒伯·拜耳（GSB）律师事务所北京代表处工作，为中国法律顾问；2010 年至 2017 年，于北京市华城律师事务所工作，为国际贸易团队负责人；2017 年 9 月起，于北京市长安律师事务所工作，为国际贸易团队负责人。执业领域：反倾销与反补贴、国际贸易纠纷、海关法。

帮助外教开展教学工作。也是从那时开始，我学习英语的兴趣越来越浓烈，英语的学习和应用不断得以强化，听说读写能力迅速提升，同时发现自己在语言方面还有一些天赋和悟性，于是萌生了将来从事涉外业务的初步想法。

后来，在国际贸易专业课课堂上，我首次接触了国际贸易法，觉得自己可能找到了适合自己的涉外业务方向。为了验证自己的想法，我开始找来法律方面的教材自学，自此便陷入法学的殿堂不可自拔，确定了一定要考法学研究生的志愿。当时已经是在大三下学期，考虑到自己不是法学科班出身，在研究生院校选择上也颇费了一番周折。当时给自己列了几个目标院校，经过深思熟虑特别是考虑到从事涉外业务的初心，我毅然选择了报考清华大学法学院。清华大学作为我国最高学府之一，能够进入清华园读书是万千学子的终极梦想，而且首都北京的国际化程度更高，区位优势明显，机会更多。当然，竞争也会异常激烈。

事非经过不知难。由于我是跨专业报考中国顶尖学府，并且当时的网络不像现在这么发达，备考资料都要自己想办法去收集、整理。因为是零基础，所以每一门专业课都要顾及，光看一遍教材就花去了数月时间，感觉每天时间都不够用，中间也产生过放弃的念头，但学习没有捷径，只能下苦功夫，咬牙坚持，个中艰辛，唯自己知。然天道酬勤，背水一战而一战功成，2004 年我如愿考入了清华大学法学院。在此仍想感谢当年的自己，没有半途而废；也想感谢面试时各位老师的知遇之恩。

因为来之不易，所以倍加珍惜。研究生期间，置身蜚声中外的清华学府，面对如雷贯耳的法学大家，感受浓厚纯粹的学术氛围，结识卧虎藏龙的同窗好友，我深刻认识到自己还有很大的提升空间，于是在正常上课系统化学习法学知识的基础上，利用清华大学丰富的学习资源，有重点地加强国际经济法问题研究，取得了不错成绩。同时，我也在思考，法律学科庞杂众多，我要投身哪个领域才能发挥自己的最大优势？

临近毕业，我也像其他同学一样，密切关注各大机关和企业的招聘动态，寻找合适的就业机会。2007 年，中国已入世 6 年，随着我国出口额的快速提升，美国、欧盟等国家和地区对我国发起的反倾销和反补贴调查等贸易救济调查也越来越多，国际贸易纠纷成为法律理论界和实务界关注的热点话题，许多国际知名律师事务所纷纷在北京开设代表处，代理客户应对国际贸易纠纷。在诸多选择中，我逐步坚定了信念，认为国际贸易方向是最佳选择。确定了这一方向后，我认真锻炼法律英语的听说读写能力，深入钻研国际贸易纠纷案例，向多个知名外所投递了简历，最后如愿以偿地进入美国格威·舒伯·拜耳（GSB）律师事务所北京代表处工作，专门从事对美国反倾销反补贴案件的应诉工作。在这里，我的经济学、外语和法学复合背景的优势逐渐显现，后来的发展也证明我做出了正确的选择。

回顾自己的专业选择之路，最大的体会就是一定要结合自己的兴趣、优势，尽早选择适合自己的职业领域，并坚持不懈去努力。法律学科涉及维度极广，要做到真正精于某一领域的法律业务，就要潜心钻研这一领域，深入挖掘该领域需要的综合能力，注重培养和提高这些能力。比如，要做好反倾销和反补贴业务，必须加强学习外语、法律、会计及国际贸易方面的知识和培养相关技能。越早确定职业方向，就能越早投入时间和精力准备，为自己争取更高的平台去锻炼和进步。

（二）义无反顾投身双反

GSB 律所北京代表处当时有多个国际业务组，涉及反倾销和反补贴、国际投资、移民、跨国并购等。我所在的双反业务组是由 1 位美国律师和叶晓明博士带领，由包括我在内的 2 名法律顾问及 2 名财务顾问组成，即 GSB 律所北京代表处一共有 6 位双反业务组成员。除了北京代表处的 6 名业务组成员以外，我们在美国华盛顿还有 3 位美国律师同事，负责和国内业务组对接。因为美国双反调查是由美国国际贸易委员会和美国商务部发起，因此需要位于美国的同事负责与美国调查机构、美国起诉方及其他案件相关方进行沟通、提交答卷、出席听证会等工作。届时，中国本土律师对于处理美国双反业务并不熟练，很大程度上是依赖美国律师主导开展整个应诉程序，中国律师主要是负责与中国企业进行详细沟通，帮助企业梳理和提供各项应诉资料，以便与美国律师对接。与此同时，中国本土律师也在飞速地学习和摸索如何更加独立地处理美国双反业务。

从安逸舒适的校园步入职场，对我而言着实是巨大的转变。忙碌的外所工作让我压力倍增，反倾销和反补贴业务门槛高、专业性强，不仅需要流利的英文能力、扎实的法律功底，更要精通反倾销和反补贴的调查规则、了解国际贸易流程、熟练掌握会计运算，甚至要求具备丰富的物理化学知识、熟悉计算机编程和数据库的操作。记得刚入职时，我每天要处理大量的客户电话及邮件咨询，研究客户询问的各项问题，梳理、审查和翻译客户提供的各项应诉资料，起草对美国商务部调查问卷的答复，跟踪案件进程，负责衔接美国律师与客户的沟通，更是多次出差到现场进行深入了解和指导。除了这些日常的工作，我每天都坚持挤出时间来学习国际贸易和会计知识，弥补自己的短板，以求能更快上手处理双反业务。GSB 律所在嘉里中心南楼 8 层，我被安排在一间有着巨大落地窗的独立办公室，放眼望去，北京大都市的繁华尽收眼底。但我在 GSB 律所工作的两年里，并没有多少时间去欣赏窗外的繁华景色，更多的是面对着电脑和堆积成山的文件，埋头学习和处理各项工作。我已记不清有多少个夜晚，我在律所彻夜工作，因为国内与美国存在时差，我们经常要在半夜和位于美国的同事开会讨论案件细节，会议结束有时已近清晨。我就躺在办公室沙发上小憩一会，待朝阳初上，便打起精神，继续开始新一天的工作。

回想起在 GSB 律所的日子，每天忙碌而充实，感谢曾经拼命付出的自己，才让现在的我有了扎实的双反业务功底。另外，我也不由得感慨自己是何其幸运！初入反倾销这行，就能师从国内应对美国双反案件的顶级专家叶晓明博士，他的谆谆教诲，让我少走了不少弯路，能够迅速成长为一名专业的双反律师。

叶博士是加拿大戴尔豪斯大学的物理学博士，先后在德国马普学会弗里茨－哈伯研究所从事过渡金属表面化学吸附的计算机模拟研究，在加拿大不列颠哥伦比亚大学做金属固体与离子液体界面动力学的研究工作。1999 年，叶博士正式加入 GSB 律所，专门负责指导中国企业应诉美国对华发起的反倾销和反补贴调查。叶博士有着傲人的物理、化学背景，总能一针见血地分析出产品的工艺、售价及成本构造的核心点，解决相关争议，并运用美国的替代价规则找出对中国企业有利的数据，测算出理想税率。时至今日，无论是对美国双反规则的把握、对具体产品的认识，还是运用专业的计算机数据库 SAS 系统对双反税率进行测算，在应诉美国对华双反调查方面，叶博士依然是国内最受敬仰的专家之一。目前，叶博士仍在担任我们团队的专家顾问。在叶博士的指导下，我迅速上手了反倾销和反补贴的各项实务工作，如饥似渴地学习各项理论知识和实务技能，学以致用，心无旁骛，积累了丰富的双反理论和实战经验。

在 GSB 律所两年多的时间里，我参与了多个重大项目，包括美国对华小直径石墨电极反倾销调查、美国对华甘氨酸反倾销复审等，为客户乃至整个相关行业赢得低税率的喜悦让我觉得一切付出都是值得的。双反调查的综合性、复杂性及长期性决定了这类业务需要律师花费大量的时间去研究相关的法律和规则、长期密切跟踪案件的进展、深入了解产品的工艺及企业的账务细节、宏观把握相关行业的贸易动态。在不断的学习和实践过程中，我下定了决心，要将双反作为自己一生的事业。

选择了律师这一职业，就注定每天的日子都是充实而忙碌的。对于年轻律师而言，初入职场，业务生涩，难免会遭遇来自各方面的压力，但无论如何，只要坚定信念，扎实学习，终究会豁然开朗，赢得客户及同行的认同与尊重。在律师从业初期，最重要的是积极参与项目，不放过每个学习的机会，深入理解业务，充分积累业务经验，培养敏锐的业务思维。只有这样，才能为客户提供最专业的指导和服务，这也是律师的立足之本。

二、业务精进

（一）身经百战才能快速成长

2010 年，随着中国本土律师日益成熟和独立，GSB 律所撤销了北京代表处，双反业务组的美国律师回到美国，我转到了北京市华城律师事务所，在叶博士的指导下，继续指导中国企业应诉美国对华双反调查。我在华城所经历了 7 年的时光，业务得到进一步精进。

在美国律师回国后，联络中国客户、开展国内业务的重任就落在了我的肩上。以往的我，面临最多的是起草各家企业的应诉答卷、研究企业答卷中的某个具体问题，工作庞杂、零碎，更多的是被动地处理资深律师及客户交代的各种问题，全局意识还比较淡薄。由于反倾销和反补贴涉及的业务要点非常多，团队分工也非常精细化，我负责的多是法律研究、调查程序、企业架构、销售模式及细节等方面的工作，成本核算由团队的财务顾问负责，而替代价、案情概要和反驳概要等信息多是由美国律师查询撰写。但我清楚地知道，要成为一名优秀的双反律师，就不能有任何业务盲区，必须熟练掌握双反调查中的每个要点，树立全局观念，从细节到整体全面把握案件。

就反倾销而言，我第一个主办的案件是美国对华淡水小龙虾虾尾肉反倾销复审，这个产品的生产流程比较简单，而且是复审案件，之前已有相关企业的应诉资料和替代价数据作为参考，对于当时全局掌控能力还有些稚嫩的我而言，可谓最佳上手案例。我牢牢地抓住这次机会，长期驻扎在客户公司，除了完成我通常负责的答卷部分以外，还特别学习和完成了反倾销的成本计算工作，以往点滴积累的会计知识得到了实务应用，让我深刻领悟到“技多不压身”这句话的含义。借此机会，我认真总结了反倾销案件中的各项要点，包括复审制度、价格设计、成本核算、替代价选择等，由点及面，站在案件全局的角度，去看如何指导企业应诉反倾销、怎么去报告企业的信息和数据，才能帮助企业获得低税率。最后我们成功代理客户在本案中获得了宝贵的零税率，使我受到了极大的鼓舞。

就反补贴而言，我第一个主办的案件是美国对华三氯异氰尿酸反补贴立案调查。反补贴调查重点关注的是企业收到了哪些补贴，相关的政策和申请流程如何。除了公司账面上显示收到的补贴款，美国商务部还设立了特殊的规则来计算中国企业收到的补贴，特别关注中国企业是购买还是租用土地、调查期内是否偿还贷款、生产涉案产品的主要原材料是自产还是外购等。针对这些项目，美国商务部会采用外部基准来确定财政资助授予的利益或补贴利益。反补贴调查中的外部基准如同反倾销调查中的替代价，都极大增加了案件应诉结果的不确定性。因此，除了帮助应诉公司梳理调取基础应诉资料，我还花费了大量时间去研究外部基准的选择和抗辩。当时我们代理的客户公司是一家大型化工集团，涉及的关联公司很多，有各种补贴项目，需要查询大量的相关政策和文件，我顶着极大的压力，和各家关联公司沟通，有条不紊地安排各类文件的收集和提交。案件越复杂，收获越大，成长越快。我为这一反补贴调查付出了大量的心血，案件最后取得了不错的结果。

经过了主办代理客户应诉淡水小龙虾虾尾肉的反倾销复审以及三氯异氰尿酸的反补贴调查，我的双反专业能力得到了极大提升，能够更加自信地去跟客户讲解反倾销和反补贴的应诉流程和策略，接触的案件类型和客户行业也越来越多。这 7 年中，我多次帮助企业获得零税率或全国最低税率，可谓身经百战，涉及的案件也涵盖了美国双反调查的各个阶段，包括美国国际贸易委员会的损害调查、美国商务部的倾销补贴调查、年度复审、新出口商复审、情势变更复审、日落复审、司法审查或上诉、反规避调查，这些企业涉及钢铁、化工、机电、家具、农产品等多个领域。

正所谓人不仅要专心走路，更要经常抬头看路，初入职场的律师常常会因为业务繁忙只顾去尽快完成手头的零散工作，而忽略了反思总结案件、从全局角度把控案件。长此以往，这样很难实现质的飞跃。只有善于总结、研究，将自己所做的每一步工作都放在案件整体中去评估衡量，才能更深刻地理解自己手头工作的目的和重要性，更有针对性地去安排和完成手头的工作。同时，一旦建立起全局处理案件的思路，在处理同类案件时，就会变得得心应手，业务也会愈加纯熟。

（二）不忘初心才能屡创佳绩

随着代理案件越来越多，我也从单打独斗，开始一步步组建起了自己领导的国际贸易团队。2017 年，我带领团队成员正式加入北京市长安律师事务所，团队中有年轻的律师、专业的会计师和财务顾问，叶晓明博士依然是我们团队的专家顾问。大家拧成一股绳，势必要把业务做强做大，在紧张的国际贸易大环境下，切实维护中国企业的利益。作为团队负责人，我不仅要深入了解案件的进展、为客户答疑解惑，更要花费时间和精力去开拓案源、管理团队，对我而言，这些领域又是全新的挑战。功夫不负有心人，我领导的国际贸易团队在近几年的时间里，屡创佳绩：

◆ 多次帮助客户在美国对华双反立案调查中获得全国最低税率

如在 2016 年 HFCs 混合制冷剂反倾销立案调查、2017 年 134a 制冷剂反倾销立案调查、2018 年 PTFE Resin 反倾销立案调查、2019 年铸铁污水管配件双反立案调查中，均帮助强制应诉企业获得全国最低税率。双反立案调查完全是针对未被调查过的新产品发起的，对于替代国和替代价的选择、美国商务部负责官员的调查风格等，都没有先例供参考，应诉企业也大多没有美国双反的应诉经验，而且美国商务部官员一定会在立案调查中来企业现场核查，这要求所有文件资料都必须准备得天衣无缝。因此律师在指导企业应诉时，必须结合企业的实际情况设计应诉策略，针对产品特点力争最合适的替代国和替代价，在美国商务部官员来现场核查时进行重点解说，需要做大量的工作，非常考验律师的专业水平。在这些案件中，我和团队成员多次赴客户现场梳理数据、召开会议。在各地辗转奔波已经成了团队工作的常态。如在 HFCs 混合制冷剂反倾销立案调查及铸铁污水管配件双反调查中，我们的客户并非自产自销，而都是国内的贸易公司，需要和非关联的供货生产商一起进行应诉，即生产商要在反倾销调查中报告成本数据、在有反补贴调查的情况下全面答复反补贴问卷，这就要求团队针对同一案件在多地、多家公司同时开展工作，协调应诉进度，归集分析应诉数据。令人欣慰的是，经过我们和客户的艰苦努力，客户在这些调查中均取得了全国最低税率。

◆多次代理客户在美国对华反倾销年度复审中获得零税率

如在美国对华金刚石锯片第 7 次和第 9 次反倾销复审中，代理强制应诉企业获得宝贵的零税率。反倾销复审不同于立案调查，很多复审的强制应诉企业已经有了应诉经验，应诉的大框架已经建立，律师更注重的是如何优化应诉策略，设计并报告对企业最有利的数据。可以说，企业应诉反倾销立案调查还会存在大量的不确定性，但对于已经经历过立案调查或复审的企业而言，再进行反倾销复审，就完全不是被动地摸着石头过河了，而是需要在复审启动前，就由律师对销售价格、单位消耗量进行全面评估，并查询出重要的替代价数据，提前对反倾销税率进行测算。参加反倾销复审意义重大，因为立案调查或上次复审的反倾销税率只是一个押金率。只要新复审的终裁税率低于立案调查或上次复审的税率，则企业在该复审期内销售涉案产品时向美国海关缴纳的反倾销押金中，多缴纳的部分会连本带息退回，而且之后该企业向美国销售涉案产品时，还将适用这一新押金率。因此，积极应诉反倾销复审并获得低税率，对于企业实现对美出口、长期占据对美出口优势而言极为重要。

特别值得一提的是，近两年来中美贸易关系紧张，美国商务部收紧了对华双反调查的步调，律师指导企业应诉时，一定要高度警惕美国商务部滥用行政权力的情况，必要时可以利用上诉机制，积极维护企业的合法权益。以美国对华金刚石锯片反倾销复审为例，我团队于 2017 年代理客户成都惠锋作为强制应诉企业应诉了第 7 次反倾销复审，但由于美国商务部滥用行政权力，没有采用成都惠锋的部分答卷，直接给予了惠锋惩罚性税率82.05%。在美国商务部公布终裁后，2018年5月，我团队代理成都惠锋将美国商务部的终裁上诉至美国国际贸易法院，美国国际贸易法院判定美国商务部做法不当，要求美国商务部重新裁决。2020年1月30日，美国商务部重新为成都惠锋计算了反倾销税率，税率为零。从惩罚性税率到零税率，是律师团队和客户彼此信任、凝心聚力，经过两百多个日夜艰苦卓绝的努力所换来的。代理客户应诉双反案件，绝不能只是简单完成答卷了事，而是要对客户负责到底，以最专业的服务，真正为客户带来实实在在的利益。

◆由国内团队独立代理众多客户成功申请分别税率、产品排除

基于美国双反案件的调查特点，中国国内律师一般都会与美国律师合作，代理中国企业开展应诉工作。但由于美国律师不与客户直接对接，且存在时差问题，在合作中，不可避免会面临一些工作衔接的问题。2017年年初，在分析了双反案件的不同类型和应诉答辩模式后，我决定尝试由国内团队独立代理客户申请分别税率、产品排除等工作。这两类工作一般只需要制作答卷、评议意见、补卷、案情概要等书面工作，不需要收集替代价、参与现场听证会。当时申请分别税率和产品排除的实质性工作几乎已经完全由国内律师完成，需要合作美国律师完成的工作主要是与后期流程相关的，如制作答卷的保密版和公开版，将答卷提交给美国商务部，并发送给案件的各个相关方等。这些流程性工作基本都是在网上进行的。我与团队成员仔细研究了双反答卷保密版和公开版的制作标准、梳理了答卷提交的程序性和技术性要求，并与美国律师和美国商务部官员多次沟通确认，在锻钢件反倾销立案调查中首次独立代理客户提交了分别税率申请，成功帮助客户取得了理想的分别税率。近三年来，我们团队独立代理了众多客户在太阳能光伏电池等产品的反倾销复审以及碳钢和合金钢螺杆、木制橱柜和梳妆台、瓷砖、玻璃容器等产品的反倾销调查并成功申请到了分别税率，代理客户在预制钢结构双反调查中完成了产品排除。业务的集中化和独立化不仅大大提高了团队的工作效率，更为客户减少了应诉成本，是我从

业以来一次非常成功的尝试和突破。

对于双反律师而言，持续精进和拓展业务，绝不可能只靠自己单打独斗，在自身业务能力过硬的同时，更要注重培养和凝聚团队力量，深入了解客户的所需所想，做好团队与客户之间的沟通协调。我所带领的团队能屡创佳绩，离不开每个律师团队成员的辛勤付出和默契配合，也离不开律师团队和客户的彼此信任。不论业务多忙，我始终提醒自己，要不忘初心，发挥自己的专业优势和性格优势，带领团队为客户提供最佳服务。

三、业务展望

（一）双反业务的现状和前景

从业十余年，我代理的双反业务主要集中在应诉美国对华双反调查。国内双反业务不仅包括美国的双反调查，还有欧盟、印度、巴西等其他国家对中国的反倾销调查，以及中国对美国等其他国家发起的反倾销调查。相较而言，美国的双反案件是双反业务的主流。相信选择双反领域、深耕于此，必将有所作为。目前美国的双反案件呈现出以下特点：

1. 业务量大。美国的双反调查制度较为成熟透明，美国国内产业一直积极运用双反调查作为重要的贸易救济手段，结合美国实行反倾销和反补贴年度复审制度，使得美国对华双反案件十分密集，不仅早期启动的案件一直在积极运行复审程序，而且每年还会新增不少立案调查。目前，美国对中国发布的现行有效的反倾销和反补贴命令及正在进行中的调查将近两百个，许多案件更是经历了十余次复审，涉及诸多行业和企业，业务量很大。如今，美国对华经贸政策和战略方针发生重要调整，在向中国施加 301 关税后，美国对中国发起的反倾销和反补贴调查不减反增，势必要通过重重贸易壁垒打击中国企业的对美出口业务。反倾销与反补贴仍然是中美贸易摩擦的持续热点和一贯难点。

2. 业务综合程度高。一个双反调查中，包含多项业务程序，如美国国际贸易委员会的损害调查、美国商务部的倾销补贴调查、年度复审、新出口商复审、情势变更复审、日落复审、司法审查或上诉、反规避调查等。每一个业务程序都能称得上是一个案件，有着自己的调查流程和特点。在美国对华某种产品长期存在双反命令的情况下，企业在应诉过程中可能会遇到各种问题，如经历股份制改革或单纯变更企业名称后，新企业能否继承原企业税率的问题、境外设厂导致生产和销售模式改变的问题等，解决这些问题，需要企业参与相应的双反调查程序。应特别注意的是，美国自2018年7月起对华各项产品陆续实施301关税，在接连发布四批征税清单后，大部分中国产品对美出口都会被征收7.5%—25%的301关税，使得中国企业开始考虑各种避税的方法。因此美国更加警惕和重视打击中国企业的规避和逃税行为，如像虚报产品海关编码、通过第三国转口改变原产地等均为违法行为，会被严加禁止，而对于在美国或第三国装配或完成产品、对产品进行轻微改变或后期开发等规避行为，要根据美国反规避调查的规则加以详细分析。作为一名双反律师，不仅要全面了解美国双反调查及反规避调查的各项程序，更要了解美国海关对逃税行为的规范和惩戒，帮助企业进行全面的风险评估和预警，综合解答企业提出的与双反有关的法律咨询，如产业链优化、第三国投资建厂等。

3. 业务前景广阔。一方面，国内应诉美国双反案件的专业律师团队屈指可数，中国企业对专业双反律师的需求大。由于双反行业不仅要求具备中美法律基础，还要求英文流利、熟悉会计知识、拥有敏锐的商业思维等综合素质，门槛很高，业务较为小众，国内成熟的双反团队并不多。而且，美国的双反调查具有长期性的特点，很多案件都会经历多次复审，持续十余年的时间，需要律师长期跟踪案件，才能提供最专业的指导。因此，选择双反领域并坚持做下去，成为双反领域的专家型律师，一定大有发展。另一方面，国家也大力支持企业应诉双反。强制应诉企业等重点企业应诉结果的好坏，决定着整个相关行业的出口情况。因此，国家和地方政府一直通过给予应诉企业律师费补贴的形式，鼓励涉案企业应诉国外双反调查，通过合法手段获得低税率，实现对外出口。综合来看，国内企业应诉双反的积极性一直很高。

2020 年 4 月 17 日，全国政协召开双周协商座谈会，围绕“建设高素质的涉外法律服务人才队伍”协商议政，重点强调“要培养造就对国家忠诚、对业务专精的涉外法律服务人才队伍”“提高我国律师事务所的国际竞争力”。双反律师作为国家需要和重点培养的高素质涉外法律服务人才，必然会有广阔的发展前景。

（二）双反业务的经验和心得

2020 年，已是我入行双反的第 12 年。时间一晃而过，初入职场的毛头小子已经成为领导国际贸易团队的首席律师。当今紧张的中美贸易环境给中国企业带来了不小的挑战，也对国际贸易律师提出了更严格的要求。结合近几年的双反业务实战，我总结了诸多经验和心得，在此愿与大家分享。

在指导企业应诉美国双反案件，特别是反倾销案件方面，我有如下几条思路和建议：

1. 准确认识应诉的核心点。如对于反倾销而言，倾销幅度 = [正常价值（成本）– 净出口价格] / 净出口价格 ×100%。取得低倾销税率的两个重要因素即高售价、低成本。就售价而言，立案调查中，价格已经是过去式，无法调整，但在复审中，律师可以通过提前测算税率，来设定有利的出口价格。就成本而言，美国商务部采用替代价乘以生产要素（原材料、能源、人工等）的单位消耗量，并加上以特定方法计算出的制造费用，销售、管理和一般费用以及一定的利润率来计算产品的正常价值（即成本）。因此降低成本的直接办法就是降低单耗、寻找较低的替代价。降低单耗可以从两个方面入手，一是减少原材料投入的种类，这种方法主要需要以产品工艺为基础，甄别原材料和制造费用。对于一项材料投入，如果认定是原材料投入，则需要用该材料的单耗乘以替代价计算材料投入成本，直接算到正常价值里面，而如果归为制造费用，则不需要报告其单耗和替代价，因为制造费用是直接用所有原材料、人工、能源成本的总和乘以制造费用替代系数进行计算的，所以，如果能找到合理理由，将必要的材料投入归为制造费用，可直接达到降低正常价值、降低倾销幅度的目的。二是在被调查公司涉案产品及非涉案产品规格品种繁多的情况下，可以采取恰当的原料分摊方法，将重点材料的消耗量降至合理范围内的最低量，达到实现降低单耗的目的。另外，关于寻找较低的替代价，关键是要提前计算各材料对应的相关海关编码下的替代价格，寻找最合适的价格，说服美国商务部采用我方主张的海关编码和替代价。

2. 针对应诉的核心点，结合企业自身状况设计应诉策略。如在甄别原材料方面，并不是所有记在账上的材料都需要作为原材料汇报。我们在代理企业应诉美国对华小直径石墨电极和铸铁污水管配件产品的反倾销调查中，就遇到了相似的情况。小直径石墨电极的生产工艺较为复杂，其中在压型这一步骤中，会产生废品。将压型过程中的废品进行破碎，就得到了生碎。企业会将生碎直接再次投入压型过程中，企业财务也会将生碎的投入记录到生产成本计算单上，但生碎根本不能算新的原材料投入，它是来源于已经记录领料的各原材料压型后的废品，并且再次投入压型过程中，没有出过压型车间。我们代理强制应诉企业成功说服美国商务部接受了生碎不能作为原材料投入的主张，有效降低了反倾销税率。与石墨电极生产中的生碎废料一样，生产铸铁污水管配件需要铸造生铁，在这一过程中，产生的铸造废品也是直接回炉，既不计入产成品也不计入原料投入。我们引导美国商务部核查官在铸造车间现场看到了铸造废料直接回炉的实况，成功说服他们接受了铸造废品不是原材料投入的主张。当然，产品类型不同，应诉中遇到的问题和应对策略也不尽相同，在如何合理有利地报告售价和成本方面，必须结合企业自身状况进行判断。

3. 重视应诉细节，保持资料的连续性、一致性。双反案件中，替代国和替代价的选择等很多细节都影响到了税率的计算，要认真琢磨，谨慎对待。在2016年12月11日，中国入世15年后，美国仍未终止在对华反倾销调查中采用替代国方法，替代国的运用使得美国商务部有着很大的自由裁量权来决定税率高低，因此双反律师必须高度重视替代国和替代价问题。早先，国内律师大多习惯性地依赖美国律师进行替代价的查询和主张，但实际上，美国律师没有进入过企业的生产车间查看各项原材料，也不直接接触企业的生产人员，对原材料的认识常常并不准确。国内律师需要提前对相关替代国的替代价、重点原材料相关海关编码的替代价做一个评估，通过和企业生产人员进行确认，选取准确、有利的海关编码，才能取得最有利的原材料替代价，从而降低正常价值的计算。举例而言，在铸铁污水管反倾销调查中，美国商务部错误地将黏合剂的海关编码作为涉案产品原材料覆膜砂的海关编码，导致覆膜砂的替代价被过高计算了约 50 倍，使得初裁时强制应诉企业的反倾销税很高。就此，我方在核查时向美国商务部核查官现场展示了覆膜砂及质检报告，将相关文件放入核查附件，后续又进一步对覆膜砂的替代价提出书面抗辩，说服美国商务部接受了我方主张，降低了反倾销税率。在替代价方面，还有一点需要注意的是，如果某项原材料是进口自市场经济国家，进口数量达到 85% 以上，就可以全部用进口的实际价格，不用替代价。进口数量不到 85%，就是进口用实际价格、国内采购用替代价，然后把价格加权平均。因此企业一定要重视在生产线和财务记录上严格区分国产原料和进口原料，以便进行有利抗辩。不仅是原材料的记录，各项行政、销售和财务资料记录的完整性，对于双反应诉工作而言都至关重要。而且，双反案件的长期性决定了应诉资料需要保持连续性，如复审中新提交的资料不能与立案调查或以往复审中已提交的资料相冲突，同样的资料绝不能出现两种版本等，所以应诉企业必须重视完善公司各项文件和档案的管理，往往成败就在这些细节中。

4. 应诉思路多元化，熟练运用双反应诉规则维护客户利益。在代理企业应诉时，除了力争为客户赢得低税率，还可以尝试产品排除、美国国际贸易委员会的无损害终裁、与起诉方和解等多种手段，达到企业不必缴纳双反税的目的。特别值得关注的是，在立案调查中，可能会出现“窗口期”。以反倾销调查为例，美国商务部从立案调查初裁正式公布之日起开始征收临时反倾销押金，临时措施为 180 天，而确定的反倾销措施是从美国国际贸易委员会终裁正式公布之日起计算，在反倾销调查和核查正常进行、终裁最大限度延期的情况下，临时措施的终止时间和国际贸易委员会的终裁时间一般会相隔一周左右。在这一周左右的时间内，中国企业出口到美国的涉案产品，不必缴纳反倾销押金，而且也不必参与第一次年度复审，是难得的出口时机，企业可以在律师的指导下，利用“窗口期”实现安全地对美出口。总之，双反律师可以尝试运用多元化思路帮助客户减少甚至消除双反调查对出口业务带来的影响。

另外，由于近年来中美紧张的贸易关系，我们也注意到，美国商务部在对华反倾销调查中出现了更为严格的新要求。在代理企业应诉时，也要特别关注以下几点：

1. 调查程序的时间点收紧，企业应尽早准备。美国双反调查的主要工作是回复美国商务部下发的调查问卷，各个问卷都有明确的截止日期，如企业实在无法按期完成答卷，则可向美国商务部申请延期。在 2018 年之前，美国商务部在批复延期申请上可谓十分慷慨，一次获得两三周的延期属于正常现象。但 2018 年之后，美国商务部统一收紧了调查时间，一次最多批准一周延期，大大加快了调查程序的推进，留给企业的准备时间非常少。特别是对于在双反立案调查中，同时被选为反倾销调查和反补贴调查强制应诉企业的企业而言，是要同时应诉两个调查，两者虽然同时开展，但调查期间、调查内容及重点、各部分答卷的截止期等均不相同。具体而言，反倾销立案调查的重点在于审查为期半年的销售数据，并根据美国商务部的规则构造成本，而反补贴调查的重点在于审查企业在过去一年收到的补贴情况，并且根据美国商务部的要求，还需要审查过去 10 年甚至更多年内收到的补贴情况，工作量非常大。因此，在美国起诉方正式申请发起案件后，中国企业就应该马上评估自己的销售情况，尽早判断自己是否会被选为强制应诉企业，以便早做准备，把握珍贵的应诉时间。

2. 调查内容更为深入、严格，企业应谨慎准备。发达的网络使得美国起诉方轻而易举便可获悉中国企业的大量信息，特别是对于新三板挂牌公司、上市公司而言，公司的股权和组织结构、高管、关联企业、财务数据均已公开，稍有不慎，便可能出现答卷报告内容和公司公开信息存在出入的情况，引发美国起诉方对应诉企业发起攻击性评论，误导美国商务部做出错误判断，认为应诉企业报告的信息不够真实全面，导致给予应诉企业惩罚性税率。同时，美国商务部在多年的对华企业调查中积累了丰富的经验，调查问题日益深入，要求提供的资料更细、更基础，问题也更加犀利。美国商务部会特别关注财务数据之间的钩稽、审查财务数据的真实性，在核查现场，一般都会要求查看企业原始账簿、直接登录企业的财务系统，对比查看企业提供的财务数据是否是原始、真实的。企业一定要在日常活动中确保文件的规范性并在应诉过程中保留好各项提交资料的原始版本，否则稍有不慎，便会被美国商务部判定适用惩罚性税率。律师指导企业应诉时，绝不能存有侥幸心理和经验主义，一定要早做准备、全面准备，做到万无一失。

3. 调查规则和手段趋向多样化，企业应灵活准备。通常而言，美国对华发起双反调查都是依据美国国内产业的申请而发起的，虽然美国 1930 年《关税法》赋予了美国商务部自行发起双反调查的权利，但 2017 年以前并未有此案例。2017 年 11 月，在没有美国国内产业申请的情况下，美国商务部主动发起了对华普通合金铝卷的反倾销与反补贴的调查，这是历史上美国商务部首次主动发起对华双反调查，实属罕见。此外，美国商务部在调查手段上也采取了多样化方式，如选择强制应诉企业时，不再单纯地选择出口量最大的两家企业，而是采用随机抽样方法（Sampling Methodology）。在 2018 年对华钢钉第九次反倾销复审中，美国商务部就采用了这种随机抽样方法，极大地增加了强制应诉企业选取的不确定性，让相关企业难以提前进行复审准备。双反律师必须密切关注这些调查规则和手段的最新变化，才能准确指导企业进行应诉准备。

4. 调查层出不穷，企业应持续警惕风险。在这个问题上，最典型的案例是近几年美国对华制冷剂产品的反倾销调查。早在 2015 年 7 月，美国对华 5 种制冷剂混合物和3种制冷剂单质发起了反倾销立案调查，我们团队代理本案中的一家强制应诉企业积极应诉，并取得了全国最低税率。当时此案在美国国际贸易委员会（ITC）的终裁阶段，被ITC认定是混合物有损害、单质无损害，这导致美国在2016年8月颁布的反倾销命令中，明确说明只对5种制冷剂混合物征收反倾销税，3种制冷剂单质完全不受反倾销命令的影响。ITC终裁后，美国起诉方立即将该终裁上诉至美国国际贸易法院，要求ITC也认定3种制冷剂单质有损害，从而也对单质征收反倾销税。美国国际贸易法院先后两次将本案发回ITC重审，ITC均维持原裁决，认定混合物和单质为不同产品，从中国进口的单质未对美国产业造成实质性损害或损害威胁。美国国际贸易法院在2019年7月判定支持ITC的重审结果。眼看上诉将以失败告终，美国起诉方仍不依不饶，一方面于2019年9月将美国国际贸易法院的判决上诉至美国联邦巡回上诉法院，势必要从源头上将立案调查的单质无损害裁决彻底推翻；另一方面更是于2019年6月直接对包括这3种制冷剂单质产品在内的几种制冷剂产品发起了四起反规避调查，认为中国企业向美国进口这3种制冷剂单质后，会在美国进行简单的物理混配，制作为涉案混合物，从而规避反倾销命令。美国商务部已在2020年4月做出了单质反规避案的初裁，认定存在规避行为，初步将单质又纳入反倾销命令中，开始对单质征收反倾销押金。此外，2020年2月，美国起诉方还针对R32这种制冷剂单质直接发起了单独的反倾销调查，多管齐下，力求把中国的制冷剂产品赶出美国市场。这种频繁运用反倾销调查的情况一定要引起中国企业的高度警惕，提前评估相关风险，做好长期应诉的准备。双反律师更是要详细梳理和综合考虑各项调查之间的关系，精确判定征税节点和企业适用的具体税率，为客户提供全面准确的贸易指导。

（三）对青年双反业务律师的建议

总体来看，双反领域是一个专业性强的领域，需要精通英语和国际贸易法，还要具备比较扎实的财务知识；是一个挑战性强的领域，需要与美国商务部等外国主管部门及美国起诉方直接交锋，答复问卷、应对核查、经常出差，对律师的脑力、体力都是不小的挑战；是一个成就感强的领域，当你为客户甚至行业赢得零税率或低税率，维护了客户和中国行业的利益，得到了中国商务部、行业和客户的肯定，内心的成就感会油然而生。对于立志从事应诉美国对华双反业务的青年律师，我有以下几点建议：

◆熟读《美国反倾销法律与实务》(叶晓明、王建宇著)。书中全面翔实地介绍了美国反倾销的调查规则，对于反倾销涉及的各类程序、问卷内容、税率计算等，都进行了详细介绍。书中特别结合了叶博士代理企业应诉的实战经验，对于应诉的疑点和难点进行了深入分析，为企业应诉提供了切实可行的策略，是从事应诉美国反倾销业务的入门必备“红宝书”。

◆坚持英语学习，特别需要重视英文阅读和写作能力。双反业务以英语为工作语言，代理律师必须能够进行准确流畅的英文表达，即在处理具体案件的过程中，必须确保能用英文准确进行产品描述并熟练运用法律英语、会计英语等清晰地解释案件中出现的各项问题。

◆具备扎实的会计专业知识，特别是成本会计知识，熟练运用相关计算机软件进行有关销售和成本的数据运算，以便能够精确测算反倾销和反补贴税率。反倾销和反补贴业务的核心点和难点就是税率的测算，不同企业采用的记账方法、成本分摊方法均有所差异，只有具备扎实的会计专业知识，才能准确地梳理企业的财务数据，以对企业有利的方式报告企业的财务数据，说服美国商务部接受企业在销售和成本数据方面的主张，以获得理想税率。

◆熟练掌握国际贸易法和国际贸易知识，包括货物买卖合同的设计和实施、交易模式、物流发运、中美报关流程等。在实务操作中，企业的贸易模式是非常复杂的，如是否属于关联销售、是否涉及第三国中间商、是否适用折扣或佣金、物流费用的明细拆分等。这些问题都需要跟企业做详细了解，直接影响着税率计算。如对于关联和非关联的美国销售，美国商务部会采用不同的方法计算倾销幅度。因此，熟悉国际贸易知识，能帮助律师更好地理解并更快上手双反业务。

◆关注国际形势，保持商业思维。双反业务与国际贸易形势密切相关，要始终保持对国际贸易大环境的关注，跟进国际贸易动态，了解相关政策风向。双反业务只是贸易救济手段的一种，以美国为例，除了双反调查，美国还有232调查、301调查、337调查等，这些调查所加征的税都是和双反税叠加适用的。双反律师不仅要在双反业务上出具最专业的意见，更要注重指导客户如何应对重重贸易壁垒，维持竞争优势，拓展海外市场。只有掌握国际贸易动态，切实了解客户所需所想，才能真正做到以客户为中心提供专业服务。

◆养成良好的工作习惯，及时梳理案件进程、制作案件日程表、进行案卷归档。对于美国双反案件而言，梳理案件进程极为重要，对于案件的重大时间点，如立案调查中的初终裁时间、窗口期计算、复审启动及终裁时间等，直接涉及是否征税、税率是否变化、企业能否及时应诉，都必须保持密切关注，并在相关文件发布后第一时间通知客户。而在应诉过程中，对于每一个答卷的截止期、反驳起诉方评论的截止期、提交替代国和替代价信息的截止期等，都要提前做好规划，绝不能错过提交答卷和相关信息的时间点。美国实行复审制度，一旦我们代理某个客户进行了应诉，就要长期跟踪这一案件，之后及时提醒客户参与新一轮复审、通知客户新的税率变化。每个案件都有不同的调查日程，这要求律师必须养成良好的工作习惯，在日常工作中，有条不紊地在截止期内完成各项应诉工作、更新各个案件进程、及时通知客户案件最新消息。另外，在案件的相关阶段结束后，一定要及时进行案卷归档，方便查看，以便保持应诉文件的连续性和一致性，这些案卷也将成为非常宝贵的学习和研究资料。

◆强身健体，具有一定的抗压能力，时刻保持好奇心和创新精神。双反律师需要经常去客户现场工作，必须适应出差、时差，保持高强度的工作状态。另外，双反业务涉及的领域广、调查程序细节繁多，需要律师具备快速反应能力，能够适应新变化、挑战新模式。

回顾自己的从业历程，一句话概括——选择了双反领域，便将其作为一生的事业。我会不忘初心，继续在双反的道路上坚定前行。也希望有更多优秀的年轻律师可以在双反领域大展身手，利用专业知识帮助中国外贸企业突破国外贸易壁垒，为中国外贸企业进军海外市场保驾护航，为推动中国外贸业务的雄起贡献一份实实在在的力量。

脚踏实地、仰望星空、勇往直前

——在朝阳律协“专业律师的养成”经验交流会上的演讲

刘汝忠①

【干货心得】

我常常说，当你选择了想走的路，并找到了坚持的理由，你就会想尽一切办法把事情做成、做好并坚持，而这就离成功不远了。当你把一份工作当作职业去完成，那么它不过是一种谋生的手段。但如果你把它当作事业去看待，那么你就会有更多的思考和更多的行动。比如：关于如何扩大格局的思考，关于如何突破瓶颈的行动……而这些所思所行就是你可能不曾察觉却又实实在在的“坚持”。

非常高兴有机会和大家分享个人发展经验，当然，这谈不上是成功经验，

---

① 作者系泰和泰（北京）律师事务所高级合伙人。毕业于中国政法大学，法学博士（行政法与行政诉讼法方向）。美国加州大学戴维斯分校法学院访问学者，中国人民大学法治与社会治理研究中心外聘研究员，首都经贸大学法学院兼职教授。北京市法学会法理学分会常务理事，北京市律师协会行政法委员会委员。曾在《中国交通报》《律师文摘》《法律与生活》等报纸杂志发表多篇文章，代理多起由最高人民法院提审的行政案件，多次参与《中华人民共和国行政复议法》《中华人民共和国行政诉讼法》及相关司法解释起草、修订座谈会，在行政法业务领域有着丰富的理论知识和实务经验。

因为，律师的成功本身就没有标准。接到律协邀请时，我还在想，我专业化了吗？回顾自己从业二十多年的发展经历，我从一名“万金油”式的律师到现在以行政法业务为主的律师，筚路蓝缕，砥砺前行，感慨万千。其实，每个人的经历不同，兴趣爱好不同，生活、工作习惯不同等，都会影响自己对专业的选择。每个人的发展经历无法复制，但发展经验可以借鉴，这才是我们这次经验交流会的意义所在。我想主要从五个方面谈谈个人体会，说得不好的，也请大家批评指正。

一、个人经历是律师专业化发展的基础

前两天我在整理办公室书柜的时候，看到 2007 年《中国青年》杂志为我写的一篇报道文章，题目是《一次次将人生倾空》,《中国青年》杂志当时把我当作青年典范。因为我是从初中毕业到中等师范学校（中师），从中专学历一直拿到博士学历，中专、大专、本科、硕士、博士，我全部读完，似乎可以成为青年励志的榜样。从我个人经历可以看出，我是一步一步发展起来的，也是一步一步走向专业化的。

我是 1994 年从中国政法大学毕业的，取得了硕士学位。那时候我们毕业找工作相对容易，没有公务员招录考试，通过递交简历就可能进入国务院部委机关工作。但是当时我想回老家工作，因为我是养子，我的养父、养母年龄比较大了，所以我就回到了江西。回到老家之后，我刚开始在江西省人民检察院工作，那时候江西省检察院只有我一个法学硕士，他们是把我当人才引进的，去了之后我突然发现可能自己不适合在机关里面工作。因此，不到半年后我就去了江西财经大学所属的律师事务所，那时候大学可以办律师事务所，现在不可以了。江西财经大学所办的律师事务所取了个时髦的名字，叫“江西省国际商务律师事务所”，但实际上那时没有一单国际商务业务。就这样，1995 年上半年，我开始了律师生涯。那个时候做业务谈不上专业分工，我们做了很多年的基础

业务。或者可以说是逮到业务做就可以、有钱收就行。事实上，那时在江西南昌那样经济相对落后的地方，想做专业律师几乎是不可能的。

我在江西南昌工作了四年之后又去了广东珠海，广东珠海经济更为发达一些，毕竟是经济特区。从那时开始我有了自己的业务专业方向和专业兴趣。我的专业方向和专业兴趣是什么呢？我考研究生的时候考的是行政法，但天不逢时，当时行政法考了 59 分，总分考得还比较高，所以中国政法大学研究生院招生办把我调剂到了法学基础理论专业，现在叫法理学。但我对行政法还是情有独钟，一直比较感兴趣。到了广东珠海工作之后，我有机会担任很多政府机关的法律顾问。比如，人力资源和社会保障局、地方税务局、规划局等。因此，这些实践经验为我今后的专业定位、专业方向打下了坚实基础。

到了 2006 年，我又回到中国政法大学读博士，这时候考行政法专业的博士也是因为我对行政法情有独钟。2009 年博士毕业，我就没有再回珠海，一直在北京。由此开始了我的专业律师生涯，这个专业基本定位在行政法方向，做行政复议、行政诉讼，包括现在比较热门的重大行政决策的评估、政府的立法项目等，尤其在担任交通运输部法律顾问后，这类业务开始多了起来。

专业律师的养成跟个人发展经历有很大关系，这是我想告诉大家的第一点。每个人的发展经历不尽相同，每个人的发展经历也无法复制。就像我们律师事务所有一个团队，专业从事反垄断反倾销业务，团队成员大多学的是反垄断法专业，大多曾在国家商务部相关部门工作过，这样的经历恐怕大多数人不会有。如果我要去做反垄断，我肯定不行，再怎么努力也不行。但是，我们每个人都可以从他人的发展经历中借鉴经验，甚至吸取教训，从而少走弯路。

前面说到我从中师到博士的学习、工作经历。在中师毕业后，我曾担任过四年中学英语老师。我刚毕业时被分配到一个乡村中学，由于那时英语老师稀缺，我一毕业就教初三年级的英语。那时中学的每一节课是四十五分钟，在四十五钟内，需要完成简单的复习、新单词学习、课文部分段落的学习等。一篇课文，如何用几个课时完成，一本书，如何安排在一学期完成，这都需要运筹帷幄，做出合理的安排。一节课的四十五分钟，如何能有条不紊地完成预定的任务，这需要把控课堂的能力。这段从事教师的经历，培养了我周密的逻辑思维能力，条理清晰的工作思路和习惯，更锻炼了我面对大众的从容淡定，以至于我现在去给客户讲座时，客户会认为我是大学教授。在面对法庭时，我能迅速找到案件的争议焦点，把控发言的条理和节奏，引导法官的思维向着有利于我的委托人方向，无不与这段教师生涯有关。

每个人都会有不同的经历，都会有不同的体会和经验，我想任何一段经历，对于从事律师工作的我们来说都会是有益的，哪怕是从事工人、农民等的经历，不是有一位著名的建设工程领域大律师是建筑工人出身吗？因为“法律的生命不在于逻辑而在于经验”。

我现在团队里的一个年轻小伙，他走过的专业化之路就与我有所不同。他硕士毕业于中国人民大学，学的就是行政法专业，是我同学的学生。我同学将他推荐给我时就告诉我，小伙儿目标明确，就是想从事律师工作，而且是想从事行政法方面的律师工作。之所以选择跟我学习，目标很明确，就是想结合自己所学的专业做行政法专业领域的法律服务。如今他经过几年磨炼，已经基本具有了独当一面的能力。在这个过程中，我也有意识地让他接触一些民商方面的案件。因为，实际上，行政法领域的律师不能不懂基础的民商法知识，有许多民行交叉案件和行政协议纠纷案件，都需要相关的民商事法律知识。当然，他这种选择也需要有天时、地利的条件，在北上广深这样的一线城市，做某个领域的专业律师甚至专业的律师事务所比较多，选择的机会就多、实现专业化发展的概率就大。反之，如果到二三线城市，选择的机会就少、实现专业化发展的概率就小。就像在一个县城的律师事务所，律师的专业化只会是空想，因为，他们的业务能养活自己就不错了。

二、兴趣是律师专业化发展的原动力

伟大的科学家爱因斯坦曾说过“兴趣是最好的老师”。市场经济的蓬勃发展，带动社会分工的不断细化，律师行业亦如是。从前只能“干一行，爱一行”的职业选择，已演变成今天可以“爱一行，干一行”的从容。现在的年轻律师，完全可以根据自己对于法律业务的兴趣，去选择所要走的专业道路。将兴趣与专业相结合，无疑可为专业养成提供源源不断的强大内驱力。我之所以能在行政法业务领域取得今天的成绩和影响力，与我对行政法的钟爱密不可分。正如我上面所讲，我考硕士研究生时，选的就是行政法专业。那时，《中华人民共和国行政诉讼法》（以下简称《行政诉讼法》）刚出台不久（《行政诉讼法》于1989年出台，1990年开始施行，我是1991级硕士）。所以，那时的行政法专业算是竞争激烈的热门专业，我虽被调整到法学理论专业，但由于研究生采取学分制，我在选课时依然选了很多行政法专业课程。现在看来，那时调整到法理专业使我既研习了一些法学基础理论课程，又研习了行政法课程，这种知识结构反而对我现在的工作有所帮助。攻读博士学位时，我又选择了行政法专业，那时我已经有了多年为政府提供法律服务的经验，因此我的研究方向就定在了行政行为中的行政确认，最终形成博士论文《行政确认研究》。这与我在实务中接触了较多的工伤定性（工伤行政确认）、婚姻登记、房地产登记、交通事故责任认定等分不开，但同样与我对行政法业务的兴趣分不开，无论是学术兴趣还是律师实务方面的兴趣，我一直对行政法情有独钟，在学习、生活、工作中，追寻着行政法的真谛，享受着行政法之美，这种兴趣，矢志不渝！

兴趣带来的原动力像事业的润滑剂，能让你在事业前进的过程中产生源源不断的动力，会让你忘却工作中的辛苦。我很喜欢迎接每一个个案的挑战，喜欢庭审后得到法官或当事人肯定时的感觉。除了这份认同感之外，也与我对这个领域的业务感兴趣有关。

前不久，我在清理书房时，发现行政法与行政诉讼法方面的书最多，差不多占所有书的四分之一。这除了因为是自己的专业，还因为是自己的兴趣。逛书店时，我一定会去关注有无行政法与行政诉讼法方面的书籍，在这方面有价值的新书我几乎都会买。因此，我对该学科的最新发展、理论观点、案件的实务操作都有较为深入的了解，遇到问题时，就能轻车熟路地找到答案。

因为兴趣所在，你会有意无意地关注这个领域的最新发展，包括最新立法、最新理论成果、最新司法观点等，在不经意间，你就积累了这个领域的最新知识和经验，这些知识和经验，很自然地能成为你对专业领域案件分析的基本思路，从而轻松厘清案件脉络，形成解决问题的方案。

学业学术兴趣与专业的结合是件很幸福的事情。一方面，专业的实践为自己从事学术研究提供了素材；另一方面，学术研究促进了专业发展。近年来，随着我国依法治国的深入开展，行政法律服务需求猛增，专业的法律服务团队涌现，在行政法服务领域，已出现了专业的律师事务所，对外宣称只做行政法律服务，如果不是兴趣所在，没有在该领域积累知识经验，走这样的专业化道路是不可能的。

三、知识背景是律师专业化发展的必要条件

专业知识背景对于律师专业化发展是至关重要的，以我所在的泰和泰律师事务所为例，我们律师事务所的医事法务部有一支强大的医事法律服务队伍，该部门的同事们没有一个不是医师出身。我们律师事务所也有一个知识产权中心，他们做专利业务非常专业，有的甚至将专业细分到只做医疗领域的专利业务。他们之所以非常专业，是因为有这样的专业知识背景，没有这样的专业背景是不可能做到专业的。

所谓专业律师养成要看你的专业背景是什么。在日常的工作过程当中，客户评判你是不是该专业领域的律师，他可以看你的专业背景，在大数据条件下，

完全能搜索到你的工作经历、学历、过去办过的案件等，甚至已经有第三方机构可以提供这样的大数据分析服务了。这点我有比较深切的体会，像我做交通运输部的法律顾问，法制司的工作人员也非常专业，其中有很多是硕士、博士，甚至是博士后。这时候凭什么才能成为他们的法律顾问呢？要看知识背景，在交谈中或者去讲一次课，就能看出你的知识水平。其实，我们律师强就强在对立法的把握、我们的经验还有我们广泛的知识，我们这种所谓的知识背景。当然，我相信，他们也是对我进行了数据搜索、分析的。

我一直认为过去我这种所谓“杂家”的经历没有白费，这种经历给自己的专业打下了很好的基础，这就叫知识经验，这些知识经验在工作当中都会或有意识或无意识地用到。我举个很简单的例子，有一次我在北京市第三中级人民法院参加庭审，对方律师拿来一个过去该院对类似案件作出的裁定书，裁定书是裁定驳回起诉的。他将裁定书提交给法官，法官问拿其他案件的裁定书想说明什么？结果那个律师想了半天，蹦出一句话，他说这是依法治国的需要。我当时一听差点也笑起来，他想表达的是，虽然我国不是判例法国家，但这个法院不能对相同的情况做不同的判决。如果他换一种说法，说这个判例是北京市第三中级人民法院判的，相同情况不同对待那就是不公平，法官可能就会被说服了。在这种情况下，我就在想，律师有广泛的基础知识是非常重要的。后来我就跟那个律师开玩笑说，你肯定没有看过《公平论》这本书，更没看过《正义论》这本书。所以说法学基础知识甚至其他的基础知识，看起来好像跟专业分工没有太大关系，但实际上跟专业素养的形成有非常大的关系。

同样，我们做行政诉讼业务会看到非常多的律师在行政诉讼方面确实是非常不专业的，通过他们所做的一个简单陈述或者一个简单答辩，可以看出他们实际上完全不具有这些方面的知识。比如，昨天就有个律师给我打电话讨论一个很简单的案例，就是交通运输部门查处非法营运车辆，他做出处罚决定之后，发现被处罚人在半年之内被处罚过一次，根据该地的地方性法规，如果半年内第二次违法要从重处罚。律师问我，行政机关做出了处罚决定，能不能再去做出一个？我就告诉他，应该把前面那个决定撤销，撤销之后再重新做一个决定，而且重新做出处罚决定要按照新的程序走，比如要告诉被处罚人有陈诉申辩的权利，甚至告诉被处罚人有权申请听证，并制作处罚告知书等重新走一遍法定程序。然后这位律师问这个能撤销吗？当事人的信赖利益在哪里？我就告诉他，你对信赖利益的理解是错误的。信赖利益发生在受益行政行为当中，不在行政处罚当中。所以专业素养的养成有赖于广泛的基础知识。这是我想分享的第三个方面，专业律师的养成跟知识背景，甚至学历结构有关。

俗话说，没有金刚钻别揽瓷器活。对于律师来说，就是要有相应的专业知识才能从事相关领域的业务。三大诉讼中，恐怕大多数律师对行政诉讼都相对陌生，这与中国的法律文化传统、司法制度等方面有关。行政诉讼在中国起步较晚，但行政诉讼有不同于民事诉讼和刑事诉讼的制度与规律，没有相应的专业知识，想提供优质的法律服务恐怕很难。记得三年前，一位南昌著名律师为自己提起一起行政诉讼案件，二审时，当事人某公司找到我，我发现一审判决从程序到实体均存在重大问题。从法官到当事人某公司律师，都没有提出质疑。当事人某公司委托我提出上诉。基本案情是这样的：

2013 年 10 月，陈某以自己、妻子、儿子一家三口的名义购买了某公司开发的别墅房产，2014 年 2 月 2 日交房。因正遇房地产市场低迷，陈某又在该市购买了其他楼盘的房产。出于购房利益考虑，陈某千方百计寻找借口要求退房并追索购房款利息等。在该公司严词拒绝的情况下，2015 年 8 月 27 日，陈某向该区住建局申请政府信息公开，要求公开施工图设计文件及房屋建筑工程竣工验收备案表等材料。2016 年 1 月，陈某用通过申请政府信息公开获取的资料，以住建局、房管局为被告，向被告所在地的中级人民法院提起诉讼，要求：1. 撤销《建设工程规划许可证》；2. 撤销《建设工程规划管理验收合格证》；3. 撤销房管局颁发的房产证；4. 判令住建局责令该公司拆除房屋，并对其作出行政处罚；5. 诉讼费用由被告承担。该中级人民法院指定本案由其下辖的某区法院审理。

该公司作为第三人参加诉讼。区法院作出一审判决，支持了陈某前三项诉讼请求。该公司提起上诉，后经二审法院协调，陈某撤回起诉，该公司撤回上诉，案件得以协调解决。

本案中存在的问题：一是对多个行政行为能否在同一个案件中审查？即一案一诉的问题。二是违法性继承或称违法性截断问题，即行政活动的整体过程是由一系列连续多阶段的行政行为构成时，先行行为中存在的违法性，是否会影响作为结果的后续行为的合法性。三是原告主体资格问题，即行政行为在先，民事法律关系建立在后，在后建立民事法律关系的主体是否有资格对先前颁发的行政许可行为提起诉讼。这几个问题看似简单，其实是很专业的问题，不是从事行政诉讼专业领域的律师肯定注意不到，或者说发现不了。发现问题是一种能力，发现问题是解决问题的前提条件。

本案中，陈某在一个行政诉讼中针对不同行政主体作出或有权作出的四个（第四项请求针对不作为行为提出）不同的行政行为提起诉讼，区法院未向其释明违背了“一案一诉”原则，更没有依据法律规定裁定驳回起诉。甚至区法院对被诉的前三种行政行为均进行了实体审理，并径行作出判决，显然程序严重违法。

对于行政行为违法性继承与否的问题，涉及行政行为不可避免的价值冲突——法的安定性与实质正义、程序正当与实体救济之间的冲突，加之，《行政诉讼法》并未规定“行政行为违法性继承或截断”制度，也没有对应的法律条款，因而，虽然在司法实践中，体现该理论的案件已经屡见不鲜，但大部分判决也是着眼于事实判断与法理分析。

本案中，专业律师在作为第三人或行政机关的代理人说理时，可从行政职权和审查范围以及证据理论方面做出判断。一方面，从行政职权独立论分析，初始登记权证因建造而取得，转移登记权证因买卖、赠与等而取得。初始登记需现场核查，转移登记无须现场核查。我国《房屋登记办法》第三十二条规定：“发生下列情形之一的，当事人应当在有关法律文件生效或者事实发生后申请房屋所有权转移登记:(一)买卖;(二)互换;(三)赠与……”本案陈某与该公司签订《商品房买卖合同》后,房管局向陈某核发《房屋所有权证》即属于此条规定的转移登记,对于转移登记,房屋登记主管部门仅作形式审查,其无权对住建局的先行行政行为进行实质审查,在核实申请登记人提交的材料后即核发《房屋所有权证》,该行政行为完全合法。另一方面,从审查范围独立论分析,因本案错误地将多个行政行为合并起诉,将本该单独进行审查的房屋登记混同在规划许可、规划验收案中一并审查,因而出现同时撤销的错误判决。假使前述规划许可、规划验收行为对房屋登记产生影响,也应先中止房屋登记案的审理,待规划许可、规划验收案审结后继续审理房屋登记案,而不是在同一行政诉讼中,即认定先行行政行为违法,并据此认定后续行政行为违法。

对于原告主体资格问题,即行政行为在先,民事法律关系建立在后,在后建立民事法律关系的主体是否有资格对先前颁发的行政许可行为提起诉讼。

行政诉讼中,原告是指行政行为的相对人或与行政行为有利害关系的人。关于前者的原告资格,实践中争议不大。而对于利害关系人的原告资格,这一杂糅了事实判断与价值判断的命题,法律的规定较为笼统,实践中也有诸多分歧。尤其在复效行政行为案件、行民交叉的案件中,正确理解利害关系人,往往是律师办理行政诉讼案件的前提。

本案中,陈某提起的诉请包括撤销住建局发给某公司的工程规划许可、规划验收合格证。在上述两个诉请中,陈某并无主体资格。住建局向某公司颁发上述规划许可和验收合格证在前,陈某与某公司签订《商品房买卖合同》在后,民事法律关系建立的时间晚于行政法律关系建立的时间,行政行为作出时尚未设定陈某的权利义务,故上述两行政行为与陈某并无法律上的利害关系,陈某不具有提起撤销上述规划许可、规划验收合格证的行政诉讼的主体资格。通俗地讲,陈某在向某公司购买房屋时,工程规划许可、验收合格证已经存在,陈某与某公司达成《商品房买卖合同》,应视为对该规划许可、验收合格的认可。若陈某认为房屋存在质量等其他问题,可以依法提起民事诉讼。另外,陈某在签订《商品房买卖合同》前，有权利对房屋的物理状态和法律状态进行全面了解，发现存在问题时，完全可以不购买。法律不应支持慵懒的公民是各国司法的基本理念。

第三人某房地产公司是在本案一审判决后找到我的，坦率地说，我看完判决后即刻发现了上述问题，于是上诉状洋洋洒洒写了几千字，指出了一审存在的这些问题。被上诉人（一审原告）收到上诉状后傻了眼，觉得遇到了行家。在二审法院稍做被上诉人工作后，被上诉人撤回起诉，当事人公司撤回上诉，二审法院裁定撤销一审判决，准许被上诉人撤回起诉。一场因房屋买卖纠纷引起的行政诉讼就此终结。

我对这件事印象深刻，一是本案虽为行政诉讼，但对第三人某房地产开发公司权益影响巨大，所以我提出高额收费时，第三人公司并不反对。二是第三人公司觉得我说的有道理，比起一审律师更为专业。但我自己心里明白，这样的专业水平，来自自己的知识背景或者说是知识结构。自己攻读博士学位时的专业方向就是行政法与行政诉讼法，自然与本科、硕士毕业或非行政法与行政诉讼法方向的律师在该领域专业得多，这也是我最终选择律师业务领域为行政法领域的原因所在。

在律师执业过程中，知识更新是个重要的课题。毫无疑问，书本仅是知识来源的一个方面，当然也是主要方面。关注政治时事，关注立法，关注司法实务更是知识更新的重要渠道。如今，信息获取渠道广泛，关注一些官方微信公众号，如最高法公众号，能获取最新的司法解释、指导案例、公报案例等，无论是行政法领域还是刑事、民事领域，知识更新跟不上，也就无法实现真正的专业化。

四、习惯是律师专业化发展的助推剂

专业律师的养成跟我们的生活习惯、工作习惯、思维习惯是紧密联系在一起的。我没有太多的爱好，因为家庭原因我们经常满世界跑。我女儿学音乐，我们在港澳地区待过一年多时间，在俄罗斯待过一年多时间，现在在德国，所以我们满世界跑。不管去到哪里我喜欢去的地方都有三个：大学、博物馆和书店。我的生活习惯是，既不喝酒也不抽烟，也没有其他爱好，但会进行一些体育锻炼，我的习惯就是看书。这种生活习惯的养成对专业素养的提高非常有帮助。

我觉得坐飞机时看书的效率最高，有时候从北京飞柏林需要 9 个小时左右，一般在飞机上能看一本到两本书，而且看得特别专注。还有日常也要关注社会热点事件，关注热点事件之后要去思考，这种热点事件如何从行政法角度来判断，比如涉及政府方面，政府履职是否到位或者履职是否缺失，如何去评价这个行为，可以养成这样的一个思维习惯。好的生活习惯、思维习惯和工作习惯会让你的专业素养在思考中、在生活中不断提高。

我在过去，尤其是在江西南昌的那段时间差不多什么案件都做，我觉得那时候的经历给我打下了很好的基础，因此我现在像全科医生一样，什么都懂一点。回到现实中，我觉得我们律师应该什么都懂一点，然后才能专业化，这是中国的现实。我也经常会接到电话咨询如何离婚、如何继承、如何签订劳动合同等，但我一般都会把我能解答的先解答一下，不能解答的我再推荐给我们所更专业的律师解答。我由过去的“万金油”式的律师到现在以做行政法业务为主的专业律师经历了一个过程。当然，现在的行政诉讼跟过去不一样了，现在的行政诉讼或者行政复议已经是突飞猛进地发展，一方面是因为当事人意识提高了；另一方面是因为法律制度的改变，比如说过去的立案审查制改为现在的立案登记制，行政诉讼案件的数量猛增。过去的复议机关只有改变原行政行为的才是被告，现在只要维持原行政行为就是双被告，也就是说原机关是被告，复议机关也是被告，实际上这给我们律师创造了服务市场，是我们律师提供服务的机会。

俗话说，习惯成自然，良好的习惯能成就你的专业，甚至成就你的事业。习惯包括生活习惯、工作习惯和思维习惯。习惯是不自觉的行动，生活习惯、工作习惯和思维习惯相互影响。

前面讲到，我最大的爱好就是读书。慢慢地，读书就成了生活习惯。我出差时，一定会带上一两本书。在家时，闲暇时间也会用来看书。不仅仅看专业书，也会看其他书，尤其是文史哲类书籍。这实际上就是良好的生活习惯。长时间的读书习惯，能愉悦心情，抛开繁杂，静心、静气。

生活习惯看似与工作关系不大，实则影响深远。一个把生活安排得井井有条的人，若从事律师工作，也一定会是个思路清晰、逻辑严密的人。

工作中的一丝不苟、井井有条也是在长期的工作习惯中养成的。我喜欢整理案卷、阅读案卷，并且从头做起。阅读案卷时，会以事情发生的时间轴为主线，理出事情的发展经过，像读故事一样，读出其中对当事人有利的信息。

我所接触的案件基本都是相对复杂的案件。近日在代理一起征收土地行政案件过程中，这种工作习惯让我在厘清案件发展过程，找出对当事人有利的时间节点方面受益匪浅。基本案情是这样的：

2003 年 12 月，某房地产公司与某市国土局签订两份《国有土地使用权出让合同》，受让取得国有土地共计 95328 ㎡（约 143 亩）。

对于上述土地，某房地产公司已支付完毕全部土地款约 1590 万元，并于 2003 年 12 月至 2004 年 12 月按照 6 宗土地办理了 6 个国有土地使用权证。

关于土地开发涉及的容积率，两份合同均无明确的指标要求，仅在《国有土地使用权出让合同》第十一条中约定为“按建设行政主管部门有关规定”。

2004 年 7 月 15 日，某市建设局向某房地产公司出具“德市开规条［2004］021 号”《规划设计条件通知书》，就上述出让取得的 137 亩土地规定容积率为不大于 1.65。该《规划设计条件通知书》作出后，某房地产公司在该土地上完成了“枕水小镇”（原名称为“水韵菁华”）项目一期的开发建设（别墅），项目一期土地约 45.5 亩，且已经为购房业主办理完毕分户产权证。

2007 年 6 月，由于当时政策提倡节约集约用地、鼓励修建高层，某市规划和建设局向该公司出具“德市开规条［2007］10 号”《规划设计条件通知书》，对项目剩余 65015 ㎡（约 97.5 亩）土地规定容积率为不大于 3.5。该《规划设计条件通知书》作出后，某房地产公司于2007年至2010年对97.5亩土地重新办理了国有土地使用权证（按7宗土地办理了7个国有土地使用权证，且每个国有土地使用权证载明的2年有效期届满后进行了多轮换证）。嗣后某房地产公司完成了该项目二期（1#—4#楼）的开发建设，并取得规划验收合格证。

2014年4月8日，对于该项目三期（5#—14#楼）的建设，某市住房和城乡规划建设局作出《关于对四川某房地产集团有限公司关于〈关于"枕水小镇"开发建设的申请〉的复函》，称"德市开规条［2007］10号"文继续有效，某房地产公司可依据该规条做方案设计。嗣后，某房地产公司实施了该项目三期（5#—14#楼）的建设，目前尚处于验收阶段。

2018年7月27日，某市国土局向某房地产公司作出并送达"德市国土资函［2018］187号"《征收决定》，要求某房地产公司就开发的"枕水小镇"二、三期项目因提高容积率（容积率由≤1.65调整为≤3.5）补缴土地价款26018.66万元。

2018年9月21日，某房地产公司不服某市国土局作出的"德市国土资函［2018］187号"《征收决定》，向某省国土资源厅提出行政复议申请。

依据某市国土局在行政复议中提交的证据显示，某市国土局委托土地估价有限公司依据《国有建设用地使用权出让地价评估技术规范》（国土资厅发［2018］4号），以2018年6月6日评估机构进场之日为评估期日，于2018年7月27日作出评估报告。经评估，某房地产公司需缴纳土地款26018.66万元。

通过对案件材料进行整理，我按时间发生的先后顺序，对材料分别梳理，立即归纳出案件的争议焦点：1.合同中有无规定初始容积率？2.某公司有无改变容积率？3.若改变，是否需要补交土地出让金？4.若需要补交，以什么时间为节点作为评估期日？通过对整体案件的分析，我认为最终需要补交土地出让金，关键是以什么时间作为补交的时间节点，时间节点不同，结果大为不同。最终，我提出意见，应该以改变容积率的时间为补交时间点，不应以评估机构进场评估时间为节点。最后，案件经过复议，复议机关撤销了某市国土局的征收决定，责令国土局重新作出决定。

按时间、地点、人物、事件研读案件材料，是我多年形成的工作习惯，将事件的发生按时间顺序表格化，是厘清复杂案情的不二法门。这种习惯，对迅速找到争议焦点大有裨益。

法律人的思维习惯是在长期的工作中形成的，与一般的思维习惯存在一定差异。法律人的理性在思维习惯中表现为不盲从，更具逻辑性。工作中，这种思维习惯还会充斥着正义、公平的理念。这种理念又影响着你的思维，使得你对某件事情或某个案件作出判断时符合大众期待，因为，何为公平正义，每个人心里都有杆秤。

思维习惯是在长期的学习、工作和生活实践过程中所形成的相对稳定的、有较大影响的思维模式。俗话说“三句话不离本行”就是对职业思维习惯的描述，法律人也应如此，良好的法律职业思维习惯是法律职业成功的根本。具体到行政法领域，对于行政主体的法无授权不得为原则、正当程序原则等，应贯穿于日常的思维习惯中。在遇到调整行政法律关系立法中出现模棱两可的含义时，应作出有利于行政相对方的解释，这正是公平正义在行政法领域的体现。有了这样的思维习惯，在分析具体案件时就不会偏离方向。

五、坚持是律师专业化发展的保证

美国著名心理学家麦克利兰曾于1973年提出了著名的“冰山模型”理论。他将人员在个体素质上的不同表现划分为看得见的表面部分——“冰山以上”和看不见的深藏部分——“冰山以下”。其中，“冰山以上”的部分包括我们常说的知识、技能，这是一个人的外在表现，它很容易被了解和测评，因此也很容易通过培训学习来加强和提升。而“冰山以下”的部分则包括我们容易忽视的社会角色、自我形象、特质和动机等人内在的部分。这部分非常不容易被外界所影响和改变，但它却对一个人的外在行为与表现起着至关重要的作用。内在动机和特质表现在外表就是坚持。

为什么很多学法律的人没有从事律师职业？为什么许多人开始了律师职业却中途退却？与那些一直走下去、直到走上成功之路的同行相比，最大的区别可能就在于对职业的初心也即对自身的职业角色定位。现在大多数年轻律师都是考大学、读法律、过法考、到律所实习、执业这样一条路走下来的，似乎一切都是安排好了的。许多律师执业初期，心气高、动力十足。然而，随着执业过程中一些困难和挫折的出现，就开始逐渐心灰意懒，甚至转行走人。我常常和我团队里的年轻律师说，知道“如何做事”很重要，但是弄清自己到底“要做什么事”以及“为什么要做”更重要。因为知道“如何做事”只是“冰山之上”的知识和技能，是可以慢慢习得的，而“要做什么事”实质上是通往成功的路径选择，“为什么要做”则构成你成功征途的强大内驱力，是决定着你能否坚持下去的关键因素。

现实中，行政法业务似乎没有民商事业务来钱快、来钱多，但其实这是分蛋糕和做大蛋糕的问题。当你一直是“万金油”式的律师时，你是在和别人抢蛋糕，而当你专注于某一领域从而获得更多客户时，你是在做大蛋糕。只有坚持，你才能在你的专业领域有一席之地，才能获得专业客户的认可。

据有关媒体报道，2019 年全国各级法院审结一审行政案件 28.4 万件。相比 2018 年全国法院系统共审结一审行政案件 25.1 万件，保持显著增长态势。2019 年，《行政复议法》的修改已列入十三届全国人大常委会立法规划，拟由国务院于 2020 年年底前提请全国人大常委会审议。可以说，随着法治政府的建设和权利救济途径的拓宽，行政案件的法律服务市场越发广阔，而律师也有必要以精细化、体系化、专业化的工作对市场需求予以回应。

除行政复议、行政诉讼业务外，行政法领域的非诉业务也在突飞猛进地发展，中共中央、国务院曾经发文，要求各级政府部门聘请法律顾问。重大决策法制审核、公平竞争审查、立法评估等是新“蛋糕”，前景广阔。相信不久的将来，行政法业务领域会成为“香饽饽”，此时，你准备好了吗？

我常常说，当你选择了想走的路，并找到了坚持的理由，你就会想尽一切办法把事情做成、做好并坚持，而这就离成功不远了。当你把一份工作当作职业去完成，那么它不过是一种谋生的手段。但如果你把它当作事业去看待，那么你就会有更多的思考和更多的行动。比如：关于如何扩大格局的思考，关于如何突破瓶颈的行动……而这些所思所行就是你可能不曾察觉却又实实在在的“坚持”。

法律人的坚持需以追求公平正义为目标，不忘初心、脚踏实地，以法律至上、委托人合法权益至上为宗旨，不辱使命、勤勉尽责、如履薄冰。记得2000年前后，我刚从政府部门辞职下海做律师时，承接了一起很多人认为简单得不能再简单的刑事案件。一个年轻小伙是某公司业务员，收了货款30多万元，没有交给公司。公司发现后向其追索，其便与公司签订了还款协议，约定半年内还清，每月还一部分。但他还了一期后便不再还了，原因是该年轻人好赌，没钱还了。后公司报案，控告其职务侵占。其被抓后，我会见他时，他把整个案件的来龙去脉都告诉了我。我告诉他，涉案金额巨大，量刑在五年以上。与检察官交流时，检察官认为，这个案件没什么可辩护的，无非说几句从轻的话，什么初犯啦，认罪态度好啦，非专业人士也可以说。我一直在琢磨，的确很多刑事案件的辩护流于形式，提出的从轻减轻理由大多千篇一律，但恰恰是刑事案件关乎人的自由、财产、生命，更应审慎对待。否则，对不起信赖你的被告人。在看守所隔着铁窗会见当事人的情景总会在脑海中出现，如何使他得到最公平公正的判决，正是法律人所应追求的公平正义，个案正义才是看得见的正义。开庭前几天，我反复看材料，一直在琢磨，他为什么要侵占？为什么要签还款协议？为什么签了协议又不能履行？又反复推敲法律和司法解释规定，查找大量案例，突然眼前一亮，发现他的主观心态不是想将公司货款占为己有，而是因为好赌，挪用单位资金用于赌博，在签署还款协议后，还是因为赌博导致还了一期就不能再还了。不是不想还，是没有能力还。主观心态不正是犯罪构成要件中重要的一环吗？显然，他没有侵占公司货款的故意，只是想拿货款赌博，有能力归还时再行归还。于是，开庭时，我提出公诉机关定性错误的辩护意见，本案被告人的行为应构成挪用资金罪，并将还款协议作为证据提交，在设计发问问题时我有意问道“为什么收到货款不交给公司？”“为什么签了协议只履行了一次？”“有没有故意逃避公司追缴？”等，最终，法院完全采纳了我的辩护观点，判决被告人犯挪用资金罪，判处有期徒刑两年零六个月。这一结果，出乎被告人及其家属的意料，法庭宣判后，被告人向我深深地鞠了一躬，我如释重负。

之后，我虽然很少办刑事案件，但此案给我留下了深刻的印象。坚持不仅是专业的坚持，更是职业初心的坚持，职业良知的坚守。

结语

据 2019 年 3 月司法部发布的大数据显示，截至 2018 年年底全国执业律师已有 42.3 万人。并且按照五年改革纲要计划，2022 年中国律师将达 62 万人。面对众多优秀的同行和激烈的市场竞争，年轻律师该如何脱颖而出、找到属于自己一片天地？以我个人经验而谈，走专业化道路绝对是成功的不二法门。然而律师的专业化道路并非康庄大道、平坦易行，它需要每一个年轻律师始终秉承初心，坚守对专业之热爱，依托自身优势、充分利用资源，通过知识的积累、实践的应用以及综合素质的全面提升方才实现。

人生没有白走的路，每一段经历都是财富，每一次努力付出都会有回报，只要选择正确的路并矢志不渝地坚持到底，律师的专业化发展就一定能够成功！

我的商标法律服务专业化之路

马翔[①]

【干货心得】

法律的不断推陈出新和面临问题的多样性、复杂性也要求律师必须不断地更新自己的知识库，与时俱进。律师是一个知识化、专业化的职业，知识化来源于对法律知识的熟知，专业化产生于运用法律知识解决问题的能力。另外，法学是一门典型的人文科学，而且是一门实践型的人文科学，具备丰富的人生阅历、渊博的人文知识与过硬的专业技能，才可能成为一名优秀的律师。

---

① 作者系内蒙古自治区锡林郭勒盟人，1964年出生，现任北京天驰君泰律师事务所高级合伙人，兼任中华全国律师协会知识产权专业委员会副主任，国家知识产权专家库入库专家，最高人民法院知识产权案例指导研究（北京）基地专家咨询委员会专家，最高人民检察院民事行政诉讼监督案件专家委员会委员，中国侨联法律顾问委员会委员，中华全国律师协会巡回讲师团成员，北京市律师协会申请律师执业人员讲师团成员。曾被评为全国优秀律师、北京市优秀律师、国家知识产权战略实施工作先进工作者、北京市律师协会杰出律师、北京市十佳知识产权律师等。

一、如何选择专业

（一）我为什么选择并专注于商标业务

我于1993年下海从事律师职业，并有幸于1994年首次接触到知识产权法律业务[①]，20世纪90年代正值国家市场经济改革如火如荼之际，有序的市场竞争秩序亦在逐渐确立，经过深入思考（这个思考我会在下文中具体讲），我逐渐意识到知识产权一定会成为企业参与和赢得市场竞争的利器，知识产权法律服务是企业的必然需求。从此，我立志成为一名知识产权律师，为企业提供优质的法律服务，我选择的重点方向是知识产权业务中的商标法律业务。

关于商标代理业务，我想先介绍一下相关背景。在我国两千余年的封建历史中，很早就形成了"奖耕战""抑商贾""重农抑商"的思想和政策。封建社会之所以采取这种政策，归根结底是由其经济基础决定的。封建国家的经济基础是自给自足的自然经济，而这种经济的主要部门是农业，不是商业。而商标是商品经济的产物，商品经济不发达，自然就不会有商标的观念。中华人民共和国成立后到改革开放以前，我国实行的是计划经济体制，上海国民一厂到二十七厂生产的毛巾等生活用品是通过调拨的方式卖到全国各地，根本不需要市场竞争，老百姓也根本不需要依据商标来识别某个生产厂家，所以商标在这个阶段发挥不了作用，商标根本没有意义。但随着经济体制改革的深入，商标的作用也逐渐显现，企业也开始慢慢重视商标、注册商标。在商标注册量增加之后出现了一些商标驳回、商标异议、商标无效宣告的情况，就有了相应的商标非诉讼业务。最早的商标代理是各工商局（目前已经改制为市场监督管理局）。比如说珠海一家公司想要申请注册商标，它需要先准备好相关申请文件，到珠

① 1994年，方圆认证中心委托我们在"认证"服务项目上申请注册商标，这是我们代理的第一件服务商标注册申请，我也由此接触了商标业务。

海市工商局的商标科递交申请，珠海市商标科再将这个申请转到广东省工商局，再由广东省工商局把这个商标转到国家工商总局商标局，这个就是“核转制”。但代理商标注册申请等本质上毕竟是一种社会服务，其被政府机构或者事业单位垄断并不符合政府应有的职能。到了2003年，商标代理向社会放开，但对律师采取了限制。此后，我多次在全国律协知识产权专业委员会年会上提出应尽快解除代理行业对律师的限制，得到了广大律师的积极响应，多年来，我们代表知识产权律师不断通过立法建议、情况反映函等各种形式向全国人大常委会、国务院法制办、国家工商行政管理总局等有关部门奔走呼吁，尽快打破律师从事商标代理业务的壁垒。2010年7月，原国家工商行政管理总局[①]对《商标代理管理办法》进行了修订，取消了对律师事务所从事商标代理业务的限制性规定，明确律师事务所为商标法律服务主体之一，为进一步细化《商标代理管理办法》的相关规定，规范律师事务所及其律师从事商标代理的执业行为，2012年11月，原国家工商行政管理总局和司法部联合颁布了《律师事务所从事商标代理业务管理办法》(以下简称《办法》)，正式确立了律师在商标代理业务领域的法律地位，律师才可以名正言顺地从事商标代理服务。该《办法》的颁布，有利于进一步拓展律师服务领域和作用空间，满足日益增长的商标代理法律服务需求，更好地发挥律师在知识产权保护中的职能作用。

我为什么选择并专注商标业务？总结一下，原因有以下几点：

一是我了解发现欧美等西方发达国家的商标业务都是由律师来做的，并且商标业务是世界500强企业都非常看重的法律服务，世界上很有名的律师事务所基本都有商标业务部、专利业务部，国际同行很早就接触了这项业务。而在20世纪90年代中后期，我们国家并没有律师去关注并深耕这个业务，这在很大程度上导致了商标法律服务的缺失，加上当时国内企业的蓬勃发展催生了较

① 根据第十三届全国人民代表大会第一次会议批准的《国务院机构改革方案》，国家工商行政管理总局合并调整为国家市场监督管理总局，为国务院直属的正部级机构。

强的商标法律服务需求，所以我就励志朝着商标这个专业领域去做，希望在国内做一个拓荒者，力求改变商标法律服务“供不应求”的局面。

二是在我长期的执业过程中，我越发认识到商标在市场经济中的重要作用，到后来我得出结论：商标是企业的重要资产，甚至是企业的主要资产或者说首要资产。为什么这么讲？每年世界各大品牌评级机构，比如世界品牌实验室、Brand Finance、Brand Z、胡润等都会发布世界100名或者500名最具价值的品牌排行榜，这里面既有排名，还有品牌的评估值。像亚马逊、谷歌、苹果的品牌价值都是三千亿美元以上，常年位居世界品牌价值前列。我也咨询过国内会计师事务所的朋友，我说请帮我了解一下谷歌、苹果，包括中国的阿里巴巴和腾讯，这些公司的有形资产和流动资产会不会超过它的无形资产？会不会超过其品牌价值？他给我的答案是否定的，说肯定不会超过他们的品牌价值。所以我说商标是企业的重要资产，甚至是某些企业，比如互联网企业的首要资产。可口可乐第二任董事长伍德鲁夫有一句名言：“假如我的工厂被大火毁灭，假如遭遇到世界金融风暴，但只要有可口可乐的品牌，第二天我又将重新站起。”这充分体现了商标在现代社会的重要性。每次我给北京的实习律师讲课或者给各地律师讲课的时候都会提到两个案例，用以说明商标的重要性，其中一个案例就是麦当劳，这是美国斯坦福大学做的一个实验。说的是两批相同的薯条，原材料、加工工艺、流程都一样，工作人员做好一批薯条，一模一样，其中有一部分装进标有麦当劳商标的袋里，另外一部分装进没有商标的袋里，之后让孩子们选择，实验结果有两个，77%的孩子选择了标有麦当劳商标的薯条，这是第一个实验结果。第二个实验结果是大部分孩子说标有麦当劳商标的薯条好吃，但实际上这是一模一样的薯条，为什么孩子们说标有麦当劳商标的薯条好吃呢？其实商标不仅仅影响消费者的选择，更重要的是商标具有表彰功能，就是说麦当劳在长期的潜移默化中已经给孩子们留下了深刻的印象，麦当劳不仅影响消费者选择还影响消费心理，一模一样的薯条大家就说麦当劳的薯条好吃，实际上这就是品牌的力量。既然商标能够影响消费者的选择，能够影响消费者的心理，那么当然可以成为企业获取高额利润、占领市场的利器。我们更直白地说，一个路易威登的包原材料成本也就几千元，但是市场价却是几万元到几十万元，它卖的是什么？卖的就是牌子，就是商标。所以商标不仅仅具有识别商品或者服务来源的功能，更重要的是其具有强大的表彰功能。当年我国东莞、深圳等地给美国耐克公司定牌加工耐克鞋的时候，一双耐克鞋在中国的离岸价格是 10 美元，到了美国可以卖 160 美元，作为耐克的商标权人，美国耐克公司的利润空间高达 150 美元，这个利润空间显然有很大一部分应该归功于商标。我国已经进入了知识产权的“刚需”时代，商标的重要性更加凸显，商标自企业成立时就开始伴随着企业的发展，每个企业不一定申请专利或登记版权，但通常都会注册商标。而且专利、版权等最终的价值都会凝聚在品牌上，所以代表着企业商誉和名誉的商标更应该是知识产权中的核心。2018 年北京知识产权法院受理的商标行政授权确权诉讼是专利的十倍，充分说明了商标在知识产权中的分量。2017 年，国务院将每年 5 月 10 日设立为“中国品牌日”①，更是彰显了商标在知识产权和社会生活中的重要地位。

三是为企业提供优质的商标法律服务，维护企业重要资产的保值增值是律师应尽的职责，企业商标专用权的取得、维护、防侵权、防淡化和保护范围的扩大、力度的加强等均是律师法律顾问的当然内容，律师不做商标业务或做不好商标业务，就会与企业失去良好的黏性，也就谈不上是企业称职的法律顾问。

四是我国商标代理业务量巨大，可以为律师带来很大的业务量。截至 2019 年年底，我国商标注册申请量达 783.7 万件、评审申请 36.1 万件、异议申请 14.4 万件，商标行政授权确权诉讼近 2 万件（含二审、再审），业务量极为可观。据统计，包括商标申请、评审、诉讼及维权打假等业务在内的商标法律服务市场规模为 100 亿元以上，至少是全国律师年收入的 1/7。

---

① 2017 年 4 月 24 日，国务院印发《国务院关于同意设立“中国品牌日”的批复》，同意自 2017 年起，将每年 5 月 10 日设立为“中国品牌日”。

此外，资本的热度也在一定程度上反映了商标法律服务市场远远没有饱和。2013 年以后，众多互联网公司纷纷进入商标法律服务行业开拓市场，超凡等知识产权代理公司目前已经完成上市，超凡知识产权股份公司 2019 年全年财报显示，超凡 2019 年完成营业收入 5.4 亿元，净利润 3454 万元，作为仅从事知识产权代理业务的公司，这个收入和利润额是非常可观的，已经超过了北京甚至全国绝大多数律师事务所的年营业收入，这也足见商标代理服务市场规模之大。所以商标业务可以给律师提供广阔的舞台，是非常值得律师重视和开发的业务。

（二）律师从事商标法律服务的发展前景

商标法律服务是一种法律服务，它与其他社会服务的本质区别就是法律服务是直接适用法律的，不仅涉及对法律理解的专业能力，还直接影响到法律实施的社会影响，它会直接关系到法律的公平、正义等内在价值能否得到实现。律师作为专业的法律服务人员，与知识产权代理公司的员工相比具有专业水平更高、业务能力更全面、责任意识更突出等优势。律师可以综合运用行政、民事、刑事等手段保护企业合法商标权益不受侵害，也只有律师才能形成商标非诉到诉讼业务之间的完整业务链。律师从事商标法律具有广阔的发展前景，原因有以下几点：

1. 商标申请专业化程度的提高，有利于律师从事商标法律服务

申请商标注册是品牌得到法律保护的前提，是确定商标专用权的法律依据。我国目前已经有超过2500万件有效注册商标[①]，企业在选择汉字商标时会综合考虑文化、寓意、读音等因素，而汉字属于象形文字、会意文字，且有偏旁部首，不能像英文等字母文字一样随意进行排列组合而独创出新的无含义商标，故能

---

① 根据国家知识产权局统计数据，截至 2019 年年底，我国有效商标注册量达 2521.9 万件，同比增长 28.9%。

作为商标注册的字词是非常有限的，这就必然造成汉字商标的高度重合或频繁撞车，加上我国“搭便车”“傍名牌”等恶意抢注行为较为严重，导致权利冲突更为激烈。这时，代理人不仅要判断新申请商标是否违反《商标法》的禁注、禁用条款，还要着重判断新申请商标与在先商标是否构成类似商品上的近似商标，这使商标申请工作的专业性大幅提高，商标申请已不仅仅是简单的程序性报送工作。而且，2500 多万件的注册商标还会衍生相应的续展、变更、转让、合同备案、监测等业务，这无疑也会给律师带来巨大的业务量。

2. 商标异议终局制度有利于律师代理商标异议案件

随着企业品牌知名度和品牌附加值的提高，“搭便车”“傍名牌”等山寨侵权行为层出不穷、屡禁不止。律师可以为企业品牌进行监测进而提起商标异议申请，有效防止企业商标被淡化、丑化。2013 年《商标法》重设了商标异议制度，规定异议不成立对异议（权利）人再无救济途径，被异议商标直接被商标局核准注册[①]，如果该商品或服务马上投入使用并大力进行宣传推广，根据最高人民法院的司法解释，该抢注人的商标将成为不可撤销的商标，这会对权利人造成不可挽回的损失。因此，商标异议制度的重要性在现阶段极为凸显，通过商标异议制度保护企业品牌唯一性的工作异常重要，企业必然会在此类案件中慎之又慎，然后选择更为专业的律师进行代理。

3. 口审制度的实施有利于律师代理商标评审案件

2017 年 5 月 4 日，原国家工商行政管理总局印发《商标评审案件口头审理办法》，评审案件口头审理是一种不同于书面审理方式的案件审理模式，是对书面审理的补充。按照该审理办法的规定，口头审理是由案件当事人对相关证据当场进行质证，以确定证据效力，便于查明案件事实，尤其是查明案情比较复

① 2013 年《商标法》第三十五条第二款规定：“商标局做出准予注册决定的，发给商标注册证，并予公告。”即异议人异议失败，再无进行异议复审的权利，被异议人将直接获得商标注册证。如果异议人不服，只能向商标评审委员会请求宣告该注册商标无效。

杂的案件事实，保障评审案件的公正审理。

商标口审制度的推行是商标评审案件领域的重大改革，更适合律师进行代理。首先，商标代理公司已习惯于书面审理，而口审是当事人之间、商标评审委员会与当事人之间的面对面审理，对抗性随之增加，而律师具有专业的应诉技能，擅长庭审辩论，与商标代理人相比，在口审程序中更有优势，更能凸显专业素养。其次，律师可以通过口审程序在商标评审阶段就介入案件，有利于后续的商标诉讼业务的开发、拓展。最后，口审程序是在原有的评审案件程序上出现的一个新的程序，增加了律师的工作时间，代理费自然随之提高。总之，商标口审制度的实施，为律师从事商标业务带来了更多的机遇，是律师获取商标业务的一个不可多得的契机。

4. 只有律师服务才能形成完整的商标业务链

公民代理制度在我国由来已久，其设立的初衷是解决我国幅员辽阔、人口众多与法律资源稀缺的矛盾，但时至今日，公民代理弊端日益凸显、乱象丛生，“沾亲带故类”代理、“违规推荐类”代理、“名义挂靠类”代理比比皆是，这些违法代理已经游离于正常的法律服务市场之外，脱离了公民代理制度的初衷，在一定程度上造成了法律服务市场秩序的混乱。2015 年 5 月 1 日实施的《行政诉讼法》限制了公民代理[①]，而中华商标协会一直在努力突破对公民代理的限制，试图效仿中华全国专利代理人协会以行业协会推荐代理人的方式参加商标行政诉讼。

2017 年 11 月，最高人民法院通过了《关于适用〈中华人民共和国行政诉讼法〉的解释》，再次明确了中华商标协会不能效仿中华全国专利代理人协会推荐商标代理人参加商标行政诉讼。至此，只有律师才能代理从商标注册申请、

---

① 《行政诉讼法》第三十一条规定：“当事人、法定代理人，可以委托一至二人作为诉讼代理人。下列人员可以被委托为诉讼代理人：（一）律师、基层法律服务工作者；（二）当事人的近亲属或者工作人员；（三）当事人所在社区、单位以及有关社会团体推荐的公民。”

商标评审案件以及后续的商标行政授权确权诉讼等一系列业务，也只有律师才能形成完整的商标法律服务业务链，这有利于客户把全部的商标业务均交给律师进行代理，为律师更好地拓展商标业务创造了机遇。

5. 司法主导已成共识

我国加入世界贸易组织后，《商标法》进行了大幅修订，强化了商标行政授权确权司法审查，取消了行政审查终局，确立了司法审查终局制度[①]。特别是《行政诉讼法》司法解释明确规定只有律师才能代理商标行政授权确权案件。依据《商标法》的规定，当事人对国家知识产权局所做的决定、裁定不服，有权通过诉讼程序解决纷争，如"乔丹""微信""荣华"等典型的商标纠纷案，均经历了法院的一审、二审和再审程序。行政只有商标局审查、商评委评审两个程序，而司法至少有两个程序，且再审的案件已越来越多，重大疑难案件基本都是穷尽所有程序，加上抗诉共四个司法程序。司法不仅程序多，更是商标确权的最终阶段，具有权威性、导向性以及终局性。因此，商标保护司法主导[②]，以司法为终局和以司法为主导处理商标争议案件，意味着律师在商标保护中扮演着不可或缺的角色，也只有律师才能全程参与行政和司法程序。实践证明，知识产权司法终局使当事人的合法权益得到了更为充分的保障，律师在诉讼阶段的各个程序中均可发挥不可替代的作用。

（三）律师从事商标法律服务的意义

1. 有利于帮助企业获得更大经济效益，服务经济社会发展。如上文所说，

---

① 2001年《商标法》第三十二条第二款规定："当事人对商标评审委员会的决定不服的，可以自收到通知之日起三十日内向人民法院起诉。"这标志着商标司法审查制度在我国正式确立。

② 2016年，最高人民法院副院长陶凯元在全国法院知识产权审判工作座谈会上提出了当前和今后一个时期知识产权审判工作的总体思路，并鲜明地凝练出知识产权司法保护应遵循的四项基本司法政策，即"司法主导、严格保护、分类施策、比例协调"。

商标是企业开拓并占领市场的利器和重要工具，它可以为企业创造更大品牌利润。律师可以有效帮助企业培育商标、经营商标、管理商标，增加企业品牌附加值，增强市场核心竞争力，从而帮助企业获得更大经济效益，带动经济社会发展。

2. 有利于解决青年律师发展问题。目前，全国律师已超过 40 万名，其中青年律师约占百分之六十，青年律师的发展问题一直是司法部、全国律协高度重视的问题之一，如何帮助青年律师成长无疑对我国整个律师行业具有重要的现实意义。商标代理业务的大门直到 2013 年才向律师敞开，商标代理业务对律师来说是新领域、新业务，每名律师几乎都是站在同一起跑线上，青年律师更易接受并将其作为执业方向。

3. 有利于提高我国整体商标法律服务水平。目前，我国商标代理业务是“二元制”，即代理公司与律所均可从事商标代理业务，二者自然存在竞争关系。但我国对商标代理人[①]还未设置任何准入门槛，大量代理人不具备应有的法律素养，违法违规代理屡见不鲜，欺诈客户的情况普遍存在。总之，目前以代理公司为主的商标代理行业服务水平较低，难以适应市场需求。而律师有着严格的职业准则和较高的道德标准，由律师为企业提供商标代理服务，更有利于我国商标制度的健康发展。此外，由律师代理商标非诉、诉讼案件更便于规范管理，便于与商标行政机关和司法机关形成良性互动关系，促进国家知识产权局和法院办案质量和效率的提高，减轻上述机关的工作压力，节省司法和行政资源，促进商标案件更加公平公正审查、审理，从而有利于提高商标法律服务水平。

4. 有利于推动解决“三农”问题，实现良好的社会效应。2019 年中央一号文件继续聚焦“三农”问题，文件明确要“健全特色农产品质量标准体系，强

① 商标代理人目前在我国并非法律概念，2003 年 2 月 27 日，国务院取消了“商标代理组织审批”和“商标代理人资格核准”两项行政审批，至此，我国再无商标代理人这个法律概念。目前，商标代理人泛指在知识产权代理公司工作的员工。

化农产品地理标志和商标保护，创响一批‘土字号’‘乡字号’特色产品品牌”。具体来说，律师可以与国家知识产权局、地方政府、农产品协会互动配合，为地理标志证明商标、集体商标、农产品商标的授权、确权、维权提供法律服务，并由律师协助相关协会进行商标运营管理，提升农产品附加值，拉长产业链，提高竞争力，开拓和占领海内外市场。切实发挥商标在促进农民增收、农业增效以及推进精准扶贫方面的巨大作用。这是律师服务“三农”的最佳途径，势必会产生良好的社会效应。

5. 有利于更好地服务“一带一路”倡议实施。“一带一路”是造福于沿线国家乃至世界的世纪工程。由于“一带一路”沿线国家之间在法律制度、文化、宗教信仰、风俗习惯等方面存在巨大差异，在中国与沿线国家企业之间开展投资与经贸合作的过程中，将会涉及诸多风险，比如商标法律风险。据统计，近年我国与“一带一路”沿线国家、地区知识产权类纠纷大幅增长，其中涉商标权纠纷占比高达 88.7%，这就需要我国律师在为企业提供法律服务时，综合利用各种知识产权、商标法律规范，维护我国企业合法权益。总之，律师完全可以在“一带一路”倡议实施中提供优质高效的法律服务，当好政府的法律参谋、企业经贸往来的“护航员”。

6. 有利于落实国家知识产权战略。律师积极从事商标代理业务，是在以实际行动落实国家知识产权战略，服务我国经济转型升级和发展。商标战略是知识产权战略的重要组成部分，大力培育拥有国际竞争力的商标，发展商标经济，是增强企业国际竞争力，增加我国国际话语权的重要手段，也是服务经济发展方式转变的必由之路，目前我国驰名品牌数量仅占全球总数的 6%，与我国第二大经济体的身份极不相称。律师从事商标代理业务，更能适应新时代中国特色社会主义发展的需要、中国产品向中国品牌转变发展的需要、中国品牌国际化发展的需要，促进更多企业从产业链低端向产业链高端进化，提升民族品牌的世界影响力和国际竞争力。

二、如何做一名专业商标律师

（一）培养全局意识

商标业务是非诉与诉讼交叉、民事与行政交叉比较突出的领域，一个案件的焦点也不止一个，所以在案件开始前需要律师全面布局、综合考量。下面我就简单地谈一下我此前代理过的“非诚勿扰”商标侵权及不正当竞争案。自2013年金阿欢就其核准注册在第45类“交友服务、婚姻介绍所”上的“非诚勿扰”商标起诉江苏电视台开始，这一案件就处于舆论的“风口浪尖”上，公众和媒体之所以关注，主要是因为《非诚勿扰》是江苏电视台家喻户晓的王牌相亲电视节目，社会影响力很大，是很多老百姓茶余饭后的谈资。从一审深圳市南山区人民法院判决江苏电视台不构成侵权，到二审深圳市中级人民法院判决支持金阿欢的诉讼请求，再到广东省高级人民法院作出再审判决，撤销二审判决，维持一审判决。本案的判决结果可谓一波三折，也让知识产权圈内人士着实关注并讨论了一番。本案的核心争议焦点有二：一是江苏电视台对于“非诚勿扰”标识的使用是否构成商标性使用；二是江苏电视台在相亲节目名称中使用“非诚勿扰”是否与金阿欢所注册的第45类中“交友服务、婚姻介绍”服务构成相同或类似。诉讼案件的胜败，在很大程度上取决于诉讼之前的谋篇布局。针对本案的两大核心争议焦点，我们最终确定了两大主攻方向——如果法院认定，江苏电视台对“非诚勿扰”标识的使用不构成商标性使用，自然也就不构成商标侵权，这是第一道防线；如果法院认定构成商标性使用，则还有第二道防线，即江苏电视台针对“非诚勿扰”的使用与第45类“婚介”服务既不相同，更不类似。最终，我们守住了第二道防线，得以胜诉。这个案子最终也入选了最高人民法院发布的2016年度十大知识产权案例，还入选了2019年世界知识产权组织（WIPO）、最高人民法院联合发布的《知识产权典型案例集》。

"非诚勿扰案"也为今后的司法实践起到了标杆性的借鉴作用。首先，就商标性使用问题，再审判决书中指出：判断的关键在于，相关标识的使用是否为了指示相关商品/服务的来源，起到使相关公众区分不同商品/服务的提供者的作用。虽然"非诚勿扰"具有节目名称的属性，在电视节目上的显示位置及样式并不固定，其使用的同时还与"江苏卫视"台标、"途牛"、"韩束"等品牌标识并列进行宣传，但这并非否定其作为商标性使用的充分理据。其次，明确了服务商标的类似判断不能仅看其题材或表现形式来简单判定，应当根据商标在商业流通中发挥识别作用的本质，结合相关服务的目的、内容、方式、对象等方面情况并综合相关公众的一般认识，进行综合考量。两个"综合"立足于商标法的宗旨，以相关公众混淆、误认的可能性作为是否构成商标侵权的判断标准。最后，再审判决认为：对注册商标的保护范围和保护强度，应与注册商标权利人对该商标的显著性和知名度所作出的贡献相符。这也体现了知识产权司法保护力度与创新程度相适应的"比例协调"司法政策。当然，除了做好再审的诉讼之外，我们还对金阿欢的商标提出了商标无效宣告申请，以著作权侵权为由在北京对其提起了民事诉讼，这些都是为了从全局配合广东高院的再审，以达到最好的效果。这也正体现了商标案件应进行全面布局的特点。

（二）走专业化道路，建立专业化团队

我认为专业化是建立在理想信念甚至可以说是建立在情怀的基础上的。律师的专业化可能都需要有壮士断腕、破釜沉舟的决心和毅力。因为在专业化过程中势必会导致案源和收入的减少，但是一旦成功，将会大大提升工作效率，实现收入倍增。北京市高级人民法院法官，2013 年全国五一劳动奖章获得者王佳[①]在

① 王佳，2005 年毕业于中国政法大学，后考入原北京市崇文区人民法院。现为北京市高级人民法院法官，先后获得北京市经济技术创新标兵、首都文明职工、北京市劳动模范等荣誉称号，2013 年获得全国五一劳动奖章，是北京法院历史上该奖章最年轻的获得者。

2013 年中国政法大学本科生毕业典礼的致辞上说了这样一段话："只要你付出了，即便梦想没有按照你想象的方式去实现，也一定会以其他的方式来回报你的努力。这，就是梦想最可爱的地方。"所以，在专业化的道路上要懂得坚持，耐得住寂寞，切勿半途而废。

再说团队的专业化，早期的律师基本都是"作坊式"的单干，没有团队合作分工，这容易陷入泥潭而无法自拔，这样的模式难以做大，也无法长久。我在执业早期就比较重视团队建设，并在多年的执业中建立了稳定的团队体系，这让我们可以各司其职，更好地发挥团队作战的力量。我的做法是"以业务带动团队管理"，一切以业务为核心，在其他事务上则保持一定的宽松和自由。同时，由于商标法律服务具有高度的专业性，也存在较大的风险性[①]，所以我始终把互相帮助、共同提高作为我们团队的核心文化。除了自己培养以外，我们还引进了一批经验丰富的商标代理人和商标执业律师，并聘请了在商标行政、司法领域内具有丰富经验的专家担任顾问，逐渐建立了一支包括商标专业律师、教学和研究的专家、原商标行政主管部门的官员、原司法审判机关的资深法官所组成的团队，团队整体经验丰富、业务能力突出，并拥有大量的实践代理经验，这为我们给客户提供全方位、高质量的法律服务提供了坚实的基础和保障。

（三）积极为行业做贡献

我有幸能取得今天的成绩，有很大一部分要归功于行业（律师）协会这个平台，借助行业协会这个平台，也加速了我的专业化之路，因为以行业协会为切口，可以大幅拓宽个人眼界，也可以使自己的法律专长在行业内部得到较为迅速的传播，从而获得良好的口碑。就像我上面所说的，律师应始终怀有感恩

---

① 商标代理业务的时限性很强，如驳回复审需在 15 天内提出，诉讼是在 30 日内提出，稍有不慎，就会丧失救济权利；此外，商标代理相关的申请书具有严格的格式要求，出现错误将直接导致申请文件被不予受理。

之心，律师协会为我们提供了广阔的发展空间、营造了良好的执业环境，我们也应该为行业协会做一些贡献，做贡献的同时又会反过来提高我们自己，无论是专业能力还是知名度。正所谓，赠人玫瑰，手有余香。

商标授权确权行政审查部门、授权确权司法审查法院均在北京，北京律师自然具有得天独厚的地缘优势。为了吸引更多的首都律师了解、从事商标代理业务，2005 年，我向北京市律师协会提议成立商标专业委员会，获得了北京市律师协会的大力支持，这是全国律师界第一个商标专业委员会，我自 2005 年至 2012 年连续三届担任该委员会主任，通过专业委员会的各种活动带动全市律师商标业务水平的提高，使北京律师商标业务水平始终居于全国领先的地位；2007 年 11 月，为适应商标代理业务领域不断拓展、业务类型不断增多、业务内容不断翻新等新形势，更好地指导律师做好做精商标业务、提升商标律师队伍的业务水平。在全国律协的主持下，我与其他律师共同主编了《商标业务指南》，该书是律师界出版的第一本商标业务指导用书，对律师从事商标业务有较强的指导意义；从 2010 年开始，我就在北京市律师协会申请律师执业人员集中培训上讲授《律师商标代理业务》，引导实习律师充分认识商标及商标法律服务的重要性，树立律师在商标法律服务行业大有可为等观念，呼吁鼓励年轻律师加入商标代理这个大家庭；从 2012 年开始，我还作为全国律协西部巡回讲师团成员，先后为甘肃、青海、重庆、宁夏、广西、陕西、云南等多地律师授课，鼓励与会律师积极开拓商标代理业务，服务西部经济社会发展；2014 年，我带领团队成员根据二十年来的商标业务代理经验，撰写了《律师代理商标注册申请业务操作指引》，律师据此指引便可轻松代理商标注册申请业务，并可有效提高申请通过率、降低执业风险。同年，我还撰写了《中国律师商标业务报告》，从商标对企业的重要意义、商标法律服务的重要性、当前商标业务量及今后商标业务前景展望等多个角度，详细地阐述了律师从事商标业务的必要性、重要性和广阔发展前景，该报告最终被收录在由全国律协主编、北京大学出版社发行的《中国律师业务报告》中。

执业以来，我基本走遍了大江南北，把自己的代理经验毫无保留地分享给广大律师，鼓励他们积极从事商标代理业务，一同为商标法律服务行业添砖加瓦。我之所以鼓励律师关注商标代理业务，是因为律师从事商标代理业务，与国家落实知识产权战略的要求相吻合，与企业实现产业链升级转型，促进国家经济方式转变的目标相吻合。而且，商标代理业务不存在与司法机关的激烈对抗，不存在律师参与涉诉信访，也不存在律师恶意炒作、滋事扰序等恶劣问题。因此，律师从事商标代理业务既可顺应国家大政方针，又能够树立律师正面形象，提高律师社会认可度，何乐而不为？

三、怎样成长为所选专业领域的优秀律师

（一）加强学习，夯实基础

非学无以广才，非志无以成学，良好的学习习惯和较强的学习能力是优秀律师必备的基本技能。基本功是这一切的基础，熟练掌握商标领域的相关法律法规是一名商标律师最起码的要求。很多年轻律师在执业以后，都是忙于案源开拓，往往把法学理论知识和现行法律规定的学习放到了次要位置，但在面对一个个实实在在的法律实体及程序问题时不知所措，无从下手，显得有些力不从心。在法律文本的学习中，我建议广大年轻律师充分利用已有的裁判文书大数据系统，比如中国裁判文书网、无讼、知产宝等，将法律条文输入后进行相关案例检索，通过每一个具体的案件去领会法律条文的适用标准，做到学以致用，融会贯通。

此外，法律的不断推陈出新和面临问题的多样性、复杂性也要求律师必须不断地更新自己的知识库，与时俱进。律师是一个知识化、专业化的职业，知识化来源于对法律知识的熟知，专业化产生于运用法律知识解决问题的能力。另外，法学是一门典型的人文科学，而且是一门实践型的人文科学，具备丰富

的人生阅历、渊博的人文知识与过硬的专业技能，才可能成为一名优秀的律师。孔子云："温故而知新"，孟子亦云："不积跬步，无以至千里；不积小流，无以成江海。"人生阅历、人文知识、专业技能并非一蹴而就，三者均需要通过不断地处理案件、解决问题来不断积累。这给我们的启示就是律师有专业的知识还不够，还需要向当事人的需求学，向社会实际学，向更宽广的领域学。总之，学习是贯穿律师执业生涯的一条主线，离了它，就不能说是一名合格的律师，更不可能是一名优秀的律师。

（二）多观摩学习庭审

美国法学家霍姆斯说过，法律的生命不在于逻辑，而在于经验。我建议广大青年律师可以抽时间多去旁听案件，这是年轻律师迅速获得经验，提高个人能力的重要方式，除了个别不公开开庭审理的案件，法院对现场旁听案件的人员不会做过多的限制。此外，随着互联网技术的快速发展，很多法院都会对庭审进行录像然后放在审判信息网上供大家观看，所以这是一个非常好的学习途径。正所谓磨刀不误砍柴工，观摩庭审虽然会耗费一些时间，但却大有裨益，这有利于广大刚入行的青年律师更好地了解庭审节奏，学习法官的裁判思维模式。很多刚入行的律师在开庭的时候，不顾审判人员想听什么，不想听什么，而是完全沉浸在自己的思维模式和节奏中，进行"自我表演"，与法官的审判思路南辕北辙，不能很好地回应案件焦点问题和合议庭提问，这就难以达到较好的诉讼效果，可能也会因此产生不利的诉讼后果，这是庭审中的大忌。律师在庭审中，最大的任务就是说服法官，让法官跟着自己的思维走，而不是自我陶醉。所以观摩庭审是一个很不错的学习方式，大家都可以尝试。

（三）多写文章和随笔

前几年我有空就会写一些文章，不为出版，只为记录。后来工作太忙就写得少了，但我还是要求我团队的律师每个月要写一篇文章或者随笔，题材、字数不限，案件代理心得和热点问题评析都可以。写文章很有必要，有句话说，“成功的文人著作等身，成功的律师案件等身”。我们团队之前做过很多出彩的案子，但是并没有及时进行总结，完成输出。经过很长一段时间再去整理，就会发现当时对案件的感觉和状态已不复存在，这其实是一种损失。

律师是法律工作者，其工作主要包括两个方面，一个是“说”，另一个是“写”。我很难说这两点哪个更重要，因为这两点应该“两手都要抓、两手都要硬”。律师的“说”首先就体现在庭审上，这个重要性不言而喻，好的庭审表达往往会事半功倍，如何在庭审中“说”服合议庭以及主审法官是律师一生都要面对的命题。“说”其次表现在与客户的沟通上，在竞争日趋激烈的商标法律服务行业，律师不仅要通过沟通去了解案情，还应该尽力让客户感受到其支付的律师费物超所值，而这些，都依赖于“说”。如何能“说”得更好，我认为有以下几个方面：一是不回避客户提出的问题，有问必答是消除疑虑、增进信任的最佳方式；二是用客户能“听懂”的话去沟通，这个很重要，如何将冰冷晦涩的法言法语转换成具有温度的、接地气的表达至关重要。总有一些客户问我，为什么我们的商标不能注册呢？为什么别人的就能获得注册呢？遇到这样的问题，我不会去和客户讲法条、谈道理，而是会说：“注册商标就像种萝卜，不是什么萝卜都可以顺利种到坑里，在坑里已经有一个萝卜的情况下，我们只能先把这个萝卜拔出来，自己的萝卜才能种进去，也就是我们大家都能理解的‘一个萝卜一个坑’的道理。”客户听后茅塞顿开，其实这样的解释与沟通会比给客户直接灌输《商标法》第三十条[①]要来得实在。还有的客户说，为什么现在驳回率这么高，是不是代理机构不专业？为什么差不多的商标之前能注册，到我这个就不行了呢？遇到这样的问题，我也会让客户以最简单、最直接的方式接受，

① 《商标法》第三十条规定：“申请注册的商标，凡不符合本法有关规定或者同他人在同一种商品或者类似商品上已经注册的或者初步审定的商标相同或者近似的，由商标局驳回申请，不予公告。”

我会说：第一，商标是一种资源，这种资源是有限的、不可再生的。我们国家的商标，有 80% 以上是中文商标，据统计，1000 个常用字就能覆盖约 92% 的书面资料，2000 字可覆盖 98% 以上，3000 字已达到 99%，由此可见，我们生活中最常用的也就是 3000 多个汉字了，而这些汉字的不同组合终归是有限的。而且，很多企业都会选择识别性强且寓意好的文字作为商标，这就更加使得商标“撞车”的概率大幅提高，驳回率自然会高。第二，审查的标准并不是一成不变的，而且商标审查员也是人，出现纰漏是在所难免的。我们国家是商标大国，商标申请量连续 18 年高居世界第一，2018 年和 2019 年的申请量都超过了 700 万件[①]，与数量如此之大的商标申请形成鲜明对比的是，我们国家审查员并没有那么多，这就导致了“狼少肉多”的局面，审查员作为“狼”，面对那么多的“肉”，不可能每一口都嚼得很细，也就难免出现消化不良的情况。而且，随着商标申请量的爆炸式增长，负责商标辅助审查工作的商标审查协作中心每年都在招收新的审查员，2018 年 10 月，郑州商标审查协作中心获批后正式运行，这是继北京、广州、上海、重庆之后，全国第五个商标审查协作中心。成立了这么多审查协作中心自然得招兵买马，但新审查员一般经验不足，可能培训几个星期就上手，往往对某些商标近似的判断和绝对理由条款拿捏不够准确，也导致了目前商标审查标准不统一，以往有一些可以通过的商标，在这样萝卜快了不洗泥的工作中被驳回了，这种“宁可错杀一千，不能放过一个”的情况自然会使商标驳回数量上升。如此解释，客户一听就懂。

但是我想重点讲的并不是“说”，而是“写”。没有“写”，就没有诉讼前的《起诉状》，就没有诉讼中的《答辩意见》以及《质证意见》，就没有诉讼后的《庭审报告》。所以，从这个角度来说，律师归根结底还是一个文字工作者，写作是律师执业的基础，也是律师安身立命的根本，会始终伴随律师执业生涯的开始

---

① 根据国家知识产权局统计数据，2018 年我国商标申请量是 737.1 万件；2019 年商标申请量是 783.7 万件。

和结束。从“写”的角度上来看，律师可以从两个方面入手，一个是专业的角度，另一个是业余的角度。专业的角度就是针对某一个具体商标案件，去深挖法条与裁判要点之间的内在逻辑，在写作中，还会伴随着大量收集参考资料的过程，这是一个非常好的学习模式，比如我当时在代理上面提到的江苏卫视“非诚勿扰”商标侵权以及不正当竞争案件的时候，就仔细收集并学习了服务商标的发展历史和特点，这也成为日后我们抗辩的一个非常重要的点，这是专业的角度。业余的角度是针对某一个商标热点问题，发表自己的意见，这种意见往往不涉及讳莫如深的法学理论以及枯燥的法条堆砌，而是以通俗易懂的语言告诉读者孰是孰非以及通过这个热点问题，给我们日常生活能带来哪些启示。比如，前段时间发生的某些知识产权代理公司接受某些客户的委托，抢注“李文亮、雷神山、火神山、钟南山、李兰娟”商标的事件，事件发生后，旋即引起社会舆论热点，在举国抗疫的关键阶段，居然有人做起了这样的“生意”，着实令人不齿。该事件成为热点后，国家知识产权局立即出台通知[①]，要求严厉打击与新冠肺炎疫情相关的非正常商标行为，相关抢注人撤回了商标申请，代理机构也受到了应有的行政处罚。那么就这个热点问题，我们作为商标律师，可以通过一个小随笔给读者和社会公众传递一种“商标申请应该遵守诚实信用、商标是用来‘用’的，不是用来‘注’的”的信息。我很推崇中国政法大学教授罗翔[②]经常说的一句话，就是“希望每个人都做法治之光”，一个律师的声音可能很渺小，但是积少成多、聚沙成塔，如果每一名商标律师都可以这样发声去影响自己身边的客户以及同行，那么遏制商标抢注、净化执业环境也就指日可待。

结合我自己的执业经历来看，前期的写作对我的成长起到了很大的帮助作

---

① 2020年3月4日，为深入贯彻习近平总书记重要讲话和指示批示精神，落实党中央、国务院关于统筹抓好疫情防控和经济社会发展的决策部署，打击恶意抢注行为，国家知识产权局办公室印发《关于严厉打击与新冠肺炎疫情相关非正常商标申请代理行为的通知》。

② 罗翔，北京大学法学博士，中国政法大学刑事司法学院教授，中国政法大学刑事司法学院刑法学研究所所长。

用。所以我也要求我团队的律师在案件代理之余多写。虽说每个人都能写作，但用文字把事情表述到极致才是能力所在，这也是一名优秀律师所始终追求的目标。一件事做到极致，最后就会产生意想不到的效果。比如，一份优秀的起诉状或者代理意见，就会让法官按照你的思路去理解，而不会产生第二种理解，这就是极致。另外，在诉讼过程中，答辩的思路要点、证据的组织和运用、案件事实与法条之间的结合需要根据个人的办案经验来提炼，但最后都要通过法律文书呈现出来，只有把文字写清楚，才能在庭上讲清楚。某位律师曾经说过："写作可能不能决定你的上限，但是它可以决定你的下限，它可以给你一个作为律师最起码的尊严以及最低的保障。所以，写作应该是一名优秀律师的必修课，它会尽快并有效地帮助你成长。"

（四）学会谦逊

"一切真正的伟大的东西，都是淳朴而谦逊的。"古希著名哲学家苏格拉底，才华横溢，博古通今，但每当人们赞叹他智慧超群的时候，他总是谦逊地说："我唯一知道的就是我自己的无知。"我同样很喜欢哈佛大学法学博士陈长文[①]先生写的一本书，名字叫作《法律人，你为什么不争气？》，这本书开篇就引用了大文豪纪伯伦的一句名言："把手指放在善恶交界之处，就可以碰触上帝的袍服。"法律人就是"把手指放在善恶交界之处"的人，就是"可以碰触上帝的袍服"的人。法律人如此重要，所以我们才应该时刻保持谦逊，慎之又慎。而现实中，某些律师，尤其是刚入行不久的年轻律师却充满了傲慢与偏见。自以为接受了良好的法学教育，读了几本法学名著，通过了司法考试就觉得"我很强，我最棒"，他们总认为自己的观点是对的，难以接受他人的意见以及虚心接受批评建议，他们夸夸其谈，眼高手低，好高骛远，殊不知他们已经在通往律师执

---

① 陈长文，哈佛大学法学博士，前"海基会"秘书长，台湾红十字会总会会长，浙江大学法学院、南京大学法学院客座教授。

业生涯成功的道路上渐行渐远。学会谦逊，放低姿态是一个人的优秀品格，更应该是一名优秀律师的基本素质。“谦虚使人进步”不是一句大话空话，脚踏实地对年轻律师来说永远比仰望星空来得更实在，更重要。还有一句话是这样说的，就是“当你的才华还撑不起你的野心时，那你就应该静下心来学习。当你的经济还撑不起你的梦想时，那你就应该踏实地工作”。

（五）学会正确对待挫折和失败

张勇[①]律师此前写了一本叫《远见》的书，里面讲了一个“在大海航行的船没有不带伤的”的故事，说的是英国劳埃德保险公司（Lloyd’s of England）在拍卖市场买下一艘船，这艘船于1894年下水，在大西洋曾138次遭遇冰山，116次触礁，13次起火，207次被风暴扭断桅杆，然而它从来没有沉没过。劳埃德保险公司基于它不可思议的经历以及在保费方面带来的可观收益，最后决定把它从荷兰买回来捐给国家，现在这艘船就停泊在英国萨伦港的国家船舶博物馆里。不过，使这艘船名扬天下的却是一名曾来此观光的律师。当时，这位律师刚打输了一场官司，委托人也于不久前自杀了。尽管这不是他的第一次失败辩护，也不是他遇到的第一例自杀事件，然而，每当遇到这样的事情，他总有一种“负罪感”，直到他在萨伦港船舶博物馆看到这艘船时，忽然有了一种想法，为什么不让他们来参观参观这艘船呢？于是，他就把这艘船的历史抄下来并把这艘船的照片挂在了他的律师事务所里，每当委托人请他辩护，无论输赢，他都建议他们去看看这艘船。是的，律师也是人，会犯错误，也会遇到挫折和失败，轻言失败不是一个好律师。请大家记住，“燧石受到的敲打越厉害，发出的光就越灿烂”。

很多律师在入行前就应该都听说过著名的“二八定律”。“二八定律”起初

---

① 张勇，北京大学法学博士，南开大学法学院法学研究所所长，兼任中央国家机关政府采购中心法律顾问，中国国际经济贸易仲裁委员会仲裁员等。

是意大利经济学家帕累托（Vilfredo Pareto）提出的“社会上 20% 的人占有 80% 的社会财富”。之后，这种现象在律师群体中得到了演化升级，即案源分配遵循“二八定律”，而收入遵循“一九定律”。就是 80% 的案源掌握在 20% 的律师的手中，而 10% 的律师拿走了 90% 的收入。

大多数年轻律师都在为没有稳定的案源而发愁，他们做广告、打电话、举办免费法律讲座、参加各类普法活动试图增加案源，但效果却差强人意。目前，我国律师行业得到了迅猛发展，律师队伍也在不断壮大。据统计，截至 2019 年年底，我国律师人数已经突破 45 万名，律师事务所的数量也达到 3 万多家，这就意味着未来的律师行业里将充满更加残酷的竞争。上海市律师协会前几年开展了一个关于青年律师的生存调研，该调研项目样本逾千人，被访对象年龄集中在 25 岁到 35 岁，在他们中，年收入低于 10 万元的比例达 60%，83% 的受访者认为目前收入低或很低，特别在执业前两年，很容易入不敷出，需要家里补贴，用现在的话说就是“啃老”。更为可怕的是，对于已经进入律师行业的青年来说，比起上述物质上的艰难困苦，“用什么方式去发展”是一个更加令人焦虑和茫然的问题。

面对残酷的现实，年轻律师陷入了痛苦，不知所措，他们此前在象牙塔中想象的“指点江山，激扬文字”的律师形象轰然倒地，不复存在。他们不知道路在何方，而其实，路就在自己脚下。说来遗憾，很多年轻律师在执业的前几年就放弃了，他们早早地告别了律师职业，告别了那个他们曾经梦寐以求的职业。诚然，年轻律师在开始执业的时候，会面对很多问题，比如收入低、无案源、无经验等，但是他们可曾想过，在最开始的时候，那 20% 走到金字塔塔尖的人和 80% 的人面对的是同样的局面。不同的是，面对困境，懂得坚持的人会静下心来，努力学习法律法规和研读司法案例、整理庭审笔录或者代理意见、协助主办律师走访客户等。他们为了配合主办律师做好一个案子，可以看很多书籍，可以搜索很多资料，尽量做到面面俱到，而这些，我想 80% 的律师是做不到的。所以，“二八定律”是避免不了的，但基于上面提到的律师从事商标代理业务所具有的诸多优势，加之年轻律师学习能力更强、熟悉新事物的能力更快、运用互联网等新技术更娴熟，其在商标法律服务领域完全可以另辟蹊径，有所作为。

还有一些律师经不起挫折和失败，无法正视败诉判决，如果某段时间一直收到败诉判决，那这些判决就可能成了压垮他们的最后一根稻草，他们可能就会认为自己不适合做律师，更别说是优秀的律师了，于是转行或继续深造。但事实上，影响案件胜负的因素有很多，我们律师能做的，就是问心无愧，如果我们已经尽了最大的努力，尝试了各种可能的办法依然败诉，那就可以坦然面对失败，坦然面对当事人。去年，美国联邦法院首席大法官约翰·罗伯茨[①]在他儿子中学毕业典礼上的致辞引起热议，《华盛顿邮报》甚至评论说："罗伯茨首席大法官本年度最好的作品，不是某个案子的判决书，而是在儿子毕业典礼上的致辞。"他在致辞中是这样说的："在未来的很多年中，时不时地，我祝福你被不公正地对待，因而你会知道公正的价值。我祝福你会遭受背叛，因为它会让你感受到忠诚的重要性。我祝福你时不时地感到孤独，因而你不会把朋友当作理所当然。我祝福你有时会有坏运气，因而你会意识到概率和运气在人生中扮演的角色，并且理解你的成功并不完全是你应得的，而其他人的失败也并不完全是他们所应得的。而当你失败的时候，时不时地，我希望你的对手会因为你的失败而幸灾乐祸，这会让你意识到有风度的竞争精神的重要性。我祝福你会被忽视，因而你会意识到倾听他人的重要性。我祝福你遭受刚刚好的痛苦，能让你学会同理心。无论我是否祝福你这些，它们都会发生。而你是否从中获益，取决于你是否能从你的不幸中参透它们想要传递给你的信息。"这个致辞与我们平时听到的"心灵鸡汤"大不相同，但却更能让我们深思，引起我们的共鸣，那就是年轻人应当砥砺前行，风雨无

---

① 约翰·罗伯茨，哈佛大学法学博士，2005年任美国联邦最高法院第17任首席大法官，也是美国两个世纪以来最年轻的首席大法官。

阻，要想看见彩虹，就不能在乎风雨。罗曼·罗兰说，世界上只有一种真正的英雄主义，就是认清生活的真相后还依然热爱生活。我也想告诉大家，如果想要成为一名优秀的律师，那就要历经挫折后依然热爱这个职业。对张思之[①]大律师想必大家都不会陌生，他总是自嘲“我一生从未胜诉”，但却被业内称为“中国律师的良心”，九十年风雨人生，六十载律海浮沉，磨难给他的不是挫败和退缩，反而坚定了他对理想的执着。张思之律师也有一句名言，我将其作为本文的结尾，与大家共勉：“真正的律师，似清澈见底的潺潺清流，如通体透明的光泽水晶：是真正的人，表里如一，道德崇高，事事处处体现着人格的完善与优美。真正的律师必有赤子之心：纯正善良，扶弱济危；绝不见利忘义，徇私舞弊；他自始至终与人民大众走在一起。真正的律师，实是一团火，从点燃到熄灭，持续放着光，散着热。艺品高超，仗义执言；爱爱仇仇，义无反顾。”

“快乐就是这样，它往往在我们为着一个明确的目的而忙得无暇顾及其他的时候，突然来访。”最后，祝愿广大青年律师在未来的职业生涯中，“长风破浪会有时，直挂云帆济沧海”。

---

① 张思之，律师，1927 年生于郑州，曾任中华全国律师协会宪法与人权专业委员会顾问、北京市律师协会副会长，《中国律师》杂志创办人。著有《我的辩词与梦想》《我们律师》等。

做好专业，抓住机遇

——王昊律师讲述专业律师养成心得

王昊[①]

【干货心得】

无论是遇到有关人的机遇，还是有关事情的机遇，都要认真判断，迎头抓住；而在没有机遇的时候，就静待天时，做好眼前的事情。

我觉得现在年轻的律师对这个行业的趋势，包括大走势的判断，比我当年要敏锐得多，所以我觉得，大家在日常生活中，跟客户交流也好，跟其他同行交流也好，如果能够敏锐地捕捉到每一个机会，能够很好地抓住机会，那么大家在专业领域肯定会比我们当年做得更好。

概述

我现在做的事情，是家族财富管理。

---

① 作者系北京瑞银律师事务所合伙人，全球受托人与财产管理从业者协会最早的中国大陆地区的会员，也是国际财产和信托学会在大陆地区的唯一成员。2013 年至 2020 年连续八年被钱伯斯评选为中国最著名的财富管理和财产规划律师，同时，作为特邀的外部顾问，参与了 2007 年信托公司管理办法的修订。现为清华大学五道口金融学院家族信托课程的特聘专家，并担任银行业协会高级财富管理师认证课程专家讲师。

中国第一个家族信托，境内的是我们做的；中国第一个客户做境内境外的整体家族治理保护，也是我们做的。之所以现在能有这么多的机会给客户提供服务，与很多的机遇有关。

大家在从业过程当中，会不断遇到很多机会，当机会来临时，能否正确识别，是否能为这个机会放弃一些其他的事情，很值得思考。

关于如何抓住机会，并不是三言两语就能讲清楚的。我就从我求学到一开始工作的经历，包括一些小故事谈起。

我的有关机遇的经历

其一：别去做太机械化的工作

我在对外经贸大学本科学的是英语，研究生学的国际经济法。研究生毕业之后，大家都说要到外所工作，尤其像我们这一批同学，英语基础特别好，更适合去外所。

我一开始去了一个外国所，但去了之后，发现工作不是特别开心，原因不是我不能处理那些工作，而是因为，所里交给我的工作，在我看来都是一些很机械化的东西。

比如说，所里把岗位细分成100个，每个人在其中一个岗位下，把自己的事情做好即可，其他事情不用考虑，就算想去跟大合伙人讨论，人家也不理会你。

比如说，我当时特别想知道客户是怎么来的，但没有人告诉我，因为这是最核心的机密。所以我当时的感受就是，以我这样聪明才智的人在这工作，虽然工资特别高，但只能做一些机械的工作，我觉得很浪费时间。当然了，我这么说并不是说做律师的基本功不重要，但是当你已经对法律法规检索、文本起草、翻译以及一些会让你成为“运动员”的工作得心应手的时候，你再对于所谓“不错的待遇和工作环境”患得患失，那么再过十年，可能你真的也不想去折腾了。

我当时经常读一些国外的学术论文刊物，读到了英国两个教授写的关于家族信托，包括家族财富管理的论文。中国的信托法是在 2001 年才公布的，中国信托法公布出来，没有人会预见到在若干年以后，中国会通过这个法律给中国境内的高净值人士，特别是富人做家族财富的保护，没有人知道这个法出台意味着什么。

当时我看到中国出台了这么一个法律，也看到英国有两个那么牛的教授，在做一些让我特别兴奋的事情，所以我当时决定要出国，要跟这两个教授见一见，学一下相关专业。实际上我去之前也没有预料到学这个专业会有多大的困难。

后来我到了英国伦敦大学国王学院，那两个教授中有一个是英国信托法委员会的副主席，目前是英国最高院的一个大法官。另一个教授是目前英国高等法院专门主审信托争议的法官。他俩当时开了一门课，叫国际信托与家族财富的管理，我当时只觉得这个名字听起来非常 fancy，实际上并不知道选择这门课可能会遇到什么样的困难。

第一次教授开始讲一些背景的时候，有十几个学生在听课，听得挺起劲，因为第一次没有接触到实际的东西。但第一次回去的时候教授留了很多作业，有 20 多个案例，我们做得很痛苦。因为你要去看那些法官的判例，最后要告诉教授，判例中这个法官得出这个结论的原因是什么，包括以前类似的判例中他有没有改变过自己的一些观点，类似这种问题。

这些东西，对于刚去英国接触英美法的学生，是巨大的困难。我渐渐发现，大概在第三四次课程时，选课的人从十几个人变成四个人，中国人就剩下我一个。当时基本上是硬着头皮学的。

其二：遇能人主动请教

我遇到的第一个机遇，是那个教授主动过来找我学中文，并且表示愿意付钱。我立刻想到，这就意味着，我有很多时间可以跟他单独相处和单独交流。

于是，我就跟教授说，你只要请我喝一杯卡布奇诺就可以，我不收你钱；但我有一个条件，我有很多的问题，希望你能帮助我解答。就这样，我和他私下约定互相教学。

每个星期三下午，会有两个小时的时间，我先教这名教授一些中文，之后我把学习过程当中不太懂的，包括吃不准的问题拿来询问他。在跟他交流的过程中，我也对英国的历史文化背景逐渐有了特别深厚的了解，他也推荐我读了很多东西。

后来，这位教授也给我介绍了做家族财富管理，包括信托业界非常牛的一些大拿。我最早加入全球财产受托人协会的时候，也是他去找到当时的主席，说了一番话，诸如你们未来一定要到中国去发展，我推荐我这个学生，因为她非常优秀，等等。

所以说，我跟那个教授交流，就是抓住了时机，跟他建立非常好的私人关系是我的第一个机遇。

其三：主动争取机会

我学完之后准备参加工作，也去征求他的意见。他告诉我说，可以介绍我去他的律所实习，不过虽然工作没问题，但是我不会觉得快乐，我应该回到中国去。

之后他又问我，有什么需要帮助的地方。

接下来的发展，则是我主动去争取某一次机会的经历。

我一连好几年和这位教授互相教学，其间知道了不少事情。比如说，我知道他写过一本书，叫《信托法》，那本书是所有英美法法官，包括从事财产管理行业的人必读的一本书，每次都在英美法律教科书排行榜上名列榜首。所以我当时提出请求，想把这本书翻译成中文，让中国的学生、老师、从业者都能学习。

他对我说，全国人大法工委前几天过来找过他，其中一个人想翻译这本书。

但是教授表示对他们不了解，不知道他们是否能够把书翻译得很好，相比之下，他更相信我，认为我能很圆满地把书翻译成中文。

当时还有一个非常小的插曲，因为英国那个出版了教授的《信托法》一书的出版社，是一个特别大腕儿的学术性出版社，当时不知道把这本书翻译成中文到底能赚多少钱；这位教授主动过去找出版社，表示只要同意让我翻译，他可以放弃所有版税的收入。

我当时很感动，在回国还没有开始找工作的时候，就花了很多时间翻译这本书，包括跟他一起讨论交流，最后促成了这本书的出版。

该书出版的时候，我们搞了一个盛大的中国首次国际信托研讨会，包括新书的签售仪式。我请教授全家一起来中国出席这次活动，并顺便游览。我当时仅仅是一个刚刚从英国毕业的学生，没有机构会给我出钱赞助，但是我深知这次活动的重大意义，于是咬牙和家里人借了钱。当时中国起草信托法的时候也特别想请教授过来，于是一些银监会非银司的官员也来参加研讨会，他们也特别兴奋。两个教授在会议上发表了精彩的演讲。这次聚会成了我抓住的第二次机会。

其四：平等很重要

第三次机会源于一次多头的抉择，我到底是去外国所工作，还是到大所工作，或者是自己创立一个律师事务所。一开始，我并没有明确如何选择。

当时我收到了很多 offer 让我去面试，有一家律所已经到了第三轮面试的时候，当时大合伙人说了这样一段话，大意是：我们很希望你来这里工作，但是女性面临的生育方面的问题，会严重影响正常工作，因此希望得到你的一个承诺，三年之内不能生孩子。

当时我确实没有要孩子的打算，但是听了他的话以后特别生气，觉得这是在歧视女性，就彻底打消了到这里工作的念头。

后来和我的几个一起回国的同学商量，就创办了瑞银律师事务所，时间大概是在2004年。

其五：若无机遇，则做好当下

当我自己开事务所的时候，发现自己站在了一个全新的角度，来看待所谓的专业，包括怎么说服客户。

当你在大所工作，你一般是某个团队中的一员，合伙人把客户拉来的时候，价钱也谈好了，我们只需要负责某一方面的工作，并且基本都是专业范围内的事情，到星期五交给上司就好，其他事情一律不用管。

而等到自己开律所的时候我才发现，要考虑的事情远不止专业范围内的那点东西。我需要考虑，到底怎样才能找到客户，我的目标群体在什么样的地方，为什么别人可以信任我，把他的重大事情交给我来做，以及接下来我能不能把所有事情圆满地做好。

所以，那段时间对于我和朋友们来说，是一个重大的考验。做了这么多年以后，我在专业能力方面，在和别人打交道方面，在和大客户处理问题方面，都有了非常大的进步。

在2013年之前，中国没有那么多所谓的高净值客户跳出来说我要做家族财富管理，因为他的财富还没有积累到那个程度。所以当时我们有一半时间在做外商投资方面的事情，一半时间给外国家族，包括外国人做他的中国财富管理规划。当时我有朋友吐槽说，你看你学了半天回来中国工作，却还要做外商投资方面的事情。

现在回过头来看，接触更多的领域对我来说是好事情。做外商投资，就可以知道公司在收购兼并的时候，遇到的法律问题、税务问题、外汇问题，包括对外投资的时候要考虑的种种问题。

如今，客户把他所有身家交给我们，让我们给他做一些方案，会涉及中国境内的股权、中国境内的房产，包括他在外国的不动产、字画，我们怎么做结构设计。另外，我们做家族信托设计，怎么把它装在里面，实际上都会涉及最初做公司业务时的一些问题，一些基本的收购兼并的问题，税务问题、外汇方面的问题。

所以我想，当初做别的外围领域，对我后来做整个家族财富规划是非常有帮助的。

在2013年之前，我在国外特别出名，国外的很多律师尤其是做财富管理，包括外国的私行、信托公司都知道我们。所以凡是他们遇到的客户涉及中国境内财产的，都会想到我们。

有一个很大的美国律师事务所的合伙人，在40岁的时候，他的律师在美国给他安排了不可撤销信托，把他所有的财产都放在里面，但他碰巧在中国有一些其他财产，他的律师会跑过来问我说，我们这个客户遇到中国的问题应该怎么样处理。所以2013年之前，我们基本上做的都是一些这样的事情。

其六：把握时代的脉搏

2013年，出现了新的情况，也就是中国的银行和“创一代”们，都开始关注家族信托。

当时正好有一个机会，中国有一家银行，包括我们常年合作的信托公司说，我们想在中国做家族信托，跟很多客户谈，大概谈了100个客户，只有一个客户说自己听过家族信托的事情，知道它是什么，并且愿意把一部分财产放在里面；但他有一个要求，那就是得找到一个很牛的中国律师，帮他设计整体的架构规划。

因为我们做了很多有关家族信托的工作，也有一些和家族信托相关的理论基础研究，包括如何在中国的法律框架下创设家族信托。所以当时银行来找我们，让我们协助完成这次家族信托的规划。当时我们帮助这个客户，落地了第一单中国境内的家族信托。

谁也没有想到，过了几年后家族信托业务在中国发展这么火。从当时的角度去看，服务费并不高，花费那么多时间，获得的并不多，看起来是亏的。但从长远来说，那件事奠定了我们在行业中的地位。

这种地位，不仅包括我们身为先行者的荣誉和名号，更是包括了我们作为开拓者所积累的宝贵经验。

我们接触中国土生土长的土豪客户，逐渐弄明白他们到底想了什么样的问题，因为他们想的问题跟欧洲客户、中东客户、非洲的酋长部落家族是完全不一样的，包括跟中国台湾地区客户、中国香港客户相比，中国大陆的土豪级客户想法也是完全不一样的。

其中，他们对律师、对专业人士的态度，也是完全不同的。我们一开始接触这样的客户，总觉得客户应该很尊重我们，因为外国客户就是这样对我们的。

而实际上，却并不是这样。

大概前年的时候我们去见一个客户，客户在会议室里面，说到一半，他让我们先别说，喊了秘书进来，脱下鞋子，让秘书给他擦鞋，整个过程基本无视我们。我觉得这是国外富豪不太可能发生的事情，但在中国新富起来的“创一代”中还有很多人有这样的举动，我想我们也需要不断容忍客户的蜕变，期待他们的发展。

对机遇的总结

回顾我到目前为止的个人经历，可以说，其中有好几次是因为抓住了关键转折点的机遇，才会有如今的成就。

各种机遇之间或许有一些联系，但是更多的时候它们之间的区别是更明显的。

有些时候，所谓的机遇，是我们去主动结交一些人，我在英国留学期间，就是这样，抓住了一次机会，得以和一位知名教授长期保持友好的交流关系。通过这次机遇，不仅让我获得了学业上的巨大助力，还为后来的一系列机遇奠定了基础。

有些时候，所谓的机遇，是我们去主动做某些事。我在英国留学毕业之后，准备回国，在和教授交谈时，主动提出了一件事，就是想要翻译他的著作。那次机会抓得很及时，幸亏如此，否则这次机会错过了就会消失，被其他人抓去。这种机会，就是需要主动出击抓在手里。

还有一些时候，所谓的机遇，是我们要避免去做一些事情。比如说，不去做一些太机械化的工作，因为这会让你逐渐丧失探索新事物的能力和兴趣。还有，不要去一些带有歧视性的地方工作，无论是歧视女性，还是歧视其他的什么事情。

而更多的时候，我们在生活中并不会遇到什么太大的机遇，这时候，要沉得住气，静待时机，首先做好身边的事情。因为，就和某些机遇一样，你无法确定，曾经的某些机遇，以及现在正在做的一些事情，会不会在未来对你很有帮助，成为抓住新机遇的重要帮手。

遇到机遇，就抓住机遇，没发现机遇，则静待天时，机遇总会来临。

这就是我的一点心得体会。

中国家族信托现状

高净值人士数量增多

如今，从 2013 年到 2020 年，发展了整整 7 年，中国逐渐有了世界第二大经济体的底蕴和自信，其中，高净值人士数量的逐年增多，就是一个显著的标志。

随着人数的增多，以及家族信托这一工具逐渐被人们所熟知，越来越多的高净值人士，开始主动寻求设立家族信托，以此来守护自己的家族财富。

招商银行和贝恩公司联合发布的《2019 中国私人财富报告》显示，2018 年中国可投资资产在 1000 万元以上的高净值人群数量达到 197 万人，2016—2018 年年均复合增长率为 12%。

在 2020 年，这一数据非常有希望突破两百万人大关。

高净值人士对家族信托的熟悉

有了如此多的高净值人士作为基数，只要其中一小部分人想要设立家族信托，那么对于整个行业来说，都将会是不小的数量。

更何况，近些年来，随着各大机构的宣传，以及一些高净值人士的亲身经历，如龙湖地产吴亚军和丈夫设立的家族信托，使得她和丈夫离婚时也没对公司股价产生太大影响，这一切，都使得中国的高净值人士更加熟悉并信赖家族信托。

招商银行的报告显示，高净值人群在进行财富传承安排时，最常用的方式之一，就包括创设家族信托。

近年来，家族信托在各类财富传承安排方式中增长较快，提及率从 2015 年的 16% 提升至 2019 年的 20%。

而就在我们第一次做家族信托的时候，一百个客户里面，只有一个听说过家族依托并愿意接受。

这种从 1% 到 20% 的进步，无疑是十分巨大的，如果再考虑一下高净值人数这个基数的增长，那么毫无疑问，家族信托被提及和使用的次数的具体增长是十分可观的。

根据报告分析，之所以出现这样的增长态势，原因主要有三点：

第一，财富管理机构对高净值人群的持续教育和引导逐渐起效。

第二，家族信托解决了保险产品及房地产作为传承工具上的不足，如保额上限较低、现金流规划能力受限、隔代传承及其他定制化功能不足等，提升了财富传承规划的科学性与灵活性。

第三，家族信托成功案例越来越多，也让高净值人群逐渐从了解、观望家族信托，进入落地实施阶段。

企业家对家族信托的认知，也从一开始的不了解甚至没听过，逐渐过渡到如今的越发了解和关注，这和所有人的共同努力是分不开的。

随着近些年各类资管机构的共同努力，家族信托已经得到超高净值人群的广泛关注。根据建信信托《中国家族财富可持续发展报告》(以下简称《报告》)，中国企业家对家族信托的认知主要有三个特点：了解但不熟知家族信托，或不急于设立家族信托；对境内家族信托的功能和效果尚在了解，未充分信任境内家族信托；以向子女传承现金资产为主要目的。

这在一定程度上反映出家族信托在现阶段存在的不足。第一，对于信托的原理、家族信托的具体功能以及如何运用这一工具，需要专业机构持续地普及相关知识。第二，境内家族信托处在发展初期，相关的法律制度仍在完善，专业机构的发展模式尚在探索，同时，企业家了解境内家族信托发展现状与成果的渠道较少，对其认知仍停留在“投资理财”产品的误区中。第三，专业财富管理机构的公信力以及品牌美誉度仍有待加强。

当前，国内参与家族财富管理的代表机构主要有私人银行、信托公司、保险公司以及第三方财富管理机构(含家族办公室)。可以说，这些机构各有所长。私人银行拥有规模庞大的客户群体，与客户接触频度高，客户黏性大。第三方财富管理机构特别是近两年不断兴起的家族办公室，其服务范围较广，既为客户提供资产配置和投资服务，也为客户提供诸如移民、留学等家族事务服务，服务形式相对灵活。但是这类机构受金融监管力度较小，抗风险能力较弱。

对家族财富管理机构的选择，企业家认为，应基于自身财富与需求现状来决定。目前，家族财富管理的方式有委托专业机构管理、家庭成员管理、组建专属团队管理三种。受限于自身专业性不足及精力有限等原因，受访企业家较偏向于选择委托专业机构打理其家族财富。调研数据显示，企业家在选择专业机构时最为关注的因素分别是“机构自身的专业程度”(56.5%)、“拥有丰富的家族传承处理经验”(55.1%)、“能够根据自身需求打造个性定制化的方案”(53.5%)以及“机构在行业中的地位和知名度”(50.4%)。

无论如何，这些数据都说明，高净值人士之中，有越来越多的人，开始关注和理解家族信托，甚至是愿意尝试和使用家族信托来守护自己的财富。

另外，在高净值人士里面，又细分出了超高净值人士这一概念，他们对于财富传承的规划，会提出更多前所未有的要求，这对于家族信托行业来说，也是一个全新的挑战。

如此详细的划分，无疑是为从业者带来更多的机会。

总的来说，如今在家族信托这一行业，随着高净值人士数量的增多，以及人们对家族信托的逐渐了解，从业机构越来越多，了解并愿意设立家族信托的高净值人士也越来越多。

这些变化，会给从业者提供更多潜在的机遇。

对家族信托未来发展的分析

样式更加繁多

将来，家族信托有可能进一步细化，对于年轻的法律行业从业者们来说，这就是一个新的机遇。

在国外，家族信托已经细分为许多类型，从不同功能、不同时间、不同委托财产等方面来区分，适合各种有着不同需求的高净值人士。

家族信托本来就倾向于根据客户具体需求，进行个性化的定制，而在将来，定制化的倾向将会进一步加深，灵活性也大为增加。

在家族信托的利益分配方面，也在逐渐朝着多样化的方向发展。

曾经的中国，每一对夫妻只允许生一个孩子，并且绝大部分高净值人士，还属于“创一代”，因此他们的财富，也只会考虑如何传给下一代，没有别的分歧。

然而现在，许多城市和省份，都逐渐放开了二胎政策，这就使家族信托的传承发生了重大变化：两个子女当中，谁可以分配到更多的利益。

此外，随着时间的推移，“创一代”们终究会逐渐老去或者退居二线，新生代的二代们，财富传承就存在更多变数，除了子女之外，私生子女的问题，以及丁克不婚一族又该如何传承，都是有可能存在的问题。

如何通过可靠而复杂的信托架构，来平衡不同受益人的利益，在享受利益的同时避免家族分裂和内斗等潜在危险，也将会成为不少高净值人士需要考虑的问题。

比如说，在信托利益分配上可选择一次性分配、定期定量（比例）分配、不定期不定量分配、临时分配、附带条件分配等不同的形式。家族信托不仅可以保障“富二代”“富三代”的基本生活，还可“附带条件分配”以有效约束信托受益人，避免家族因继承、分割问题起纷争。

同时，也通过遗产的整体运作把家族利益统一起来，继承人可以参与或监督信托管理，但谁也不能从其他继承人手里谋取不正当利益。信托会定期或不定期将信托财产运作情况以正式报告或邮件等方式与委托人/受益人沟通。信托公司做重大决策前，也会充分征询委托人意见，使委托人对运作信息有充分了解。即使委托人不在世了，家族信托也可以实现“自动驾驶”。

而这些复杂的概况，对于尚处于发展阶段的中国大陆家族信托行业来说，是有着很深的借鉴意义的。日后中国的家族信托行业，无疑也会逐渐进入欧美那种成熟的阶段，那些类似的问题，也会逐渐出现和细化。

这些全新的内容，对于年轻从业者们来说，就蕴含着新的机遇，等待大家去勇敢发掘。

信托财产更复杂

早期的家族信托，通常都是把金钱放入信托之中，获得的受益则由子孙后代来享用。信托财产的种类比较简单。

而发展到如今，家族信托项下的信托财产的构成，已经日趋复杂。

比如说，普通的商人，依然可以把金钱放入家族信托，来传承下去。而一些人的资产并不是很多，但是从祖上流传下来的古董字画等珍贵物品很多，就可以把这些物品放入家族信托，再详细规划。又或者，甚至可以没有重金也没有古董，没有什么公司股份，但是拥有一些高科技的知识产权，那么这些无形资产，智慧的结晶，同样可以设立家族信托，让子孙后代或者是其他的目标人士受益。

不只如此，一些高净值人士，还会考虑把保险以及股权等事物，放进家族信托之中。

这些情况往往并不是单独存在的，而是相互交织的。

比如说，某位高净值人士，在设立家族信托时，首先放进去数额不菲的金钱，然后又加上了一部分股权，这其中还包括在国外的公司所拥有的股份，最后，里面还包括了一些兴致所至收藏的古玩字画。

到时候，这份复杂的家族信托，就需要考虑到许多方面的因素。比如说，国外有关信托税务或者企业股权税务的法律法规，以及古玩字画的评估等，都是绕不开的问题。

这些复杂的问题交织在一起，让家族信托的架构复杂程度提升了好几个档次。

其中，不动产是否可以顺利纳入家族信托的财产范围，也是个很重要的问题。在欧美等国，家族信托的范围是包括各种不动产的，但是中国目前的实践中，极少涉及将房产装入家族信托的情况。

我国的房屋产权变更一律视为交易，需要考虑相关的税务成本。而且以企业法人的名义持有房产还需要考虑房产税，而不少富豪的财产中都有大量不动产，这部分财产不能顺利装入信托将是制约家族信托发展的一大障碍。

反过来说，一旦在这方面有所放松，那么我国大陆的家族信托事业，将会再次迎来一轮爆发。

信托财产私有权逐渐对抗公权

在欧美等国，家族信托财产的所有权是很明确的，就是属于受托人，一旦信托成立，和委托人并无关系，除非委托人明确保留相关权利。一些妄图挑战这种规则的人，都会碰壁。

比如说，俄罗斯总统普京的亲密战友普加乔夫，曾经携带巨款去国外设立家族信托。不过，由于他的信托依然保留着自己对信托的高度控制权力，因此在法庭上，这份信托被法官宣布无效。另外，中国香港最近一年曾经有一起和离岸信托有关的案件，之所以没被击穿，原因之一就是遵守了家族信托的规则。

在中国大陆，人们需要考虑的，不仅仅包括家族信托是否符合信托规定的问题，还包括信托是否会遭遇来自公权的挑战的问题。

信托财产的私有权对抗公权时是否具有独立性，是个很复杂的问题，比如委托人涉及刑事犯罪后，其信托财产是否不受影响，取决于信托财产本身是否有瑕疵。

中国大陆的信托法定义的信托法律关系还是明确在“委托关系”上，如果在实践中不跳出这种狭隘的思维，在财产隔离方面的效力就会大打折扣；而海外的家族信托最基础的原则就是“所有权的转移”，即委托人把财产的所有权转移给受托人，实现资产的隔离，从而达到资产保护的功能，然后再在资产隔离的基础上，实现资产的集中管理、企业永续经营、避免法定的继承程序、对特殊人士的长期关怀、财富传承和税收筹划等目的。

如果委托人设立家族信托之后，委托人的企业因经营不善而被债权人申请破产清算。家族信托作为信托财产，是否理应受“破产隔离”的保护，而不在清偿资产之列，取决于很多复杂的因素。

法律进一步完善

前面提到的几个推测，将会引起后续的变化，那就是法律法规方面，将会如何规定。既然各种内部外部的形势很有可能发生变化，那么法律方面，迟早也会出现一些相应的变化，以适应新的形势。

未来有关家族信托的法律，还会进一步完善。

如今我国有关家族信托的法律并不多，虽然早在2001年，就已经通过了一部《信托法》，为家族信托提供了必备的法律保障。但是，信托登记制度和受托人法律制度还很不完善，需要等待在未来得到进一步解决。

接下来，中国陆续发布了一系列办法、意见、通知等，逐渐让中国的家族信托行业有法可依。

2014年发布的《关于信托公司风险监管的指导意见》，确立了信托服务的转型发展方向，即“探索家族财富管理，为客户量身定制资产管理方案”。2015年，《关于做好信托业保障基金筹集和管理等有关具体事项的通知》(以下简称《通知》)发布，强调了“家族信托业务区分资金信托和财产权信托分别认购”，监管层有意鼓励金融机构积极开展财产权家族信托。

后续三年内，《慈善信托管理办法》《信托登记管理办法》陆续出台；2018年的《关于加强规范资产管理业务过渡期内依托监管工作的通知》，首次对家族信托的定义做出官方表述，家族信托逐步走上规范化的道路。

在逐渐规范的背后，是和国际上的家族信托大环境相比，依然存在一些等待补充完善的问题。

虽然《信托法》之中对于受托人有规定，要求他们履行忠实和勤勉的义务，但是具体怎么履行，并没有进行具体详细的规定，在未来，我们将会借鉴美国等国家的立法，逐渐完善相关规定。

除了信托法这种与家族信托直接产生关系的法律之外，还有很多法律会与家族信托间接产生关系，如家族信托与税法，家族信托与跨国金融法，家族信托与继承法等。这些已经存在或者是将要出现的法律，都会逐渐影响家族信托的现状，出现更多的相关需求。

而这些需求，对于年轻律师来说，都是可以预见到的机会。

监管环境的问题

虽然家族信托相关法律，早在21世纪之初就已经颁布，但是，有关家族信托的监管环境，却一直并未跟上。

2018年8月，中国银保监会下发《通知》，首次对家族信托给予“官方定义”，并对信托机构从事家族信托业务进行了规定。

《通知》来得并不能说足够及时，监管方面也并不够尽善尽美。有不少非信托机构，也试图从事家族信托业务，对此的监管几乎是一片空白，很多家族办公室如同雨后春笋一般涌现出来，良莠不齐，鱼龙混杂，有一些出问题的P2P、私募股权基金的管理人，迈步进入家庭财富管理行业，自然就会盯上家族信托这个提及率并不低的概念。

这种乱象并不会持续很长时间，或早或晚，会出台新的法律对此进行整顿。而为了应对新的监管法律与手段，甚至是新的监管机构，在家族信托这一行业，会出现新的需求，等待青年律师们去努力完成。

最后，家族信托的方式也会有所变化。如今不少高净值人士，都是在生前就已经设立了家族信托，未来有可能发展到很多人会留下遗嘱，在自己去世之后，才开始启动设立家族信托的步骤。另外，家族信托还可能会向家族慈善延伸和过渡，以及从家族信托服务逐渐衍生为家族办公室服务，等等。

这些未来的可能性，就是一个个可能出现的大范围、大背景下的机遇，至于说个人的机遇，那就只能是各自在生活的过程中去体会和寻找了。

影响深远的其他因素

除了上述几点之外，未来还可能有一些因素，会影响到未来家族信托的发展情况。

其中，遗产税就是一个很重要的点。

在中国，家族信托远不如欧美那样盛行。

究其原因，除了中国开放的时日还不够长久，金融行业的积累不够深厚等原因之外，遗产税迟迟不出现，也是不可忽视的一个原因。

毕竟，家族信托的出现，一开始的目的很明确，就是避开遗产税，通过把财产的拥有权和使用权相分离的方法，让子孙后代享受遗产带来的好处，同时又不必因为缴纳过多的遗产税而导致遗产有所损失。

尤其是一些手头并没有什么金钱，却因为继承了一些祖传家宅或者古董字画等物品，从而背负上沉重遗产税的人们，更是对遗产税深恶痛绝。一些继承者甚至因为不擅长赚钱，最终不得不变卖这些祖产。

而通过家族信托的方式，就可以在不推翻遗产税的前提下，比较有效地解决这个问题。

然而这是在各种法律和制度已经很成熟的欧美，反观中国大陆，遗产税尚未出台。因此，和欧美等国相比，中国的高净值人士，对于家族信托的紧迫程度，并没有那么着急。

如今，情况似乎出现了一些转机，具体的情况，就是中国开始对外开放金融市场。在和国际金融市场接轨时，注定会发生一些规矩和理念上的摩擦与碰撞。通过这种碰撞，会引出一系列的法律法规的调整。

如果将来中国出台了遗产税，或者是发生类似的影响较大的事情，那么，会有不在少数的一批高净值人士，纷纷主动寻求构建家族信托。届时，对于不少从业者来说，将会是一次明显的机会。

对此相信大家也都可以看出，如果是经常和某些部门打交道，有一点内部消息的人，对此会反应更快，占领先机，从而获得更有利的发展机会。这种情况，就属于我前面所说的，如果没有机会，就先做好眼前的事，否则，机会来了也无法很好地抓住。

总结——机遇要自己发掘

回过头来，我自己之所以能有机会，给中国新富裕起来的一代富豪做家族的传承设计，和我的机遇是分不开的。

无论是遇到有关人的机遇，还是有关事情的机遇，都要认真判断，迎头抓住；而在没有机遇的时候，就静待天时，做好眼前的事情。

我觉得现在年轻的律师对这个行业的趋势，包括大走势的判断，比我当年要敏锐得多，所以我觉得，大家在日常生活中，跟客户交流也好，跟其他同行交流也好，如果能够敏锐地捕捉到每一个机会，能够很好地抓住机会，那么大家在专业领域肯定会比我们当年做得更好。

让自己的专业做得更好

关注国内国际时事

选择好专业之后，有一个很重要的事情，就是关注国际时事热点。

我们需要随时关注社会当中发生的比较热点的新闻动态，包括事件。不仅要自己关注，也需要和同行和好友们一起交流，这样才能获得更多信息。比如说要多参加相关的专业协会活动，这就是一种很有效的获得信息的方式。

我之前经常参加全球的信托行业，包括财富管理行业的亚洲地区或者全球的讨论，跟其他律师一起分享一下各自的消息。通过这种交流与分享，我可以及时获得不少有用的消息。

比如说，大家都知道，前年开始高净值人士谈论关于CRS的问题，全球财产的披露申报问题；包括做移民身份时税务方面的影响会给他们的财富带来哪些变化。这些消息，我最早就是通过这种聚会，获得最新最全面的内部消息。

那么，获得这些时事新闻的消息，会有什么用呢？

所有这些东西，如果我们用一句很简单的话来讲，那就是，这些不仅是欧美的时事，也是我们的未来。

俄罗斯富豪昨天遇到的事情，或者是美英德法的巨头前几年遇到的事情，正是中国富豪现在正在经历的，包括他们未来会遇到的东西。

所以我想，多跟国际上的大牌律师包括行业协会的这些人进行交流，可以看到一个比较清晰的相关行业发展脉络，而这些脉络，大体上就是中国的金融等行业未来一段时间的大致发展趋势。

与专业间接相关的东西

另外，除了本专业的东西之外，我们还有其他东西需要学习，一个行业所需要的基础，固然是本专业的知识，但是除此之外，与本行业相关的一些业务，也需要掌握一些关键的东西。

以我自身为例，像我们这个专业会涉及很多跟人的交流、交往，互相沟通，这样才能更好地赢得客户的信任。

为此，我现在也在学习一些心理学方面的东西，并且有了初步成效。如今，我会比较敏锐地感觉到，跟一个人坐下来之后，他的一些非语言方面的行为举止，甚至他的表情，可能流露出来的是他内心真正的想法。这些代表着什么？代表我可以更容易发现客户的真实想法，明白他的需求到底是什么，从而进行更有效的沟通。

这些零碎的知识或者技能，往往跟本行业的专业不是那么相关，但如果具备相关技能之后，会有助于跟客户更好地沟通，或者是有助于更好地发挥本专业的技能，拓宽工作路数。

我们事务所做的事情不仅包括和客户沟通交流，给客户做家族信托等的安排，也包括向一些相关机构进行宣传和讲解。因此，有很多的场合是需要到外面去做客户沙龙，包括给客户家族做一些辅导。

因为有了这方面的需求，所以演讲能力也是很有必要的，而事实上，我的演讲能力也是经过一次次磨炼，处于不断提高的过程中。

我们做过的课程，线下有的小课十几个人，有些大课200多人参加，而线上的课程可能同时会有几千人在听，在不同的场合里面，我需要去做的事情，会有一些细微的差别，比如说音量的大小，语速的快慢，以及考虑到不同听众，应该采用不同的语言风格，等等。

一个沙龙也好，辅导也好，我需要用不同的气场对待不同的场合，另外，听众也会抛来不同角度的问题，有很多是我无法想到的，根本就无法事先准备，只能临场发挥，应对这些问题也会带来特别多的挑战。

记得有一次我被邀请参加北京电视台的一个经济活动，当时在谈保险金信托和家族信托的关系，本来准备了5分钟左右的时间，但最后节目之间有点交叉和重叠，主持人就说你干脆用1分钟时间讲一下家族信托是怎么回事。

就这样，我还得临场发挥一下减缩文本的能力，力图做到长话短说，又要抓住要领，让听众一目了然。所以我觉得，至少在我们这一行，很需要一种特别快速应对各种变化的临机应变能力。当你能够让一个外行人很容易地听懂你的专业内容，可以把复杂内容用最简单的方式呈现出来的时候，你才真正成了专家。

这么做的好处就是，尽管是在不同的场合，面对不同的人，讲不同主题的时候，依然会使大家感受到你是非常专业的。

总之，等到参加工作，尤其是这种自己创业的工作之后，就会很快发现，工作中所需要的，既包括本行业的专业技能，也包括一些乍一看并不相关的技能。

那些本专业的技能，如果不能做好，就会严重影响进一步的发展。

而那些相关技能和能力，如果不能好好磨炼一下，就会影响到专业技能的正常发挥，也不利于个人在行业中的发展。

看破人心的心理学

心理学在工作当中所起到的作用，可以说是巨大的。

大部分客户，或者是听到朋友介绍，或者是相信某些业内权威的评价，然后来到我们所托付一些工作。

也有一些人，虽然有这种想法，但是并没有下定决心，这时候，不仅需要我们给客户一些信心，更需要我们看破客户的心理活动，然后才能知道要做什么。

我曾经见过这样一位客户。

一般来说，客户来找我们的时候，就已经在心底下定决心，最多是谈一些细节问题。但是当时那位客户，眼神飘忽不定，说话也吞吞吐吐。

我和他聊了几句，感觉到他虽然嘴上说着只是咨询一下，但是通过看他的眼神，发现每当我提到“家族信托”这个词的时候，他都会突然很专注，而当我提到别人是怎么快速决定做家族信托的时候，他又会用力咬一下牙。

根据我当时有限的心理学知识，以及当下的具体情况，我立刻判断，这个人可能是内心很想做家族信托，只是因为某些事情，可能是难言之隐，所以才一直没说出口。

在我的引导之下，东拉西扯地谈了一些事情，逐渐把话题引导出来，这个人最后终于说出了自己面临的困难以及某些顾虑，而这些问题在我看来，很容易解决。

通过一阵有理有据的分析，最终让对方打消了顾虑，确定了要做家族信托。

就这样，我通过心理学的某些分析，而不是律师行业的某门功课，判断出了对方的心理状况，并且给出了相应的应对方式，成功获取了客户的信任。

可以说，这就是心理学重要性的充分体现。

其他知识

很多时候，我的这些额外知识，都是从工作中逐渐领悟到的。

发现自己需要提高演讲水平，于是就在工作之余，找机会亲自实践，或者是在某次演讲、讲课之后，通过自己总结或者其他人提醒，把不足之处记下来，回去改进，从而提高演讲水平。

再比如说，发现有时候客户并不会直接吐露自己的想法，于是我就注意多观察客户的表情和一些细微动作，并且会去查看一些心理学方面的简单知识与小常识。

之后，再把这些理论知识应用在各个方面。或者是下次和客户见面，仔细观察并加以印证，或者是和同事们聊天时，就按照书中所说来进行观察，看看是不是和书上说的一样。

通过这种方式，也就逐渐提高了我的相关能力，让我在下一次运用的时候，无论是演讲也好，还是简单的心理判断也好，都会提高我的业务熟练程度，更有希望让客户满意，自愿来谈项目。

在和各种各样的高净值客户谈生意的过程中，我还曾经见识过一些思路比较奇特的客户，他们的某些要求、习惯，在我们看来，可能会是十分不可思议的，但我们需要的并不是和他们争辩，而是在一定程度上尊重他们。

比如说，有一次我和客户见面，带上了两名律师作为帮手，见面之后，那位客户说的第一句话是我无论如何也想不到的。

他没有开门见山地说，我想要做什么，也没有拐弯抹角地问我曾经做过什么项目，有什么成绩。

他问的是："你们几个里面，有没有属羊的人？"

我被他问得摸不着头脑，又确认了一遍，这才确定，他问的就是"有没有属羊的"，不是别的意思。

在回答"没有"之后，他好像还不放心，很认真地问我们几个，都是哪一年生人，属什么的。

都问过之后，确定我们三个里面没有属羊的，他这才放松下来。

我委婉地打听了一下，为什么要这么问，他回答说，因为有高人跟他交代过，他和属羊的犯冲，不管是做生意还是吃饭什么的，都不喜欢身边有属羊的人存在。

他的这种说法，让我哭笑不得，但是我知道，我得尊重他的看法，不能直接就说出一句“封建迷信”，甚至不能在脸上显示出什么轻视和取笑。

这种情况并不是孤立存在的，还有一次，我也遇到过类似的情况。

那一次，我和客户已经谈好了各项条件，达成了约定，眼看就要签字盖章了，他却忽然提出了一个要求：

现在是巳时，我的幸运时间是午时，等到过了十一点，咱们再签吧。

这个要求，在我看来，不仅匪夷所思，而且没什么用处，但是既然客户坚持，我也没什么好说的，于是一切按照他的想法去做。

我们坐在办公室里，无所事事地闲聊了一阵子，特别是和他请教了他特别爱谈论的易经和八卦，他颇为开心，等到时钟的时针指向十一，这才最终完成一切，确定了项目。

最终的结果，也算皆大欢喜。

通过这两件事，我更深刻地发现了，中国的高净值人士，和国外的高净值人士，有着很大的区别。

我并不想指出这种区别的深刻原因，只是想说，每一种存在，都有其背后深远的原因，只要知道了这一点就可以，然后要做的就是，尊重这种存在。

这和对本专业技能的严格要求并不冲突。

对于律师的相关专业知识，我们一定要做到认真细致，不出丝毫差错，并且在人们面前，只要是和专业知识紧密相关的事情，就一定要体现出自己的专业，毫不懈怠放松。

这样，才能得到人们的信任，并且让自己的专业能力不断提高。

但是，这只是对自己的要求。

对于其他人，尤其是客户来说，一些专业知识之外的事情，他们往往有着自己的看法和认知。

有的人是比较相信一些虚无缥缈的东西，无论那是神佛，还是风水，或者是属相，总之都是一些能安慰人心的东西。我们不评价这些东西是否属于迷信，只是对于客户来说很重要，那么在不影响工作的前提下，我们就不需要过多计较。

有的人则是某些常识方面出现了一些错误，原因也有很多，但是最终，如果这种错误的认知，并不影响工作，那么我们就没有必要去纠正。

甚至于，我们需要借鉴英国在印度的总督，是如何照顾当地土人王族的面子。

据说，在某次高级宴会上，一位印度当地土著王族是第一次来到宴会场所，第一次参加这种聚会，对于很多程序上的细节并不了解。

于是，当仆人们端来洗手的水盆时，看着小巧精致的水盆，这位王族成员还以为这是用来喝的水。

他当场接过水盆，咕咚咕咚地全都喝了下去。

在场的所有人都在看他的笑话，就等着总督大人起头，大家就一起笑话王族。

这时候，总督做了一件令人惊讶的事情：他学着王族的做法，也从仆人手中接过水盆，把里面的水一饮而尽。

就这样，原本是一件令人尴尬难堪的事情，稍有不慎，有可能引起印度的动荡，但是在总督的巧妙应变之下，成了一件令所有人赞叹不已的美谈。

这种举动，与其说是一种知识，倒不如说是一种智慧、一种美德。

每个人都不是全知全能的，总会有自己擅长和不擅长的事情，这很正常。

在跟一些客户交谈的时候，如果遇到类似的事情，那么同样需要类似的做法，并不提起其中的错误，反而需要掩盖一下。

总而言之，在我和客户打交道的时候，少不了要注意到这些事情。看似细枝末节，然而往往对于事情的发展方向有着很大的影响，不能不关注。

这就是我的一点看法。

结语

上面讲述了不少我的经历，以及目前家族信托的环境和可能的发展趋势。

总的来说，每个人的生命中，都会有一些属于自己的机遇。当机遇来临时，能否抓住，就要看每个人自己的反应能力。其他人的经历，只能当作一个借鉴，一种参考，并不能完全模仿，最多是借鉴一下抽象的思路。

每个人的机遇也会有所不同，可能是某个在学业甚至是事业上帮助自己的贵人，可能是某件自己力所能及的事情，又或者并不是做什么，而是远离某些不好的事情。这些都有可能成为一次机遇。

能够抓住机遇，就等于是抓住了事情的外因。

除此之外，内因也很重要，无论怎样，提升自身的专业能力都十分重要，这是一切的根本，没有娴熟的专业知识和技能，是不可想象的。

而且除了专业能力之外，一旦进入工作的某个领域，提升和该领域间接相关的能力，也十分重要。

比如说，作为家庭财富的守护者，不仅要懂得家族信托的架构和信托相关的法律等知识，还需要拥有出色的演讲能力以及随机应变的能力，甚至还需要洞察人心的能力，这样才能获得为别人提供相关专业服务的机会，让自己原本的专业能力得到充分发挥。

而这些知识，在信托法的相关课堂上是无法学到的，需要自己去感受和体会，努力提高。甚至可以说，有些事情只有在工作中才能真正体会到其重要性，以及明白自己应该朝着哪个方向使劲，从而学到真正有用的东西，直接在工作中学以致用，不断进步。

这就是我的一点个人心得体会，希望能够对后来的律师行业从业者们有所帮助。

以保险争议解决为视角，从技术环节浅谈如何做好所选业务领域

王雪雷①

【干货心得】

如何做好一名律师，我个人的感受之一就是不断学习，掌握专业技能。用心做好每一个案件，既要达到个案处理的目标，又要满足客户的经营需要。如果已经选好一个专业领域，就脚踏实地干好，从案件信息收集、法律研究，到案情分析、诉讼策略制定以及后续支持庭审的各项准备、参加庭审等，每一个环节都要经过深入研究、认真准备。

一、偶然的选择，长久的坚持

我从事保险争议解决业务已有9年，选择保险法律专业是偶然。2007年7

① 作者系安杰律师事务所保险法律部合伙人，现任北京市律师协会保险法律专业委员会委员。从事保险争议解决工作9年，作为主办律师曾办理多起保险争议案件，类型涵盖财产保险、人身保险、出口信用保险、再保险及保险人代位求偿纠纷等。案件受理机构包括各地人民法院、中国国际经济贸易仲裁委员会等多家仲裁机构。

月大学毕业，自2009年7月开始在北京正式执业，起初的2年并未选择某一专门业务领域，主要是跟着所里的老律师做一些日常的民事案件。当时自己对自己的工作状态并不是很满意，也想换个业务领域尝试一下，但仍然想从事争议解决工作。

2011年6月，我通过投递简历竞聘到了国浩律师（北京）事务所詹昊律师领导的保险法律部工作，业务侧重点是保险争议解决领域，涵盖非车类保险理赔前期咨询、代表保险公司应对理赔诉讼与仲裁、保险代位求偿等。詹昊律师当时是国浩北京办公室的保险法律部负责人，现在是北京安杰律师事务所主任、保险法律部负责人。自2011年6月起，我在詹昊律师的保险法律部已经工作和学习了9年，马上进入第10个年头。

虽然当时我已经工作2年，但对保险法律业务并不懂。此前接触的保险业务仅限于道路交通事故中的机动车保险理赔，一开始也谈不上对保险法律事务有多么喜欢。后来随着工作的不断深入开展，对保险法律越发熟悉，通过工作不断获得了客户认可，也就逐渐喜欢上保险法律事务了。这是典型的“先结婚，后恋爱”，那个年代很多律师选择专业都是被动式的，不如现在的网络、媒体、律所自媒体发达，法律服务市场细分成熟，可以帮助更多刚入行的律师更好地选择自己喜欢的执业领域。

将保险法律事务作为执业领域之一的安杰律师事务所，连续多年是钱伯斯和亚洲法律杂志等评级机构评选的中国第一等保险法律事务所。安杰的保险法律业务由三大板块组成，每个板块下又分设不同业务小组，侧重于不同的业务方向，各业务板块及各小组之间协同联动，形成合力，力求精准服务。

第一个板块“常法服务与合规管理”，涵盖保险公司设立、股权转让、牌照交易和日常经营、风险与合规审查等。

第二个板块“保险资金投资运用”，涵盖债权投资计划、集合资金信托计划、股权投资计划、私募股权基金项目、资产支持计划以及各类资金运用的投后管理等。

第三个板块“理赔咨询与争议解决”，涵盖前期理赔咨询，中期诉讼与仲裁，后期代位求偿等，包括人身保险、财产保险，再保险、出口信用保险以及代位求偿、保险资金运用投资纠纷。

安杰经办的保险案件分布在全国各地，外地案件数量比北京当地多，既有小而复杂的案件，也有影响全国的数十亿元标的额的海力士代位求偿案、甘肃老板驾车坠入水库的2400万元理赔案。在保险理赔纠纷中，无论案件标的额大还是小，难度都是一样的，标的额和案件难易程度并不成正比。

中国的保险市场经过多年发展，体量越来越大，不断走向成熟。目前我国是一个保险大国，但仍不是一个保险强国，欧美国家人均保险持有数量是1.5个，我们国家目前只有0.05个，所以保险市场的发展前景十分广阔。2019年10月15日，李克强总理签署国务院令，公布《国务院关于修改〈中华人民共和国外资保险公司管理条例〉的决定》，国家要逐步放开保险市场，取消申请设立外资保险公司的外国保险公司应当经营保险业务30年以上，且在中国境内已经设立代表机构2年以上的条件；允许外国保险集团公司在中国境内投资设立外资保险公司，允许境外金融机构入股外资保险公司。所以，中国的保险法律服务市场未来必定大有可为，如果各位律师有志从事保险专业领域法律服务的话，可以多关注和研究一下。

二、吃苦的精神，扎实的技能

选择好专业以后，就要努力做好。虽然每个专业有其自身的特殊性，但为了达到一定法律专业水准，所付出的努力都是一样的，都需要勤勉、执着、敬业。我经常跟我的同事说，评价自己的案子做得好不好，尽不尽力，可以设身处地地想一想如果你是客户，把这个案件交给你这样的律师，作为当事人的你是否会感到踏实和放心呢？这在安杰保险法律部是一个工作理念。

律师工作是艰苦的，为了研究案情或者出具相关法律意见经常会工作到凌晨，甚至更久。有时候甚至白天工作一天，晚上加班多半宿，早晨七八点钟又到火车站或机场出差，到了目的地后又得和客户开会或开展其他工作，至于睡觉就得在交通工具上补了。所以，从事律师工作一定得有吃苦耐劳的精神，上了一定规模的律所，从律师到合伙人都很拼。要想发展得好，都得鼓足劲儿干。

如何做好一名律师，我个人的感受之一就是不断学习，掌握专业技能。用心做好每一个案件，既要达到个案处理的目标，又要满足客户的经营需要。如果已经选好一个专业领域，就脚踏实地干好，从案件信息收集、法律研究，到案情分析、诉讼策略制定以及后续支持庭审的各项准备、参加庭审等，每一个环节都要经过深入研究、认真准备。

在工作要求层面，安杰保险法律部要求每一个案件必须撰写书面答辩状、证据清单、质证意见，哪怕是最简单的案件也要写。该等工作无关案件难易，这是律师工作的基本要求。如果单凭法庭上的即兴口头发言，庭审效果一定不会很好。然而，在跟一些律师同行“对庭”的时候经常发现有的律师没有写书面答辩状、证据清单、质证意见等的习惯。人的大脑不是计算机，达不到像计算机一样的有效存储及输出，更何况经办的案件都有一定的复杂性，无法通过临时口头陈述有效完成庭审。所以，好记性不如烂笔头，一定要形成书面工作的习惯，包括但不限于答辩状、证据清单、质证意见、庭审备忘录、调研案情的清单、案情摘要。

示例：案情核查与材料补充清单

致：某某人寿保险有限公司

本所律师在阅读、分析现有案件材料基础上，结合已经获悉的案情，就本案提出问题与材料补充清单如下，请贵司充分予以解答并提供相关材料。

一、保险合同签订情况

1. 请贵司说明投保人与贵司签订保险合同的方式及流程。
2. 请提供投保人于2013年5月投保时递交的投保书或投保单。贵司是否向其签发投保提示？投保人是否签收？
3. 请提供本案保险合同的有关材料，包括但不限于投保书、投保申请确认书、保险合同全部文件、有关投保及承保的往来电话录音（如有）。
4. 投保时，贵司是否就被保险人的身体健康状况进行了询问？
5. 贵司是否就保险合同免责条款对投保人进行了提示和明确说明？如有，请提供相关材料。

二、保险事故的发生及理赔情况

6. 在接到理赔材料后，贵司是否进行了调查核实？是否前往被保险人就医的医院进行调查，是否聘请专家对其病情发表意见？
7. 贵司是否对被保险人作出拒赔的通知或者口头告知及拒赔的操作流程？
8. 理赔通知书通过何种方式送达、何时送达？

三、作为一名保险争议解决律师的五点体会

具体到保险争议解决领域，要做好一名保险争议解决律师，必须深入了解和掌握保险法律知识，关注保险争议司法实践和保险业务发展态势。以此为基础，才能对庭审进行充分准备、为客户提出专业的建议，与“客户”进行交流、分享。

（一）深入了解和掌握保险法律知识

法律法规是律师的“武器”与“弹药”，基础法律法规必须储备充足，对所从事的专业领域法律更要掌握清楚，如法律法规、司法解释、审判会议纪要、最高人民法院答复意见、指导判例、地方性立法等。

1. 基本法律法规

《中华人民共和国保险法》(以下简称《保险法》)在2002年、2009年、2014年、2015年历经四次修改，每一次修改都有所不同。立法上有哪些进步，为什么这么修改？作为律师不能单纯知道修改了，更要知道它呈现的立法目的、立法趋势。碰到新型案件的时候，法律本身可能没有规定，但可以尝试运用立法目的、立法趋势去阐述和论证。

2. 专门司法解释

保险法司法解释目前已经发布到解释四了。解释一解决的是新旧法衔接问题，解释二解决的是保险法总则适用问题，解释三解决的是人身保险纠纷处理问题，解释四解决的是财产保险纠纷的处理问题。此外，最高人民法院近期颁布的第九次民商事审判会议纪要也涉及了保险纠纷的处理。

3. 地方性立法

有一些地方高级人民法院、中级人民法院对辖区内法院处理保险争议的规定、纪要、司法解释，律师也需要掌握。例如，上海、山东、浙江等一些沿海经济发达省份发布的司法解释，在具体经办该省级行政区域内的案件时，应当去引用这些司法解释。作为一名保险争议解决律师，就必须熟悉掌握保险法司法解释，只有知晓并深刻理解，才能够在为当事人提供服务的时候得以很好地运用，发挥律师应有的作用。

例如，当一审法院认定保险合同载明的保险期间为“免除保险人责任的条款”后，我们上诉时核心阐述的意见应当为：

(1)“免除保险人责任的条款”的本质是格式条款，但“保险期间”系投保人一方提出的，经过了保险人同意后协商一致达成，故不属于格式条款。

(2)“保险期间”的约定不符合《保险法》第十七条以及保险法司法解释二第九条第一款的规定。“免除保险人责任的条款”是指保险合同中载明的保险人不负赔偿或者给付保险金责任的范围的条款。免责应以当事人承担责任为前提……免除保险人责任条款，应以保险人需要承担保险责任为条件，只有先确定保险人承担责任的范围才能在该范围内确定免除的部分。

（3）根据山东省高级人民法院于2011年3月17日发布的《山东省高级人民法院关于审理保险合同纠纷案件若干问题的意见（试行）》第三条“保险合同约定的保险责任开始时间与保险合同生效时间不一致的，保险责任开始时间早于合同生效时间的，以合同生效时间为准，保险责任结束时间相应顺延。保险责任开始时间晚于合同生效时间的，以保险责任开始时间为准。”的规定，“保险期间”约定的本意是只有发生在该保险期间内的事故，才有可能构成保险事故，保险人也才有可能承担保险责任。发生在该保险期间外的事故，原本就不在保险保障的范围内，所以该等事故不可能成为保险事故。可见，保险期间条款属于确定保险责任范围的条款，具体确定的是保险人承担保险责任的时间范围，不属于免除保险人责任条款。

4. 司法指导判例

最高人民法院对指导判例的使用专门发布了司法解释，要求各地法院遵循指导判例的裁判规则。近几年出台的保险指导案例比较多，作为保险争议解决律师应当了解，并在案件承办中使用。不仅是指导判例，最高人民法院对保险法理解与适用的答复意见也要予以关注。

例如，《最高人民法院发布第十五批指导性案例》指导案例74号中国平安财产保险股份有限公司江苏分公司诉江苏镇江安装集团有限公司保险人代位求偿权纠纷案中，裁判要旨：因第三者的违约行为给被保险人的保险标的造成损害的，可以认定为属于《保险法》第六十条第一款规定的“第三者对保险标的的损害”的情形。保险人由此依法向第三者行使代位求偿权的，人民法院应予支持。该指导判例的发布，平息了多年有关“第三者的违约行为是否属于《保险法》第六十条第一款规定的第三者对保险标的的损害”的争论。类似这样的指导判例还有很多，应当一一了解。

5. 立法遗产

对于立法最终没有采纳的保险法司法解释征求意见稿中的某些条款，也要给予充分关注并研究。虽然这些立法意见最终没有被采纳，但其反映的立法趋势能够在未来案件处理中予以援引和恰当使用。

例如，《最高人民法院关于适用〈中华人民共和国保险法〉若干问题的解释（三）（征求意见稿）》第五条【被保险人的告知义务】规定："投保人和被保险人为不同主体，保险人就被保险人的有关情况向被保险人提出询问的，被保险人应当如实告知。投保人或被保险人一方对保险人询问内容如实告知的，视为投保人已经履行如实告知义务。"应当指出的是，虽然发布版司法解释最终删除了该条规定，但是该立法探索是对被保险人承担如实告知义务的一次大胆尝试，在司法实践中具有积极意义。在办理具体诉讼中，作为保险律师当然可以援引其立法精神。

此外，法律法规是律师在法庭上提出诉讼请求、阐述答辩观点并获得法庭支持的依据。律师在深入了解和掌握保险法律法规的基础上，还应结合司法实践从多角度对相关法律法规进行深入分析，对某一方面业务的探讨应力求理解透彻。

例如，在互联网保险下，如何认定保险人就"免除保险人责任条款"履行了明确说明义务就涉及《最高人民法院关于适用〈中华人民共和国保险法〉若干问题的解释（二）》（以下简称《保险法司法解释二》）第十二条的理解与适用。《保险法司法解释二》第十二条规定："通过网络、电话等方式订立的保险合同，保险人以网页、音频、视频等形式对免除保险人责任条款予以提示和明确说明的，人民法院可以认定其履行了提示和明确说明义务。"然而，该条规定应当如何理解与适用，在保险产品开发领域、司法实务领域的意见并不统一，裁判尺度也不一致，经常出现同案不同判的情况。要正确理解与适用该条款，需从监管规定、裁判说理等角度对该条规定进行分析。

第一，分析"明确说明"义务的相关规定。《保险法》第十七条第二款规定，"对保险合同中免除保险人责任的条款，保险人在订立合同时应当在投保单、保险单或者其他保险凭证上作出足以引起投保人注意的提示，并对该条款的内容以书面或者口头形式向投保人作出明确说明；未作提示或者明确说明的，该条款不产生效力。”根据该条规定，订立保险合同时，保险公司或其销售人员应当对保险合同中免除保险人责任的条款向投保人进行提示和明确说明。

所谓“明确说明”就是让投保人知晓相关免除保险人责任条款的具体含义，如什么是自杀拒赔、什么是猝死拒赔，等等。根据《最高人民法院研究室关于对〈保险法〉第十七条规定的“明确说明”应如何理解的问题的答复》（以下简称《答复》）的规定，“明确说明”的达成标准是“保险人对有关免责条款的概念、内容及其法律后果等，以书面或者口头形式向投保人或其代理人作出解释，以使投保人明了该条款的真实含义和法律后果”。根据《保险法司法解释二》第十一条第二款的规定：“保险人对保险合同中有关免除保险人责任条款的概念、内容及其法律后果以书面或者口头形式向投保人作出常人能够理解的解释说明的，则应当认定保险人履行了保险法第十七条第二款规定的明确说明义务。”简单来说，就是必须让投保人在投保时充分地知道发生保险事故后，哪些情况的存在或出现将使被保险人无法得到保险人的赔付。

在传统线下展业中，保险人或其代理人通常会将保险条款提供给投保人，对于免除保险人责任条款以加黑、加粗等方式呈现，并向投保人说明“事故发生后存在这些情况时将无法从保险人处得到赔偿”。之后，由投保人签署投保单，投保单中会有类似于“贵公司所提供的投保单已附保险条款，已对保险合同的条款内容履行了明确说明义务。本人已仔细阅读、理解投保提示、产品说明书及保险条款尤其是免责条款、解除合同等规定，并同意遵守。”的投保人声明。至此，保险人就免除保险人责任条款向投保人完成“明确说明”义务。

在司法实践中，只要投保人真实签字的，根据《保险法司法解释二》第十三条第二款的规定，裁判机构一般会认定保险人就对免除保险人责任条款向投保人履行了明确说明义务。此外，即使保险人或其代理人没有进行明确说明的，由于线下交易存在“保险代理人”，就存在代理人进行明确说明的可能性。在投保人签字的情况下，就能够形成有利于保险人的证据链条，人民法院一般也会认定保险人履行了该义务，除非投保人有证据证明“保险人未进行明确说明”。因为就该问题的查明，裁判机构追求的是法律事实的查明，而非客观事实的查明。否则，该类争议将无法得到有效审理，这也是《保险法司法解释二》第十三条第二款出台的目的，即通过设置一定的“认定标准”来解决该争议问题。

第二，分析互联网保险中“明确说明”义务履行的司法实践。“互联网保险”是指保险产品展示、投保、核保、交费、承保出单、退保、投诉处理及客户服务均通过互联网在线实现，投保人通过互联网在线操作实现投保的一种保险经营模式。互联网保险产品一般包括产品介绍、投保人与被保险人身份填写、投保须知、保险条款、针对被保险人的健康询问、保费交纳、保单等，上述内容均通过互联网页面呈现。投保完成后，投保人可以在线查询获得保险人承保的保险合同，在线内容包括产品名称、投保人与被保险人信息、保险金额、保险条款、保障期间、保险合同生效时间及在线申请理赔入口。

在互联网保险的投保过程中，完全是投保人与保险人的在线“交流”，投保人在线填写、披露投保所需信息，保险人按照保险法与监管规定在线行使权利与履行相关义务。在保险人履行的诸项义务中，就涉及“免除保险人责任条款”的明确说明。关于该义务应当如何履行，《互联网保险业务监管暂行办法》（保监发〔2015〕69号）也无明确规定，仅是在第八条第三款规定，“其中，互联网保险产品的销售页面上应包含下列内容：……（二）保险条款、费率（或保险条款、费率的链接），其中应突出提示和说明免除保险公司责任的条款，并以适当的方式突出提示理赔要求、保险合同中的犹豫期、费用扣除、退保损失、保险单现金价值等重点内容”。根据调查，目前市场上的绝大多数互联网保险产品也仅是静态地以“对免责条款加粗、加黑”方式履行提示义务，并无实现履行“明确说明”义务的具体操作。

在司法实践中，关于互联网保险下应当如何履行“免除保险人责任条款”的明确说明义务有两种不同观点。有观点认为，互联网保险的亮点在于在线投保的特性，由于无法采取线下保险代理经办人参与模式，只要在产品页面以“对免责条款加粗、加黑”方式展示了，就应当认定保险人对免除保险人责任条款履行了明确说明义务。在司法实务中，有法院持该观点：

在（2014）沪二中民六（商）终字第88号案中，法院认为：在网络投保的网页上，保险条款予以全文显示，投保人还可在保险人的网站下载打印保险条款。保险人拒赔所依据的免责条款在保险条款中已用加黑字体显示，且投保过程中投保人勾选同意的“投保人声明”以及生成的电子保单中的“法律声明”，均表明投保人对包括免责条款在内的保险条款已了解并同意遵守。因此，可以认定保险人已在投保时就相关免责条款向投保人尽到了提示及明确说明义务。

在（2016）冀06民终5410号案中，法院认为：在网上激活时，网页中已包含保险条款的内容，激活申明中有“本人已阅读该产品详细条款”的表述。根据《保险法司法解释二》第十二条的规定，应当认定中国人寿北京分公司已向孙某就全部保险条款履行了提示和明确说明义务。

也有观点认为，根据《答复》及《保险法司法解释二》的规定，保险人应当以常人能够理解的方式使投保人知晓有关免除保险人责任条款的概念、内容及其法律后果，形式为书面或口头。由于互联网保险未有保险代理人作为现场经办，自然无法通过口头方式阐述，这就需要保险人主动采取书面等形式实现“明确说明”。但是，不能简单地将“免责条款已经加粗、加黑”认定为履行了明确说明义务。在司法实务中，亦有部分法院持该观点：

在（2018）湘07民终1242号案中，法院认为：杨某购买的为一份互联网电子保险，尽管其形式不同于传统方式的商业保险，但保险人仍应当在保险凭证上对免责条款这一重要事项予以提示并进行说明，湖南人寿公司并未将涉案合同条款等交付给杨某，且仅仅在电子保险凭证下方标注“具体条款请登录×××网站查询和阅读”等字样，湖南人寿公司亦未举证证实其已履行了明确说明义务的事实，不能认定其履行了提示和明确说明义务。

在（2018）闽02民终5682号案中，法院认为：人保厦门市分公司主张案涉保险合同中对保险人免责条款进行了加黑处理，仅能证明人保厦门市分公司对于免责条款尽到提示义务。林某投保过程系采取网络方式，由人保厦门市分公司营销业务员庄某电话询问林某后代为在电脑上操作，且保单是在事故发生后打印、交付，并未针对免责条款向林某进行明确说明。人保厦门市分公司称电子保单生效后即可在网上查阅，应视为林某已收到保单，但收到保单不等于保险人已针对免责条款进行了明确说明。

通过上述案例可以看出，"明确说明"义务完成履行的裁判认定标准并不统一，这也将直接影响互联网保险产品的开发、出现争议纠纷时如何认定已经履行明确说明义务。

第三，《保险法司法解释二》第十二条的理解与适用。尽管大多数法院在有证据证明互联网保险产品的条款向投保人送达的情况下，以"免责条款被加粗、加黑"为由认定保险人履行了明确说明义务。但是，该种认定标准仍值得商榷，这些法院在适用《保险法司法解释二》第十二条时存在理解误区，进而导致未能正确理解与适用。

根据《答复》与《保险法司法解释二》的规定，"明确说明"应当由保险人通过一定行为主动完成，目的是使投保人知晓有关免除保险人责任条款的概念、内容及其法律后果。否则对投保人不产生法律效力，唯有此才符合《保险法》第十七条第二款的立法本意。然而，单一的"加粗、加黑"并不构成主动积极的说明，亦无法产生使"投保人知晓有关免除保险人责任条款的概念、内容及其法律后果"的效果。因此，《保险法司法解释二》第十二条中的"以网页、音频、视频等形式对免除保险人责任条款予以明确说明的"，应该是指保险人需要以书面页面、录制音频或视频方式对免除保险人责任条款进行通俗易懂的阐述，并在互联网投保页面中单独呈现，使投保人对该等条款内容、含义、相应后果完全知悉、了解。如果一个互联网保险产品没有此项投保流程或无其他证据证明履行了明确说明义务的，就应当认定保险人就免除保险人责任条款没有履行明确说明义务。

事实上，在调查中发现，绝大多数互联网保险产品在开发时会以“影响客户体验感”为由，未就应当履行的明确说明义务设置相应的投保环节。导致投保人根本无法了解到免除保险人责任条款的概念、内容及其法律后果，一旦个别法院仅是以“加粗、加黑”认定保险人履行了明确说明义务的，必然会对被保险人的权益造成损害。如此的操作和适用，既不符合《保险法》第十七条第二款的规定，也未能正确理解《保险法司法解释二》第十二条的立法意图及在互联网保险开发中的指导作用。基于明确说明义务所要达到的目的，我们建议保险人进一步完善互联网保险产品的投保在线流程设计，采取有效方法在投保中落实免除保险人责任条款的明确说明义务履行。

（二）全面了解保险争议司法实践

作为某一领域的专业律师，需要了解对应的社会行业，了解行业的发展现状和该领域相关争议的高发点都集中在哪些地方。拿保险法律服务来说，保险争议解决律师需要了解保险产品本身，了解承保流程与操作实践，了解理赔处置程序，了解公估工作，等等。

1. 适保与验标

有些保险公司在承保的时候不去查验拟承保的标的物，比如对一座工厂承保财产一切险，不仅不看工厂及运行状况如何，有时候连消防验收合格证也不核查。发生保险事故后，保险公司又会主张工厂投入使用前未取得消防验收合格证书，投保人或被保险人对事故发生存在重大过失。对于保险人的拒赔主张，被保险人则主张保险人承保的时候没有验标，没有核验消防，构成了承保中的权利放弃，不应再以消防验收为由主张拒赔。因此，如果不了解真实的承保实务，很难发现应诉中可能出现的风险点，未来可能会导致应对措手不及。相反，如果提前了解，可以设置预案，做有准备的应对。

2. 保险合同约定不明

免责事由系保险合同约定的某些情况下不赔，但免责条款的适用前提是保险条款送达投保人并履行提示和明确说明义务。那么，在保险条款没有送达投保人、对投保人没有提示和明确说明的情况下，保险公司很可能因此而败诉。例如，互联网投保模式下，保险条款依赖于投保人主动点击才能阅读并了解有关内容时，是否属于保险人向投保人送达了保险条款呢？单纯就这个问题，司法实践中的争议就很大。如果从条款送达系保险人主动履行的义务来看，依赖于投保人主动点击才能阅读的保险条款的情形下，应认定保险人未向投保人送达保险条款。在此情况下，保险人对免除保险人责任的条款是否履行了提示和明确说明已经无继续探讨的意义。

3. 格式条款问题

格式条款的规定在合同法上有，在保险法上也有。格式条款在投保时应当提供给投保人，不提供的话对投保人是不生效的。

保险合同纠纷也是合同纠纷的一种，任何抗辩也得有合同或法律依据。合同依据有时效力高于法律依据，尤其是经过招投标方式确立的保险合同，当一些条款约定超出了向保监会备案的基本保险条款时，双方由此达成了一致约定。当这些约定属于免责条款时，保险公司是否还需要履行提示和明确说明义务，作为保险争议解决律师一定要清楚法律规定、立法本意，以及懂得如何向法庭阐述。

4. 不定值保险问题

不定值保险问题一直是财产保险理赔诉讼中容易忽略的问题，保险人经常忽略对此做深一步阐述，法庭也可能基于案件审理情况而忽略，最终造成保险人承担了本不应当承担的保险责任。不定值保险的原理及定义阐述起来较为复杂，为了便于理解，我们在这里举一个简单例子。一台电脑投保的保险金额是5000元（按照5000元交纳保险费），但出险的时候一定能获得5000元赔偿吗？这个就得看投保的是定值保险，还是不定值保险。如果保险合同中载明的是定值保险，全损后就可以获得5000元赔偿。如果保险合同中载明的是不定值保险，如按出险时的重置价值确定保险价值的，当出险时重新买一个同样功能的电脑只花 3000 元，那么保险公司就赔偿 3000 元。被保险人此时可能会说“按 5000 元保险金额交纳的保险费，为什么只赔偿 3000 元？”保险人则会说，因为出险时重新购买一台原有功能的电脑花 3000 元就足够了，这 3000 元就是电脑出险时的价值，无论如何赔付均不能超过该 3000 元价值。如果赔偿了 5000 元，多出的 2000 元就属于赔偿多了，被保险人就会因此而获利，违背了财产保险的损失补偿原则。在保险领域，会涉及很多专业术语、产品设计与精算背景，作为保险争议解决律师一定要足够了解。

5. 公估报告问题

关于公估机构和公估师的资质问题，原保监会（现为银保监会）有相关规定，公估机构必须获得监管部门颁发的资质证书。但关于公估机构的资质，现行保险法里没有这条规定，所以在实践中有保险公司引入了非持有公估资质的第三方开展公估工作。由于不是原保监会（现为银保监会）颁发许可的专门公估机构，其出具的报告能得到法院采信吗？这是实务中的一个争议点，此时要审查保险法是怎么规定的，公估报告的结论有没有依据，出具公估报告的人员有没有相应资质，等等。例如，财产一切险承保的大楼发生了火灾，作出建筑物损失公估的公估师是否有相应资质？如果没有的话，肯定不行。如果有，尽管该机构不是一个由监管机构批准设立的公估机构，但开展的公估活动及公估过程、结论完全合法且有依据，那就可以尝试说服法院去采信这份公估报告。

此外，公估机构出具的公估报告是否有瑕疵，都要由一线的保险争议解决律师审查并给出合理化建议，避免未来在诉讼中因存在重大瑕疵而不被采纳。

6. 利息赔偿问题

关于利息，即除了诉请保险公司承担保险责任之外，还诉请支付保险金对应的利息。利息该不该赔？尽管《保险法》第二十三条第一款、第二款有对应规定，但实践中很多保险公司并不理解该条的适用规则。

根据安杰保险法律部的调研，如果保险公司被起诉支付利息了，保险公司很多时候也不单独答辩。即使单独答辩的，也大多是一句话带过，抗辩理由大多是“不需要承担保险责任，也就自然不需要赔偿利息”。在此抗辩策略下，法院判决承担保险责任的，当然也会大概率判决赔偿利息。根据调研结果，大多数法院在裁判文书说理过程中支持利息的法律依据、事实依据一般不会不写，径直判决。结合日常的研究，在二审的时候，安杰保险法律部对一审诉讼中利息的诉讼策略失误则会尽力补救。

此外，人身保险纠纷也会涉及未如实告知、弃权、禁止反言、免责条款的提示和明确说明等方面的争议风险，在此不再赘述。

7. 庭审调解与沟通技巧问题

在案件承办中，经常会遇到调解程序。法院组织调解的出发点各不相同，作为保险争议解决律师需要协助客户分析案件利弊，给出调解建议。对于明显存在骗取保险赔偿或者明显不属于承保风险的，就应该及时建议客户放弃调解，并向承办法官做好解释工作。

对于有一些案件，承办法官说调解吧，我说不调了，法官说，王律师你觉得保险公司一定能赢吗？我说，我相信法院能作出公正的判决。法院喜欢调解，尤其是保险纠纷案件，这个能够理解。在司法实践中，有的法院说判决保险公司输了的话，保险公司不会去上访，判决投保人或被保险人输了的话，投保人或被保险人会去上访。当保险公司在一些案件中非常有道理时，我会跟承办法官沟通，不能一味地追求调解，有些可以调，有些不能调，调了反而会鼓励不诚信投保与理赔行为。此外，调与不调是理赔部说了算，法律部不能径行决定，得与理赔部沟通。

例如，投保人经过提示和催告后没交保险费的，合同效力当然中止，发生事故时保险公司自然不承担150万元保险金给付责任。在这种情况下，如果保险公司的法律部同意调解，理赔部则会说法律部将能够赢的案件打输了。如此，下次该公司再有本该可以调解的案件时，理赔部就会拒绝调解，进而给后续案件的审理带来障碍。保险是对风险的管理，如果都是这种不应赔付的案件调解的话，实际上对于已经投保的、没有发生风险的且处于风险池里的其他被保险人是不公平的。例如，某款保险产品卖了一百万份，收了10亿元保险费，前面20%出险的人因为调解获取了10亿元保费60%比例赔付的话，后面80%的人出险时得不到赔付怎么办？经过积极沟通，最终合议庭放弃了对150万元的赔案的调解，此案至二审均是保险公司胜诉。所以，当面对不该承担保险责任的调解时，应当与承办法官积极对话、沟通。当然，如果对于保险公司存在重大不确定性风险，调解金额仅为判决赔偿金额的70%或者更低时，保险争议解决律师应当结合案情考虑是否接受调解。此时，既要考虑个案，也要考虑败诉后的不良示范效应。

（三）深入了解保险业务发展态势

作为保险争议解决律师，必须时刻关注行业的发展。例如，传统营销目前在保险整个营销中处在什么样的地位，业务员到底怎样开展营销，营销中有哪些漏洞容易引起争议，都需要关注并进行研究。

1. 关注互联网保险产品

互联网营销现在这么火，一些人都在抖音上成立了保险工作室，通过对各家保险公司的保险产品进行解读，然后再对接相应的保险经纪公司销售保险，据说这类工作室全国已经有15万家。有些工作室的月销售佣金收入达到了10余万元，带来了全民买保险的热潮。该方式的利弊及是否符合监管政策，我们不做探讨，但必须得看到“互联网+保险”的新发展。

互联网保险的展业模式和传统展业模式不一样，将来发生争议的类型也不一样，应诉策略自然就不一样，保险争议解决律师需要提前研究。例如，以死亡为给付条件的保险合同，未经被保险人同意并认可保险金额的，保险合同无效。对于通过互联网销售重疾、意外等包含死亡给付条件的保险，如何判定被保险人是否同意？有部分互联网销售平台通过“投保须知中要求投保人确认已将保险内容及金额告知被保险人”，该操作是否存在转嫁保险人义务的嫌疑？如果日后涉及诉讼的，被保险人主张未经同意合同无效，保险人是否会承担合同无效的赔偿责任？保险人能否据此向投保人主张合同无效带来的损失？类似这些新形态下的保险法律问题，作为一名保险律师应当多关注并积极研究。

2. 了解线下销售流程

线下代理制销售中有签字、有销售人员在现场，能够形成证据链条闭环。而互联网在线投保时没有代理人，怎么证明保险条款送达了投保人？怎么证明向投标人履行了免责条款的提示和明确说明义务？这些都是在新型销售模式下容易产生争议的地方，保险争议解决律师都要予以研究。研究的路径之一就是要跟保险公司的产品设计、理赔、法律部门多交流，多研究裁判案例和司法观点，多研究保险理论并撰写文章，提升对新争议问题的分析与处置能力。

3. 跟进新型保险产品研究

例如，某互助保险公司推出的某一款保险产品，是由蚂蚁金服公司作为投保人，被保险人是支付宝客户，这个产品架构颠覆了传统保险的业务模式。如何使客户的新产品模式经受住司法实践的检验，对律师来说比赢得单纯个案还要重要，毕竟服务于客户的商业经营是法律服务的终极目标。

4. 跟踪行销监管动态

办理好保险争议解决，光熟悉保险法还不行，还得跟踪监管机构出台的监管规定。虽然监管规定不是法律法规或司法解释，但法院会在裁判的时候考量管理动态和监管的本意。比如说原保监会出台的保险销售回溯管理办法，要求有关主体销售保险产品时同步录音录像。假如保险人没有按规定录制，法院能不能认定保险公司没有履行相关销售义务，进而判决保险公司败诉？据此判决保险公司败诉，是否符合证据规定呢？如果没有预先研究，未来面对这类争议时就会捉襟见肘。

（四）准备好一场保险纠纷的庭审

律师需要对涉诉保险产品的承保范围了解清楚，在哪些情况下触发保险合同应当承担赔偿责任，哪些情况下应当免除保险人的责任，应做到忠于保险合同约定及保险法律规定。

1. 研究保险产品，核查投、承保流程与环节

如前所述，办好一个保险理赔案件的程序之一就是研究保险产品，核查投、承保流程与环节。诉讼中，涉及保险产品解读和理解的时候，一些法院不愿意听信保险公司的单方解读，便要求把当时销售保险的业务员传唤至法庭。如果业务员因业务素质及庭审表达欠缺而未能说明白的，人民法院会认为连展业代理人都说不明白该保险产品，则能够一定程度说明当时也未向投保人说明，进而判决保险公司败诉。因此，需要详细核查投保环节，保证承办律师及有关参与庭审的主体对这款保险产品完整了解，以能够有效地向法庭阐述。

2. 研究拒赔理由与拒赔流程

拒赔流程既涉及某些时间节点的权利行使，也涉及拒赔理由是否成立的问题，后续也可能会引起利息索赔问题。例如，拒赔通知的内容，按照保险法的规定，如果以未履行告知义务为由主张不承担保险责任的，需要先解除保险合同。但如果保险公司的拒赔通知上写的是终止合同，这算解除保险合同吗？未来如何向法院解释拒赔通知书上的措辞表达，需要律师把前期的准备工作做好。

3. 还原勘查与理赔过程

人民法院审理案件主要是事实查明，律师就应当对案件事实充分、细致了解。比如说财产保险纠纷中前往公估现场的人员是否具备公估师的资质、签字人的身份是否为现场勘查人员？签字公估师是否在所在公估单位注册？如果对公估报告中存在的漏洞发现不了，未来上庭的时候被承办法官或者对方律师询问的时候就可能答不上来。一次答不上来有点尴尬，两次、三次答不上来的，承办法官后续就有可能不再相信保险公司代理律师的意见了，甚至还会招致承办法官的当庭批评，最终的代理效果也就可想而知。

4. 预判庭审争议焦点与应对

拿到一个保险案件，要预判案件的争议焦点是什么，然后做出应对的准备。

到底是事实问题，还是法律问题？到底是适保范围问题，还是未履行如实告知义务的问题？都得预先做出判断。

例如，某人身保险合同承保的风险是意外，然而被保险人死因不明，据判断自杀可能性极大。此时，保险公司应当如何答辩呢？如果主张自杀的，由于无证据充分证明，则可能败诉。如果主张未发生合同约定的意外事故的，则举证责任在被保险人或受益人。因此，答辩点的不同，举证责任分配也不一样，诉讼结果也不一样。

5. 制定应诉策略与执行

一个案件应该怎么应诉，是否需要提出管辖权异议。主体不适格的问题是程序问题还是实体问题，准备在哪个阶段提出？为保险人答辩准备的证据是不是需要在第一轮全部都提交上去？尤其是在法院没有明确指定举证期限的情况下。此外，是否需要预交详细、全面的答辩状？个人观点认为，从诉讼策略角度出发，答辩状提交基本观点就行，没必要详细展开并全部交上去。如果是 10 页的答辩状，建议压缩成 2 页提交，具体细节未来在庭审上阐述。

6. 分析我方优势与劣势，针对劣势做好应对

分析双方的优势和劣势，确定己方的不足。如果保险产品销售存在瑕疵的，这些瑕疵可能会被对方利用，进而攻击我方。如果庭审中法庭询问该漏洞，应该怎么阐述？对于这些，律师都需要提前进行准备。

7. 事先准备庭审所需各项文书

答辩状证据、证据目录、质证意见全部要事先准备，形成具体书面文件，上了法庭后可以有的放矢。同时，根据庭审情况及时调整庭审发言。

8. 二次举证千万不要忽略

按照《民事诉讼法》规定，反驳对方当事人所持的事实和观点要承担举证责任，单纯阐述观点而不举证则可能面临举证不能的不利后果。按照《民事诉讼法》的规定，首轮举证之后法院还要再给一次举证机会，律师一定不要忽略该程序，严谨考虑是否需要二次举证。

9. 制作一份庭审提纲

有了这个庭审提纲基本上就可以不用翻证据了，诉讼请求或答辩意见及对应的合同依据、法律依据均应在每项诉讼请求下面全部写下来，包括对应的合同条款、证据，以及在证据第多少页。同时，庭审中可能涉及的争议问题应当如何阐述，对证人及对方当事人的询问都需要事先准备，精心计划。面对复杂赔案，没有事先精心地准备，庭审效果大概率会很差。

10. 裁判案例的研究

类似支持我方观点的案例应当尽可能提交，引导合议庭采信有利于我方的司法实务观点。例如，部分法院未判决支付利息，其他法院对此认为：保险公司未进行赔付的原因是双方对理赔存在争议，因此无须支付利息。

（五）与“客户”交流、分享，根据司法实践为客户提出建议

案件承办之外可以跟客户多多交流，包括但不限于代理案件的司法实践经验。把研究的裁判成果跟客户反馈，提出合理化建议，用于指导或改进承保、理赔，最大限度将可能出现的应诉风险消灭于萌芽状态，等等。

以上几个方面是我从事保险争议解决的一点经验总结，不一定成熟，请各位同人指正。作为一名保险争议解决律师，十年来的执业经验告诉我业精于勤。既然选择了保险法律事务领域，就要制定好工作、学习的目标，努力坚持下去。既要精通法律法规，又要谙熟基本争议，并在此基础上关注保险业发展新形态，从一名争议解决律师的角度充分研究，最终将所学反馈到保险公司的管理经营当中，给我们的客户以借鉴。

从山村泥水匠到京城大律师

魏现州 ①

【干货心得】

“勤奋是打开成功之门的金钥匙”，这句话对于刚刚进入律师行业的年轻人来说，是亘古不变的真理。通过勤奋和努力，一个天赋平庸的人完全能够在这个职业中远远超过天资比他高的人，应记牢：“在法律的入口处，只欢迎那些能吃苦并最大限度地坚韧不拔、自信和忠诚的人，那些存有懈怠和消极精神的人与意志不坚定的人请勿入内。”

---

① 作者系北京市中盾律师事务所高级合伙人。1965年出生于河南省巩义市西村镇坞罗村，高考落榜后回村务农，在村里的建筑队务工，做泥水匠一个工挣两块钱，维持生计。通过白天做泥瓦工，晚上看书学习，于1997年通过律师资格考试并从事专职律师工作，2006年获得法学硕士学位，2008年被中国人民大学法学院录取为博士研究生，2011年获得法学博士学位。现任北京仲裁委员会仲裁员，并被中国国际经济贸易仲裁委员会聘请为建设工程争议评审专家，为北京市律师协会建设工程法律专业委员会委员、中盾房地产与建设工程争议调解中心主任。

一、你究竟应该选择一个什么样的专业

（一）我的曲折经历

其实在专业的选择上，我经历了多次主动和被动的变化。

我出生于一个小山村，1983 年考大学的时候没考上，之后在农村里干泥瓦匠，自己也非常灰心，但是又很不甘心。当时我在自己的笔记本上写下了贝多芬的名言：“我要扼住命运的咽喉，它妄想使我屈服，这绝对办不到。”

就在这样的情况之下，通过自己一步一步努力往前走。当时家里人，尤其是我爷爷、我父亲都觉得我这个人什么事也干不成，干农活也不行，干泥水匠也干不好，总的来说没有人看好我。

1984 年我参加了高等教育自学考试。我大学主修的第一个专业是汉语言文学，我最初的梦想是成为中国作家协会的会员，当一个作家，当时 20 岁的我曾经在国家级报刊上发表过小说和散文，也算是取得了一点点小的成就，但是，跟我同年代的人中文学青年比较多，我也是众多的文学青年之一。后来，慢慢发现虽然自己写了一些东西，但是距离作家之梦还很遥远，如果靠写作来养活自己，作为自己的终身职业并不是每一个人都适合的，经过了苦苦地追寻，也经历了很多努力，我发现自己江郎才尽，根本不是一个作家的材料，我的第一个梦想宣告破灭。白天干活、晚上学习，经过几年努力我先是取得了汉语言文学专业本科的文凭。

28 岁我开始学习法律，随后通过自学考试获得第二个本科文凭，并成功考取了律师资格证，踏上我的律师之路。1997 年我通过全国律师资格考试，成为老家县城一家律师事务所的专职律师。从我做律师的那一天起，我就立志要做专业化的律师，不做“万金油”律师，因此，我在 1995 年订阅了中国证券报，学习证券方面的法律知识。1998 年专门到北京学习证券律师业务，并且在国家

组织的1999年最后一批证券律师中考试通过，成为我们省30个有证券专业资格的律师之一，这意味着我在33岁时考取到号称律师界黄金牌照的证券律师资格，之后，我获邀进入北京的一家律师事务所工作。在这里，我的第二个专业梦想（公司证券律师）开始生根发芽。当时我作为一家百人大所的唯一代表，入选北京市律师协会证券期货专业委员会，我的专业律师之路似乎就要真正启航了。

2000年我到北京执业，先后在《法制日报》《中国律师》以及法学类核心刊物《法律适用》发表多篇法律专业文章，2006年通过在职攻读获得法学硕士学位，2008年考取中国人民大学法学院博士研究生，2011年获得法学博士学位。实现了从高考落榜生到法学博士的成功逆袭。

而我在证券这样一条道路上走得也很艰辛，当时我们到各个省做一些证券培训和企业上市辅导，经过不停的奔波和推广，在全国签了至少7单为上市公司改制提供法律服务的单子。但是种种原因，也可能时运不好，大家知道企业上市必须三年盈利，我签约的7家改制上市企业后来都陆续出现了业绩滑坡甚至亏损，无法实现成功上市。在证券专业的路上付出了很多，但却在这条路上没有走好，正所谓希望越大，失望越多，这个时候的我非常灰心，这份打击几乎磨灭了我成为优秀专业律师的意志，心灰意懒之际，我潜心学习，虽然自己最早就有一个自考的学历，但从2000年到北京后，我又在人民大学攻读了硕士，接着又考取了中国人民大学的博士，通过读博逐渐抚平了我内心的创伤。我在最苦闷的时候就是学习，进一步地提升自己。

“山重水复疑无路，柳暗花明又一村。”就在我怀疑自己的专业能力之时，我逐渐发现：自己对建设工程案件已经积累了比较多的经验，我在到北京的第二年就被北京仲裁委员会聘任为仲裁员，迄今为止我已连任了5届北京仲裁委员会仲裁员，在任职期间审结的仲裁案件有380多件，其中上百件是建设工程案件。最初我对建设工程不是很了解，但是由于我办案认真，这么多年来数百个案件都提前认真看卷，准时开庭，公平裁决，为北仲赢得了当事人的好评。北仲信任我，越来越多的案子经过我的审理，随后我也代理了不少建设工程案件，包括自己任职常年法律顾问的这些企业，不知不觉间我发现自己在这方面通过参加专业活动（北仲有仲裁员沙龙，组织每一个专业的仲裁员定期在一块交流学习经验），潜心研究建设工程相关的法律条文、相关案例等，已经对建设工程案件有了越来越多的理解，终于找到了一些感觉，至此我才明白，自己一路走来其实并没有迷失，因为做专业律师的想法早已经在我心中生根发芽，尽管经过一些波折，经过一些困难。但这不就是我苦苦追寻的专业律师之路吗？

欣喜之余，我仔细回想和梳理这 20 年来的历程，原来，当我自己戴着安全帽去查看工地现场、与鉴定人员讨论工程量和造价、仔细研究每一份施工图和工程签证单的时候，我的专业律师之路已经开启了！

如今我早已经融入了建设工程专业律师的队伍，积极参加北京市律师协会建设工程专业法律委员会的活动。我带领团队每年承办 20 多件建设工程案件。在 2019 年 5 月我被中国国际经济贸易仲裁委员会（以下简称贸仲）聘请为建设工程专业争议评审专家。

我的上述经历并不适合所有年轻律师，因为我走的弯路太多，明白得太晚。但是我始终不愿意做一个平庸的律师，也不愿意做一个“万金油”式的律师，我孜孜以求不断探索，努力追寻专业律师之路，跌倒了爬起来，走错了大不了重新再来，我的决心、意志和毅力，值得与各位律师同行共勉。

“一千个人眼里有一千个哈姆雷特。”在选择专业这件事情上，每个律师都有自己独特的感受和经历，但是咬定目标不放松，锲而不舍，坚韧不拔，最终你将会收获苦苦追求的炙热如火一样的红玫瑰。

20 世纪 80 年代，我就读汉语言文学专业，追逐自己的作家梦；21 世纪初，我在全国最激烈的专业资格考试中胜出，获得律师业的“黄金牌照”证券律师从业资格，从此开启自己的证券专业追梦之旅，其间甚至设法报考证券公司保荐代表人，为成为该专业大咖，实现年入千万元以上而努力奔跑；最后，在国家经济犹如巨人大象一般助跑起舞腾飞、基本建设突飞猛进神速发展的大背景下，建设工程领域纠纷频发，我依托每年承办二十多件建设工程案件，依法维护施工单位包括广大农民工在内的合同权益的经验和实践，从青年时期的泥瓦工最终成长为具有丰富办案经验的建设工程专业律师。我个人虽有持之以恒的努力，但事业的造就与成功终归更与国家的命运和发展息息相关。可以说，没有改革开放，我至今仍将是偏远小山村里的一个农民，根本不可能进入北京，获得法学硕士、博士学位，担任超百人律所的高级合伙人，从而锻造成就自己的律师事业。

无论做任何工作，都必须顺着历史的潮流，紧紧跟随国家和社会前进发展的步伐，律师事业也是如此。现在，社会分工越来越细，青年律师必须树立自己的专业方向，在做专、做精上狠下功夫，才能立足并且有更好的发展。中国经济正通过“一带一路”倡议不断往外拓展和深入，而互联网、人工智能更是深入各个行业、各个领域，律师如果选择在这些领域发力，经过长时间执着和艰苦的努力，必将在专业上取得成功，最终成就自己的瑰丽事业和美好人生！

（二）建设工程领域的执业状况和发展前景

建设工程是专业性极强且热门的领域，选择成为建设工程专业律师非常有前途，原因有以下六点：

第一，市场主体业务发展的全国性。比如，房地产公司，会经常涉及建设工程专业领域的问题。而大开发商在全国主要城市有自己的项目公司，随着调控，又向二三线城市发展。工程项目遍及全国，市场非常大。

第二，建设工程律师业务内容具有综合性、专业性。建设工程合同的复杂性远远超过一般的买卖合同，一个建设工程施工合同的履行，时间长又在很多环节上容易产生纠纷，比如：发包方和承包方对工期的认定、施工进度款是否及时支付、签证单的效力问题，甚至中途撤场的半截子工程等都是产生纠纷的导火索，因此需要律师提供服务的机会非常多。而专业性体现在律师除了通常要掌握的法律法规之外，对工程专业知识，比如说对工程的管理、工程造价专业知识也必须学习和了解。

第三，城市群＋新基建为建筑业发展带来新机遇。随着我国城镇化进程迈入中后期阶段，城市群作为新型城镇化主体形态的轮廓更加清晰。2019 年 4 月国家发改委印发的《2019 年新型城镇化建设重点任务》和 12 月的中央经济工作会议，均对城市群和中心城市建设做出重要部署。在中心城市承载能力提升方面，重点关注民生工程“补短板”、公共服务类项目的建设、人居环境的打造，以及一二线城市的新区建设和特大工业镇的发展；在城市群内部连接网络完善方面，重点关注长三角、粤港澳大湾区、京津冀等区域的城际轨道交通网建设。

第四，城市基础设施仍处于大力发展阶段。2019 年，道路、铁路、公路运输建设投资的增长促进了基建投资的复苏，下半年国家发布《西部陆海新通道总体规划》《交通强国建设纲要》等重大政策，预计 2020 年交通运输投资建设仍将是重点。公共设施管理业占基建投资的比重达 40%，中央经济工作会议明确提出将引导资金投向供需共同受益的民生建设等短板领域，加强市政管网、城市停车场、冷链物流的建设，预计 2020 年该领域投资将迎来新机遇。

第五，PPP 延续高质量发展。在经历了近两年的政策调整之后，PPP 已开始由理性回归逐步向规范化方向发展。一些以融资为目的的 PPP 项目和变相包装的“伪”PPP 项目得到了一定程度的清理，符合 PPP 模式运用本质特征的项目、绿色环保和惠民类项目的比例显著增加。随着宏观政策逆周期调节持续加码，国家明确支持专项债可做项目资本金，主管部门也在积极探索 PPP 与专项债的有机结合，力图撬动更多的社会投资，发挥对国民经济稳定增长更强的拉动作用。

第六，对外承包工程市场缓慢复苏。当前，我国对外承包工程行业正由高速增长转向中低速增长，迈入高质量发展阶段。国际经济环境变化、区域冲突等诸多不确定因素，虽然将影响国际基础设施投资与建设，但部分地区仍有巨大建设需求，如亚太、非洲、拉美等地区。2019 年 9 月，商务部等 19 个部门印发《关于促进对外承包工程高质量发展的指导意见》，明确了行业向高质量发展的目标。未来传统 EPC 施工总承包模式将逐步向“投建营一体化”转型，行业的发展将由成本驱动型向创新驱动型转变，合作创新、融资创新和技术创新将成为行业发展新的推动力。

虽然自2019年以来我国宏观经济存在下行压力，市场风险升温，而2020年是全面实现小康社会的攻坚年，党的十八大确定的“实现国内生产总值比2010年翻一番”目标的收官验证年，虽然经济仍将面临不少困难，但2020年，围绕稳增长的目标，国家将继续推行积极的财政政策，定向发力，精准施策。财政支出方面，预计支出规模将继续扩大，更加关注财政支出结构优化，向重大基建项目和民生项目倾斜，以保证财政资金使用的有效性。债券发行方面，预计2020年专项债发行规模将超过3万亿元，2019年专项债大部分用于棚改、土储两大领域，并未形成有效的基建投资，按照国务院精神，2020年专项债不得用于上述两个领域，重点用于交通、生态环保、职业教育等10个领域，将有效撬动基建投资，鉴于国家逆周期政策调节持续发力，2020年基建投资大概率呈现温和回升态势。因此，可以说，建设工程领域是我们大有可为的领域，无论是从整体宏观经济的角度还是从行业特点的角度来看，都需要大量的专业律师来为建设工程领域提供专业到位的服务。

二、如何做好一名专业律师

（一）专业律师需要勤学苦练才能铸就成功

“勤奋是打开成功之门的金钥匙”，这句话对于刚刚进入律师行业的年轻人来说，是亘古不变的真理。通过勤奋和努力，一个天赋平庸的人完全能够在这个职业中远远超过天资比他高的人，应记牢：“在法律的入口处，只欢迎那些能吃苦并最大限度地坚韧不拔、自信和忠诚的人，那些存有懈怠和消极精神的人与意志不坚定的人请勿入内。”

我自己并不是一个很聪明的人。但是，几十年如一日都在坚持学习，每天早上六点起床，无论是在地铁、火车、飞机上，还是在会议、拜访、约见之前或者间隙的这些碎片化的时间，都被我用来看书学习。

律师的工作是神圣的，也和医生、工程师那样是件精细活儿，需要不断付出艰苦和细致的努力。刚开始做律师的时候，虽然自己有中文的底子，对写法律文书等文字性工作有帮助，但毕竟没有从事过这方面的工作，一切都从零开始，所以我到工作的第一家律师事务所后，就想先把所有的上千本案卷都翻阅一遍。刚开始还不知从何看起，为了不将档案原本摆放的顺序打乱同时也为了阅读更有成效，我便找来笔记本记录，根据自己的兴趣先选了几类案件，然后又根据最近的年份将档案编号抄到每个案由下面，每个案由先选出几本来慢慢看，看完后再根据编号按原来的顺序摆放回去，粗看过后对整个案子的框架会有个大致的印象，然后再回归到民事起诉状，对事实与理由部分进行详细阅读，如果遇上人物关系比较复杂的案件，则采用画图的方式对原被告进行罗列，并将关键事实做个事记简图，一一罗列原被告双方的观点，最后根据双方争议的焦点进行分析。这个过程中往往会对原被告双方所依据的法律条文不太了解，于是便会促使我进一步去检索法律规定，遇到比较好的观点也会专门摘抄下来。看过一段时间后，我会根据对这一类档案的熟悉程度进行模拟演练，比如在看过起诉状后便开始思考如果我作为承办律师在代理被告的过程中我会如何答辩、如何去收集提交证据，根据我的思考再跟承办律师的思路进行对比寻找差异，通过不断地演练和学习，锻炼了自己的思维方式。

“腹有诗书气自华”，长期坚持下来，持之以恒，不但使自己学历越来越高，知识越来越丰富，办案越来越专业和得心应手，而且在法律界取得了一定的知名度。从 2003 年开始，先后有 4 家上市公司聘请我担任独立董事，作为法律专家参与公司治理。2013 年，一家大型国有航空集团的总经理和人力资源总监从广州专程来京，在香格里拉大酒店约见我，有意以年薪 150 万元聘请我出任集团法务总监，被我婉拒。因为我还是更热衷于从事能够充分发挥自身特长和优势而不受体制拘束的律师职业。

（二）专业律师要保持对法律职业的敬畏，认真对待每个任务

法律职业是一份极其严肃认真的工作，来不得半点儿的马虎和草率。差之毫厘，谬以千里。哪怕只有一个字、一个标点符号、一个数的错误，都会给当事人带来极大的麻烦甚至巨额损失。曾有律师替代委托人在起诉状上签字，最后当事人不承认，导致该律师被法院司法拘留；也有律师未及时申请续查封，被委托人告到法院，最后被法院判决该律师事务所赔偿损失300多万元。

我自己所承办的一千多个案件，每一份法律文书无不做到字斟句酌，言之有据，为法官正确审理和判决案件提供有力的配合。通过自己以及法律团队把相关案例和司法解释研究透彻，经由三遍不同层次的部门和人员把关，才形成最终定稿递交给办案机关。所做法律文书多次被作为优秀文书，在法院、律协等法律圈内广泛传播，被业内律师同行学习参考。

在为国家电网公司系统企业提供法律服务的过程中，为二十多位业务员在招投标、合同签订等方面提供周到的咨询服务，受到普遍好评；对于客户应收账款账龄过长、催收不及时、缺乏有效证据等问题，连续三次向公司领导发出法律建议书，最终引起重视，积极采取了应对措施。这种对国有资产认真负责的精神，得到了客户的极大信任，收获了客户对律师工作超高价值的高度评价。

正由于自己做事严谨，办案认真，具备审理商事纠纷的经验和能力，我被聘请担任北京仲裁委员会仲裁员。担任仲裁员审理案件，必须平等对待双方当事人，庭审当中的每一句话，都要居中平和，不能带有任何偏颇，避免被认为带有倾向性。裁决书中对证据、事实和法律依据的阐述，都要清楚明确，有依据，才能让当事人信服。由于严谨认真，我作为仲裁员所审结的380多起仲裁案件，每一起都经得起历史的检验，在全国各地来北仲开庭的当事人和律师那里，完美诠释和呈现了北京律师在全国领先水准的美好形象，赢得了宝贵的尊重和信服。

在法律工作中把认真做到极致，最终会给自己带来极高的赞誉和好评。法

官认为你是很专业的法律人，尊重你，信任你，也就容易听进去你的法律意见，你的意见被法院采信，官司打赢了，反过来也给当事人带来好处。

近年来，随着自己专业性的提升，在建设工程领域已经产生了比较大的影响，每天都有全国各地的潜在客户通过微信、微博、电话等方式，咨询案件或委托代理，不但我自己忙得不亦乐乎，所带领的建设工程法律团队也声誉日隆。

作为律师，自己的工作得到法官的尊重和认可，当事人愿意把重大复杂的案件交给你办理，这是对你认真的态度最大的回报！

（三）专业律师要投身社会，承担起法律职责

江平老师曾说，律师除了办案，还要做一个社会活动家。我们承担着宣传法律、弘扬正义的法律职责。

20 多年来，我带领团队到企业去，到社区去，宣传法律，帮助百姓，回报社会。依托 13 年北仲仲裁员生涯、成功调解上百件仲裁案件的传奇经历，领衔创办中盾房地产与建设工程争议调解中心，吸纳 165 位执业八年以上的资深律师担任调解员。带领律师调解员走基层、下企业，分析提供纠纷苗头早处置、防控风险扩大的具体措施。自己从多年来作为专职律师、北仲仲裁员所感悟和总结出来的这些创新思路和做法，让企业真正体会到了法律服务带来的效益和价值。大力发展调解，有效缓解了北京法院案多人少的矛盾，为民营和实体经济服务，充分发挥和体现了北京律师在社会经济发展中多元化的重要作用。

每年几十场讲座，以各种形式为企业和社会宣传房地产和建设工程方面的法律知识，使我在社会上获得了一定的影响力和知名度。2019 年 5 月，中国国际经济贸易仲裁委员会专门下发聘书，聘请我为建设工程争议评审专家。现在自己的团队有能力为央企以及来自全国各地的大型建设工程企业提供专业化的法律支持，这是我二十多年不间断的努力并且从不放弃所得到的回馈。

“雄关漫道真如铁，而今迈步从头越。”虽然自己在专业律师的道路上越走越通畅，但是，学无止境，我们如今生活在一个日新月异、瞬息万变的时代，

法律法规也在不断更新以调整和规范新的现实业态和社会关系。我们作为律师，只有不断学习，在自己服务的专业领域勤于深耕，才能勇立潮头，更好地服务于我们的社会和时代，无愧于律师“无冕之王”这顶桂冠！

（四）专业律师要有细致的工作态度，形成专业化的思维

在我们团队承办的一起案件中，发包人向施工方追讨违约赔偿金，按照合同约定，施工方在发包人不知情的情况下允许实际施工人挂靠施工，需赔偿发包方合同总额的10%作为违约金，这起案件打到后来争议的焦点是合同是否有效，而合同是否有效的关键又是此项工程是否经过招投标。我方代理的原告当事人是发包方，是一家国企，此项工程施工时的领导和人员均已离开本企业，企业档案室保存的资料十分有限，仅能找到此项工程是个复工项目，在2011年复工前曾由前业主在2007年经招投标后进行过施工，由此作为线索，律师在有限的时间内奔赴市城建局、市国土资源局、市住建局城建档案馆、市公共资源管理中心、旗公共资源管理中心、旗发改委、旗档案馆和旗住建局档案室、旗政府等部门逐步寻找当时招投标的文件，经仔细翻阅所有档案，终于找到了相关的一些材料，能够间接证明此项目当时招投标的情况。同时，我们还捋出前业主与现在发包方企业的关系，通过一步步的探索，找到了此项目所涉的建设施工合同效力认定方面有利的证据。律师团队穷尽一切救济手段来为当事人争取合法利益的做法，赢得了当事人的尊重和信任。因此，在案件的处理过程中，容不得有一丝惰性，律师的勤勉和态度，会影响到整个案件的走向。

还有一起案件，案情非常复杂，涉及工期延误、停窝工损失、中途离场赔偿等内容，经我方代理律师据理力争，最终法院支持了我方代理的委托人即发包方的大部分诉讼请求，法院没有支持承包方的停窝工损失和中途离场赔偿。

在这起案件代理结束后，我们团队花费大量精力进行了梳理和分析，将案件所涉的几项争议焦点且在施工企业会经常遇到的问题进行了总结，并从发承包方的角度进行分析并发表了文章，给施工企业提出了主张窝工损失的

依据：

首先，在因发包人原因造成停窝工时，应注意保留发包方的相关通知、设计变更、往来函件等经现场监理确认的及与发包方就停窝工问题达成的书面协议等停、窝工证据，对停窝工天数、窝工人数、机械停滞等各项损失及停窝工损失具体数额进行确认。否则一旦双方产生争议，即便停窝工损失经鉴定认定存在，但如果承包人未按照合同约定申请监理或发包方确认，也没有提交证明窝工损失的基础证据的，或者因超过合同约定的期限造成逾期失权，法院将不予支持，属于承包方怠于主张自身权利造成举证不能，停窝工损失只能自行承担。

其次，在施工过程中还需要尽量完善签证手续，发生停窝工时，施工单位应注意及时签证，并在签证单中明确停窝工损失的计算方法及损失数额。签证是否有效，取决于发包人代表或代理人意思表示是否真实，以及是否有代理权限。在施工过程中，如果需要与发包人代表协商变更合同，或者对停窝工损失进行确定，应注意审查发包人代表是否具有相应权限。如果发包人代表不具有相应权限，应要求发包人对变更事宜加盖公章确认；如果在与发包人代表协商变更合同时没有及时要求发包人加盖公章确认，也应注意在合同履行过程中，要求发包人在涉及变更事宜的来往文件上加盖公章确认。

再次，还需要严格按照合同约定履行索赔程序，有些施工合同在签订时，可能存在改变示范文本条款的情形，比如对索赔期限有新的约定，在这种情况下，就要求承包人在履行合同过程中加强合同履行管理意识，要正确、及时根据合同的约定提出索赔并保存好相关证据才能维护好自身权利。

最后，采取必要措施防止损失扩大，承包方不应盲目等待而放任停窝工损失的扩大，而应采取适当措施，如自行做好人员的安置、机械的撤离等工作，以减少自身的损失，承包方应在避免损失扩大的基础上与业主及监理进行沟通、收集整理相关证据并积极索赔，争取尽量得到合理补偿。

由此可见，要想成功主张停窝工损失必须提前采取措施，保留证据才能够获得法院的支持，作为建设工程领域的专业律师，不仅要在案件中尽最大努力保护当事人的合法权益，更要看到在案件中暴露的问题，提出解决的方案，为将来打好基础。我们每做完一个案件，都会及时进行总结，从不同的方面和角度来分析案件的得失，就像上面所论述的问题，我们会将这些问题进行汇总，通过发文章的形式向我们的目标客户展示专业度，同时，这些宝贵的经验我们会统一形成文档，向我们服务的企业按照需求提前进行风险防控，把问题提前解决或者尽可能早地进行纠正，做到亡羊补牢，尽力避免将来可能产生的风险或者损失。

做建设工程领域的专业化律师，不仅要有细致的工作态度，还要培养专业化的思维，平常工作中的日积月累和潜移默化的影响是尤为重要的。

三、怎样一步步成长为所选专业领域的大咖律师

确定专业方向之后，这就是今后你的主攻目标，你所做的一切努力，都需要围绕这个目标。在我看来，需要从以下几个方面入手：

（一）参加该专业的研究学习型团体

我为了让自己学习到更多的建设工程专业知识，积极参与研究型组织，参加业务学习和研究活动，先后参加了北京市律师协会建设工程法律专业委员会、北京市朝阳区律师协会房地产与建设工程专业研究会、北京仲裁委员会建设工程仲裁员沙龙。在这些专业机构中，大家定期组织会议，对专业问题进行研讨交流，互相沟通，这对于提高自己的专业知识和技能，建立自己的专业圈子，积累人脉资源，都会有非常大的帮助。比如，北京市律师协会，先后共成立了70多个专业委员会，朝阳区的律师人数占全北京律师人数的一半以上，朝阳区律师协会各个专业委员会也都非常活跃。可以说学习机会非常多，作为年轻律师尤其要抓住这样的机会，多多参加专业活动，你的专业视野和业务能力慢慢

就起来了。

另外，同事间的相互交流与探讨也是一个非常好的自我提升的方法，我们团队每周举行一次例会，对重大的案件进行研究讨论，我们代理的每一个案件都是集体智慧的结晶。在一个专业团队里，也非常有助于自己的专业能力提升。

（二）培养表达能力

律师是一个需要个性张扬的职业，在客户谈判中需要表达，在庭审辩论中更需要表达，要想成为一个专业律师，宣传自己也需要表达。如何培养自己的表达能力？首先，最好深入研究专业问题，或者与专业相关的内容。专业知识是律师的看家本领。其次，演讲必须做充分的准备。建议律师安排做好幻灯片，同时将要分享的内容写出来。写出来的好处是，写的过程也是思考的过程，写出来更方便分享。最后，律师演讲要分享干货，分享才会取信于人，多讲一些干货，这也是法律人对社会的一份责任，也能创造更多的合作机会。

我自己是个不善于表达的人，我常说自己是个无趣的人，不抽烟、不喝酒、不会唱歌，只喜欢安静地思考、读书和写作。刚迈入律师行业时，在众人面前宣讲总觉得局促和羞涩，为了提升自己的表达和演讲能力，我就有意识地与律所善于宣讲的律师多接触，在他们滔滔不绝的讲话中提炼精华，同时，我主动参加事务所各项活动，主动申请讲课或发言机会，一方面学习，另一方面作为讲师来锻炼自己，往往我会在会议前做好发言准备，控制发言时间，多次演练讲演的内容，通过不断地磨炼逐渐提高了自己公开演讲的能力。现在，我经常被邀请作为仲裁员、建设工程法律专家，给企业、律师同行讲座、授课，也经常被邀请作为发言嘉宾参加各种法律相关的会议，现在的我已经弥补了自身的短板，而且，还有点儿一发不可收拾，一不小心就讲超时了。

公开演讲，尤其是专业领域内的讲座，听众多是同行，或者是与该专业领域相关的人士。通过公开演讲，尤其是专业讲座，是律师营销获取业务的重要途径，这已经成为公开的秘密。这不仅是提高律师沟通能力的方法，也是拓展业务渠道的手段。公众场合的演讲是对律师全方位的考验，不管对律师的专业知识，还是对语言能力、心理素质的要求都很高。如果一名律师能在公众面前讲好两个小时的专业讲座，那么他称得上是合格的律师。所以，别怕走出去，别怕讲不好，要有自信，再找机会勤加练习，自然会磨砺出自己的一套演讲风格。律师最好的案源就在律师同行身边。

（三）养成良好的工作习惯

要养成良好的工作习惯，就需要每天做好以下几件事情：

◆查看和回复邮件——企业邮箱和个人邮箱

◆列出要完成的工作清单，按轻重缓急完成

◆花几分钟浏览新颁布的法规

◆整理文件，文件放置有序，便于查找

◆接受工作任务时了解工作背景、工作内容和完成时间

◆练好基本功——调查事实和查询法规

◆分清文书的类型和对象，用不同口吻、语气、措辞书写文书

◆书写逻辑层次清晰的文书（客户函件和法律文书），反复修改

◆特别注意纠正错别字和标点符号——邮件、文件

◆在保证质量的情况下，提高工作效率

◆每进行一项工作，提前预想可能遇到的问题

◆每做完一项工作，进行过程回想和总结

◆每项事务完成后都应关注后续进展、主动索取最后文本

◆及时和团队成员、合作律师沟通事务进展情况——邮件抄送习惯

◆对别人交代的工作任务，完成后主动及时告知完成情况——微信、电话、邮件

◆整理常用合同和各种文件（律师函、法律意见书）

◆为每个客户设置档案，做好工作记录——记录诉讼关键阶段（诉讼时效、

举证期限、诉讼保全期限、上诉期限等）

◆除电脑中保存的版本，要打印文字版放在案卷中，及时归档

◆及时做好工作记录，撰写工作小结，整理办案心得

◆向客户发送法律建议，帮助改进法务工作所存在的问题

我建议在日常工作中要做个有心人，把平时听到的、看到的法律问题记录下来，先自己通过查询、分析做出初步的判断，随后在合适的时候可以请教身边的专业大咖，通过日积月累，必然会取得进步。而且，我们需要及时总结半年、全年工作情况，分析自己的业务结构、业务来源、客户类型、业务类型，思考自己擅长的领域和可开拓领域，学好电脑知识，在实践中会有很多需要制作 PPT、Excel 表和 Word 排版的工作，相关软件是我们必不可少的工具。

（四）研究相关法规、政策和案例，发表专业文章

最基本的也是最主要的法律研究资源就是法律法规。“查法规”是大多数律师几乎每天都会做的事情。律师都清楚在数据库中找相关法律法规比在百度、Google、Bing 等一般搜索引擎上找的要准确很多。北大法宝、LexisNexis、Westlaw 都是很常用的法律数据库，但需要注意的是，即使是这样经常更新的法规库，某些法规也并不一定都能及时地更新入库。例如：最近新出台的规定；某些细节性的程序或者技术性的操作规程；某些地方政府机关颁布的地方性规范文件、各地高院甚至中院发布的办案指南等。

除上述几个法规库外，有一些政府机关或法院网站上的法规库也非常全面，如最高人民法院网站上的法规库，国家外汇局网站上关于外汇的法规库，商务部网站上关于外商投资的法规库，国土资源部网站上关于土地管理的法规库，等等。一些地方政府的网站，则会把比较细的地方性法规收罗在其法规库中，如某些地方国土资源局的网站上不仅可以查到中央的规定，也可以查到当地关于房地产管理方面的规定。此外，某些网站提供“新法规速递”一类的服务，定期传送给用户一些最新的法规，可能会比前述的专业法规库的更新更快。这

些都是可以弥补专业法规库不足的法规库资源。

关于政策研究，我们可以通过相关政府网站查看，有些政府为了工作的方便，把一些政府工作中的法律理论知识汇总在一起，或者把程序性的规定汇总在一起，分类放在其网站上。例如，国土资源部和一些地方房地产管理机关会将房地产登记、转让、抵押等的办事程序公布在网站上，在无法查到相关程序的地方法规时可以作为参考。

关于案例，我们通常会通过无讼、中国裁判文书网、Openlaw采用不同的关键字、关键词来查询相关判决，虽然我国不是判例法国家，但搜索到的相关案例尤其是最高人民法院的指导性案例，案情高度一致的案例，或者是同一法院、上级法院曾经的类案判决，都是非常具有指导意义的。

另外，现在微信、微博是很大众化的App，大多数手机用户都会用到这两款软件，尤其是年轻人玩得爱不释手。其实，玩微信、微博不只是看娱乐性的、搞笑的内容，还可以把专业性知识融入进去，关注很多专业的问题。现在很多律师，包括一些法官也都通过微信公众号传递他们对某一个专业领域最新的观点，所以我们可以通过关注其微信公众号、微博等对本行业领域最新发布的法律法规、热点事件和司法判决进行研究，研究到一定程度后，如果你能够写一些专业的文章发布出去，你的专业之路就已经往前迈进了一大步。

近年来，我国法律法规的更新周期已经从传统的8—10年缩短为3—5年甚至更短，为了及时更新相关法律知识，我们建立了专门的建设工程法律业务学习小组，随时关注本行业新的法律、法规、规范性文件，最高人民法院的相关案例，以及公众号、微博传播的有价值的专业性文章，创办了自己的微信公众号，把自己的学习和研究成果固化下来，通过撰写专业文章、办案心得，在公众号上发布，既提升了自己的专业能力，同时也起到了一定的宣传推介作用。

（五）定期走访法律顾问单位和潜在的目标企业

我们制订了定期走访客户和潜在客户的计划，而且，在会见客户前我们会了解整理客户背景信息和会谈主题，对会谈内容提前准备并主动向客户介绍律所近期的业绩，让企业领导和法务人员了解我们在该业务领域取得了一定的成果，在与相关的建设工程企业讨论建设工程热点事件和疑难问题时，我们会记录企业所面临的困难和疑虑，及时分析后回复客户，让客户了解律师服务过程，感受律师的工作态度和责任心，一旦有相关的业务需求就会给予我们参与竞聘的机会。

当然，在这个走访的过程中，我们也曾遇到一些困难，经历过一些困惑，有很多国企、央企，我之前总是认为我们这种中小型律所去给人家提供服务是够不上资格的，但是，在后来的交流过程中逐渐发现，我们积极诚恳的态度和严谨认真的精神是客户最为认可的，而且，我们分析案件的水平和能力也是打开成功之门的钥匙。有时候真的不需要顾虑太多，只要你具备较高的专业能力，一心为客户着想，坚持付出总会有相应的回报。

我带领的建设工程律师团队，坚持每年走访二十多家大型企业，现在主要从事所服务企业的建设工程诉讼仲裁案件，所做的同类案件越多，就越研究这方面的专业性问题，积累了很多工程案件办理的经验，从而越来越得到圈内人士的认可和客户的青睐，因此专业化道路会越走越宽敞。

（六）成立自己的专业组织

2018 年 10 月，我依托自己在北京仲裁委员会 16 年的仲裁员生涯，数百件建设工程案件的审理和代理经验，在最高人民法院、北京市委政法委、北京市高级人民法院的支持下，经北京多元调解发展促进会同意，成立中盾房地产与建设工程争议调解中心。调解中心现在有 165 位调解员，调解员中有仲裁员，有执业 8 年以上的资深律师，还有一些离职退休的法官，以及建设工程企业的高级法务经理。大家都知道北京法院案多人少，我多次在微信群里发布团队同事拍摄的朝阳法院立案排队排得非常长的图片，而调解中心就是为了缓解北京法院案多人少的矛盾所做出的一项努力，同时调解中心的建立和发展也学习借鉴国外关于调解的先进经验，不仅有效利用离退休法官、资深律师、高级法务经理等社会资源，还可以通过调解方式将矛盾提前化解，这对于分流和缓解法院案件数量过多、审理周期长等现实矛盾十分有效，高效便民解决纠纷，服务实体经济，符合目前司法现实的需要，是历史的必然选择。北京多元调解发展促进会的会长是翟晶敏，翟会长曾是北京高院的副院长，他要求调解组织每个月都要开一次会议，鼓励大家把案件消化在前期阶段，消化在调解阶段，不把这个案子推到法院，给法院造成麻烦。我们调解中心现在的政策非常便民，效率非常高，我们的政策是只要有明确的被告，能找到被告，被告不抵触调解，至少他愿意通电话，愿意沟通，就是调解的前提，就有希望通过沟通解决。

现在，我们律师已经有很多案子不上法院立案，我们把自己代理的案件首先拿到北京多元调解发展促进会调解，其他律师代理的案件，可以到中盾调解中心进行调解。很多案件调解成功，无须再去法院，既节省了时间，也节省了费用，还便于自动履行，有的案件当事人在调解成功后已经自愿履行。

即便调解不成，我们调解员也对比较复杂的案件进行了争议焦点梳理，对后期的案件走向给予专业化的建议。而且，调解收费很合理，调解不成不收任何费用，调解成功也只按诉讼费的一半收取。最关键的一点是，经我们调解达成的调解协议，具备法院判决的效力。现在北京法院对于我们调解中心出具的调解协议给予司法确认，通过法院裁定的形式，盖上法院的章，使其与法院的判决书一样，具有强制执行的效力。如果对方当事人不履行，权利人可以到人民法院申请强制执行。所以，现在我们调解中心调解案件成本低、效率高，达成的调解协议具有强制执行的效力，已经受到越来越多当事人的欢迎。

我们跟企业进行对接的时候，也会把调解中心的职能跟相关的建设工程企业进行介绍，很多企业都非常愿意跟调解中心合作，他们想在工程出现一些问题的时候先让我们介入进行诊断，做一些协调工作，把纠纷化解在前期阶段，这对企业来说是非常有帮助的。这也是我们在专业化领域里面所取得的一些小成就，很多企业重视调解所存在的价值，给予我们尊重，愿意和我们合作。

（七）建立专业的律师团队

专业化发展到一定程度，就要建立自己的专业团队。

我自己所带领的建设工程律师团队，团队成员有19位，他们当中有建造工程师、造价师，有会计师，有在设计院、工程咨询公司供职过的技术人员和管理人员，也有长期从事施工企业法务工作后辞职从事律师工作的，大家都各有所长。

团队承接的所有复杂案件都会经过团队集体研究讨论，拟定代理方案和目标，最后报给委托人确定后实施。我们每周召开工作例会，仔细研究相关法律、司法解释和最新的政策和案例，我们致力于法律服务方案的专业化、精准化，客户对我们团队的专业能力、服务水准非常认可，我们所承办的建设工程案件代理的效果日益凸显。

团队除了内部学习和研究，还不断开展外部交流。多次邀请最高人民法院建设工程司法解释一和司法解释二的起草人作为主讲嘉宾，给律师讲解司法解释和相关案例。通过高水平的交流和讨论，促使团队成员对建设工程领域相关法律法规的理解紧跟时代前沿，司法解释是怎么规定的，最新的案例是什么样的，指导性案例是什么样的，我们都有专门的研究。

走好专业化之路，确实可以让我们的律师如虎添翼。从我自己来说，做律师二十多年了，从来没有像现在这样忙。北京仲裁委员会每年分配给我几十个案件，我要看卷、开庭审理并撰写裁决书。大家知道北仲是所有仲裁机构中对仲裁员要求最严格的，从来都不允许仲裁员带助理，仲裁案件保密，我们必须自己开庭和起草、修改裁决书，而且，由于仲裁裁决书更注重说理，以体现公正性和透明性，因此我经手的每一个仲裁案件都需要花很长的时间去处理。北仲2019年的案件数量大幅增长，收案6732件，标的948亿元，比上年增长26%，在这种情况下，我们每一位仲裁员也承担了更多的工作任务。我自己的时间精力毕竟有限，作为仲裁员已经占用了我很大一部分精力，现在我们团队承办的很多案件都是由我指派团队中的骨干成员完成的，我做的工作主要就是调配资源，对案件把关。当然，我基本上要参加重大复杂案件的研究讨论，必须对案件的办案质量负责。

通过多年的努力，不但我自己走出了一条发展专业化之路，而且我所带领的整个团队在专业能力和后续发展方面取得了很好的成效。作为一个律师，当你无须为案源发愁，每天有人不停地向你请教，有很多人通过各种途径和方式向你寻求帮助，在这个时候，你作为律师的尊严，你多年铸就的专业能力所体现的价值，就真真正正一步一步地提高了。

尾声：给青年律师的几点建议

最后，我对刚刚跨入律师行业的“你”，各位有志于走专业化之路的青年律师，提出以下几句忠告：

1. 选择一个你感兴趣的专业领域。

兴趣是最好的老师，你对这个事情感兴趣，再艰苦、再困难都不怕。没兴趣、赶鸭子上架，最起码在刚开始是比较困难的。

2. 参加一个专业研究组织，积极参加专业活动。

3. 研究该专业领域的热点事件和司法判例。

4. 发表专业文章，扩大自己的专业声誉和影响力。

5. 组建专业团队，分工合作，团结起来力量大。

6. 定期与既有客户和潜在客户互访，让其感受到你在该专业领域内的专注和实力，毫不犹豫选择你代理！

我做税务律师，让生命绽放光彩

赵琳 ①

【干货心得】

专注与合作是成就专业税务律师的两大利剑。专注，虽缘起于对目标的选择，但更依托十年、二十年的坚持才能有所建树。合作，需要有承认他人优势与自身不足的勇气，也需要根据不同的案件、不同的人适时转变角色，拥有圆融和变通的智慧。最后，君子不器，请永远不要忘记自己的人生目标和使命。在精进过程中，如果一时陷于眼前的窘境，不妨抬头看看诗和远方，便自是另一番心境。

① 作者系北京大学法律硕士，专业税务律师、注册税务师，现为北京市中银律师事务所合伙人。专注税法，为众多世界500强、大中型国有企业和知名民营企业等提供税务筹划、税务风险管理、税务稽查应对、税务行政复议、税务行政诉讼及涉税刑事案件代理等服务。曾服务的代表性客户包括但不限于：丰田、三菱、西得乐、盘江贸易等。曾应国家税务总局干部学院（中共国家税务总局党校）、中国注册税务师协会、北京市律师协会以及四川省注册税务师协会等组织、知名院校及知名企业邀请提供专业税法培训。还曾在《中国税务报》《中国税务稽查》等权威媒体发表多篇专业文章，并接受中央广播电视台《每日财经》等知名媒体采访。

一、专注，是让人脱颖而出的法宝

在刚刚迈入律师行业、参加律师事务所面试的时候，经常被问到这样的问题：你为什么做律师？你为什么想要加入 ×× 团队？

这两个问题固然可以反映面试者对加入某一律所和团队是否有强烈的意愿，但更重要的在于面试官将通过面试者的回答，了解面试者的思考逻辑和决策机制。

那么，我为什么要做并且坚持做一名税务律师呢？这个选择基于四个方面的考虑：

（一）专业选择与个人性格特征、价值追求相吻合

是的，我把个人性格特征和价值追求放在第一位。

得益于高中时期的数学成绩在各科成绩中相对突出，我在大学本科期间进入了统计学专业学习。统计学是一门依靠公式、模型和计算机分析数据的学科，每日课程大多和计算机、数字打交道，而我的性格中对社会和人更感兴趣。通过统计学的学习，让我更加清晰地看到自己的喜好。我更愿意关注和谈论实事，也极其喜欢思考社会现象。长期的统计学学习氛围与我渐渐清晰的智趣分歧越来越大。不能让生命绽放的日子是对生命的不负责任。我想来想去，与其一直沉寂在并不适合我的课堂里，靠意志和自己较劲，不如退一步在其他学科中寻找更好的出路。于是，我开始在几个比较感兴趣的专业之间权衡。结合学校的专业课表，我开始了大撒网式地跨学科蹭课生活。经过一个学期的了解，我最终把目标锁定在了法学。

我作为一个学习数理化的理科生，最初对律师的印象就像很多法律圈外的朋友一样，停留在港台剧里戴着白色假发唇枪舌剑的大律师的形象上。至于后来转行做律师，是我在踏入法律大门之前无论如何也想不到的。法学院的课堂

上，老师相比理学院老师们更加“天马行空”，他们洒脱澎湃地挥洒热情、鞭辟入里地评论实事、毫无保留地抨击黑暗、由浅入深地剖析人性……都给我打开了另一扇美妙世界的大门。法学的课堂吸引了我，激起我探索世界的一份好奇心和隐约的斗志，让我感到充实而有挑战性。

选择法学之后，我给自己定下了考取法律研究生的方向，并且把目标定在最高学府——北京大学。我的选择，也有人提出质疑：跨专业考取研究生，而且是最高学府的研究生，那可是戈壁滩上找泉水——困难得很。所幸我一直是颇有主见的个性的人，可以依靠自己的观察和判断力排众议。在经过充分了解、理性分析之后，我认定我是有希望达成目标的。于是，原本可以无忧无虑的大学时光，除了必要的时间花在宿舍和课堂之外，我大部分时间都泡在了图书馆和自习室。

过程是艰难的，但结果是美好的。我如愿考取了北京大学的研究生。在北大，我有幸聆听大师传道授业、有机会与精英同学为伴，也见识了更广阔的世界。在这儿，我享受到了生动的校园生活。

毕业之后，我曾短暂地做过一段时间的金融相关法律律师，接触的都是大客户。过着看起来很是“洋气”的生活：进出金融街的高端写字楼、称呼客户 Michael、Jessica、Anna，说话时夹杂着英文。也在各种会议上积极发言刷存在感，博取别人的认可。尽管每天晚上 12 点到家，周末只有一天或者半天时间休息，但这样的忙碌反而感动着自己。时不时觉得自己是行业精英，也时不时地小心掩盖着自己内心的忐忑和对未来不确定性的恐惧。像很多刚走出校园踏进社会的年轻人一样，参加工作的最初那几年也许不那么从容、充斥着忙碌，但那段忙碌又莽莽撞撞的时期确实为今后的发展奠定了基础。

不出意外的话，我可能会在几年后有自己的客户，或者也可能会跳槽到客户公司做内部律师（尽管这种可能性不大，我一直坚定地想做一名律师）。

坚持下去可能会迎来不错的物质回报，但我看到了想要开创一番事业时顶在头上的天花板。于是，我舍弃了金融法律行业的光鲜。

（二）不如选个高门槛的专业吧

“你是税务律师，做这种学科交叉的业务本身就代表能力，而你又做得这么出色！”这是我经常听到同行对我说的一句话。税法业务，在很多人看来是一项高门槛的业务。

税法业务之所以门槛高，是因为它需要综合多个学科的知识。

律师要法学背景出身，而税法却综合了法学、财会、税收、经济等诸多学科的知识。例如，前几年曾被广泛讨论的是否提高个人所得税免征额的问题。要研究个人所得税免征额如何设定，不是一个单纯的法律关系问题，而是需要从多个角度综合考虑。需要考虑的因素包括：我国经济发展状况、物价状况、居民生活基本开支水平、国民收入如何再分配以促进社会公平、是否有利于促进居民消费活跃经济，对国家税收收入的影响等。并且，不同于其他部门法，税法虽然也具有法律属性，但却自成体系。许多问题按照其他部门法的思路和税法的思路分析，会得出截然相反的结论。比如，A公司将其生产的电视机作为礼品赠送给合作的卖场。从合同法的角度看，A公司无偿赠送，向卖场交付电视机，没有获得对价。既然没有取得对价，是不是赠送行为不需要纳税呢？从税法的角度看，向卖场赠送的电视机，虽然不是销售，但要视同销售，视同企业取得了销售收入则需要纳税。隔行如隔山，学科壁垒让大多数律师望而却步。

选择高门槛的行业是有先天优势的。

一旦步入税务律师行业，就成功填补了中介服务市场上的空白。在处理涉税法律事务时，发挥着不可替代的作用。非税法方向的律师对税务知识不甚了解，在解决涉税问题时往往难以深入。会计师和税务师由于不具备法律思维和法律专业资质，在处理涉及法律的财税问题时难免力不从心。

在客户公司内部，税务律师同样举足轻重。大公司通常内部设置法务部、财务部和税务部（有的公司税务部隶属于财务部），每个部门分工合作，处理公司的不同业务。虽然各个部门在自己管辖业务范围内都是好手，但是因为法务不懂财务和税务、财务和税务不懂法律，一旦遇到税务争议，就会出现没有专人可以全权负责的状况。税务律师，正好填补了这个空白。这一点我在工作中深有体会。由于具备法律和财税双重知识背景，我可以分别用法律和财税两套语言体系来与法务人员和财务人员交流，阐述我们的观点争取支持；又由于在实践工作中与法务人员和财务人员都有较多接触，对这两类人群有比较深入的了解，这就为在工作中协调两股力量，推动案件良性发展奠定了基础。

高门槛意味着更有深耕的可能性。律师是一个需要长期积累的行业，随着执业时间的增长，律师与律师之间的差异也逐渐拉大。税法业务所需的专业积累较多，如果能吃得苦中苦，经过时间的洗礼，更有可能成为人上人。在做律师助理期间，完成每天的工作任务之余，我都会复盘。记录当天的主要工作，从正、反两方面评价当天工作的成果，总结经验教训，并思考如何在后续的工作中作出提升。我也额外拿出时间加强法律、税务、财务等方面专业知识的学习。都说八小时之外的生活方式决定一个人的未来。工作之余的额外投入让我更快速地实现经验积累，有了更强的专业储备。如今，我在处理案件时得心应手很大程度上要归功于当时的努力。

（三）关注行业动向，勇于置身时代前沿

选择成为专业律师之前，了解行业的发展是基础。对税务律师的行业发展进行深入剖析，有利于把握时代的脉搏，对行业实现精准定位。

1993 年是中国律师发展史上的重要一年。此前，中国的律师事务所是国办身份。在这一年，司法部提出并报经国务院批准了《关于深化律师工作改革的方案》，中国律师得以突破国办的身份，作为社会法律服务的专业人员投身中国市场经济建设，开始市场化运作。自此，合伙、合作制律师事务所在各地纷纷

成立，中国的律师行业得以快速发展。

税务律师的发展比整个律师行业晚 20 年。

不同于中国律师从 20 世纪 90 年代初期开始蓬勃发展，律师从事税法业务相对较晚，这也与我国的税收征管状况有很大关系。

法律在财税领域发挥越来越重要的作用要依托依法治税理念的提出和推行。1997 年，党的十五大提出“依法治国”。1999 年，第九届全国人民代表大会第二次会议通过的宪法修正案明确：“中华人民共和国实行依法治国，建设社会主义法治国家。”在依法治国的大背景下，税务系统也积极推动依法治税工作。1998 年 3 月，针对征收管理中的“人治”现象，国务院发布《关于加强依法治税严格税收管理权限的通知》，强调坚持依法治税，要求严格执行国家税法和税收管理权限的有关规定，严防过去税收的漏洞和执行不力的情况，从各项经济活动中加强税收法制建设，维护国家税收法律、法规的严肃性和权威性。法律在税收征管中的重要性得以强化，这是律师可以从事税法业务的基础。

税务机关的重要使命之一是组织国家财政收入。我国经济在 2008 年之前走在快车道，财政收入随着经济发展水涨船高，税务机关没有大规模组织税务稽查查处纳税人违法行为。2009 年开始，全国税务稽查查补收入才开始出现大幅增长。从国家税务总局历年全国税务稽查工作会议发布的数据可以看出，2008 年之前税务机关基本不稽查，或者一个稽查局一年内仅有一两件稽查案件。在涉税刑事领域，涉税刑事案件大部分是由税务机关发现税收违法之后向公安机关移送。税务稽查数量少，自然涉税刑事案件的数量不多。就在客观上造成当时没有税务律师发展的现实基础。

2009 年之后，随着税务稽查数量的增多，税务争议的案件数量也随之增加。总结起来，主要有几方面的原因：

1. 经济形势紧张，国家财政压力增大。财政压力增大使得税务机关对纳税人纳税合法性的审查更加严格。

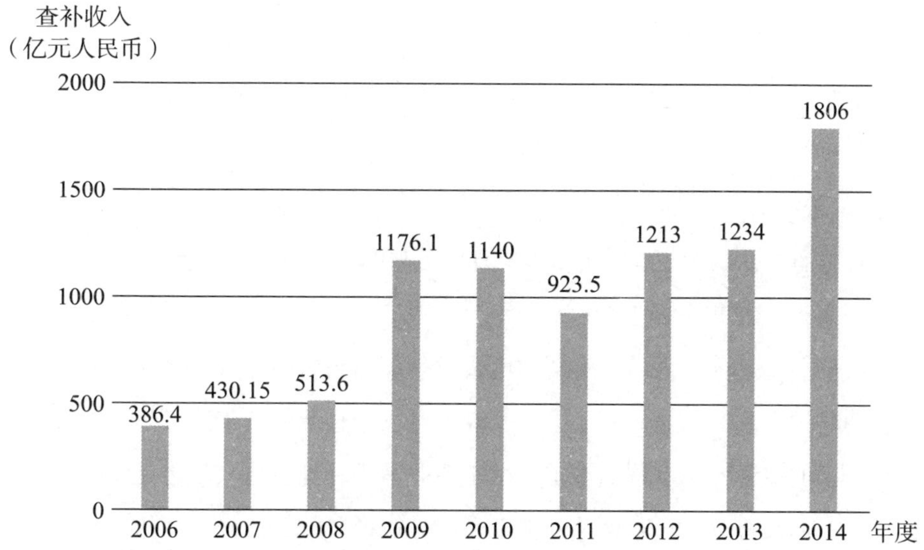

图 1　全国税务稽查查补收入金额年度对比图

2. 法律意识增强。无论是税务机关还是纳税人，法律意识普遍增强。越来越多的纳税人敢于拿起法律武器捍卫自己的合法权益。

3. 历史遗留的税务问题逐渐暴露。以往税务稽查力度不大，导致纳税人的税收违法违规行为没有得到及时纠正。随着稽查力度的加大，以往的税务问题逐渐暴露出来。

4. 经济生活复杂多样。由于税法涉及经济领域的方方面面，税法的条款不能够涵盖所有的经济现象。随着社会经济生活越来越复杂，新的经济发展模式的出现使得税法的规定更加难以与实际匹配，因此引发许多税务争议。

税务争议案件的数量逐渐增多之后，税务律师才有机会活跃起来。2012 年，全国律协成立财税法专业委员会，标志着中国的税务律师行业开始兴起。

趁着中国税务律师兴起的浪潮，我有幸成为队伍中的一员。在税务律师这条路上，凭借在专业上沉淀的成果和敢拼敢闯的韧劲，我乘着行业发展的东风，有机会立在潮头踏浪前行。

（四）坚定走下去，勇做行业弄潮儿

长期的坚持，让我积累了本领域内大量的实战经验，做了一些重大案件。

为当事人挽回经济损失 8 亿元，树立行业业务模式征税标杆

幸运的是，就在入行的头几年，我便参与办理了很多有代表性的重大案件，其中一个案件让我至今记忆犹新。

这是一起融资销售模式引发的增值税争议。当时税务机关要求该企业补缴税款和滞纳金总计约 8 亿元。核心争议焦点在于企业的销售模式是否符合可以开具红字增值税专用发票的规定。由于企业采用的销售模式已经运作多年，并且在行业内被普遍采用和认同，更重要的是被税务机关同样处理的还有同行业 3 家到 4 家企业。我们意识到这不是个案的问题，要慎重处理。我们的委托方作为第一个被处理的企业，也将第一个启动行政复议程序。

作为一名律师，尤其是一名税务方面的专业律师，意味着我们肩负更大的责任、将接受更多的拷问。按照法定的时间，我们向国家税务总局提出复议申请，正式打响了第一枪。

启动复议程序是一个漫长的过程，需要准备诸多的材料：复议时间表、梳理案件证据、起草复议申请书、准备和参加复议听证、与复议机关沟通协调……我作为案件的主办律师全程参与、积极推动案件进程。尤其对于我一个入行经验很少的新人，更是每一项工作都要用心体会，心中琢磨每一项程序的要点和难点，及时做好笔记。要时时向自己提出问题：自己单独处理这样的棘手难题应该如何应付。

这个具有代表性的案件，引起了非常大的反响，总局对这次复议非常重视。复议听证会在国家税务总局举行，总局出席听证会的有国家税务总局政策法规司领导、货物和劳务税司领导、大企业税收管理司领导、稽查局领导等约 10 人。这些各领域的领导和专家纷纷向我们抛出了具有深度的问题，

我们无一例外地给出了很有说服力的答案，面对总局提出的质疑，顺利扭转局势。

这个案件将该企业带入很大的困境之中，企业领导和财务顾问不遗余力地与税务机关进行了长时间的拉锯战，仍然不见成效。在我们事务所介入之后，大家深入讨论该案件的详情，因为涉及金额巨大，每一个成员从各个角度讨论案件成功的可能性，期望看到转机。只是历来的经验和相关案例给大家的暗示是结果不容乐观。纷纷表示对案件的成功不抱太大希望，并且已经在测算复议失败之后，计算进行诉讼程序所需要的成本。但我凭借专业优势，判断这个案子胜算有八成。最终，果不其然，复议机关采纳了我们的意见，税务机关给企业办理了退税。我们大获全胜。

案件结束后，我们的工作得到客户的充分肯定。我还受邀在客户公司内部做了一场企业税务争议及解决技巧的讲座，企业财务部门和法务部门的人员参加了培训。客户公司的法务赞许地对我说："年纪轻轻就办大案，未来可期！"能够得到客户的肯定，对于一名专业税务律师来说是莫大的幸福。

股东入资又撤资，被要求补税亿元，最终仅缴纳几百万元

委托公司主要从事房地产开发及商品房销售业务，是一个典型的家族企业。大股东的女儿从美国留学归来，并且在某知名房地产开发企业工作了约 3 年时间，之后辞职加入家族企业的经营管理中。像很多中国家族企业一样，他们将面临企业向第二代传承的问题。这次，由于税务纠纷，公司一行人，包括公司大股东、大股东的女儿、公司法务经理、财务经理等八九人赶来北京，坐进了律所的会议室。

他们首先介绍了公司和税务纠纷的基本情况。

公司注册资本 1 亿元，由 9 名股东共同持股。2013 年 7 月，公司经股东会决议由大股东的女儿甲某增资 1 亿元人民币，增资后持有公司 50% 股权。公司按照法定程序办理了注资及工商变更登记手续。2014 年 4 月，公司小股东认为

公司增资稀释了其在公司所持有的股份，提出异议。公司股东会经过商讨，一致决议甲某增资1亿元的行为无效，同时决议甲某退出股东会，投资股金1亿元返还甲某。公司依法完成了减资及工商变更登记手续。

交易完成后，税务机关认为企业减资应当缴纳个人所得税，开始与企业就这一问题进行沟通。税务机关认为虽然甲某在减资时未实际进行利润分配，但在纳税时应视为甲某已分得按其持股比例所享有的公司未分配利润，按利息股息红利所得缴纳个人所得税。企业出于朴素的正义观念，认为甲某只是把资金注入公司，后来又撤出了，资金一进一出、做了工商变更，并没有进行实质性的经营活动，也没有取得任何所得，不应当缴纳个人所得税。然而，虽然经过了长期沟通，但是税务机关仍然坚持原有的观点，认为在减资时，截至2014年4月30日公司未分配利润数为1272397532.30元，甲某应缴纳个人所得税（1272397532.30×50%－100000000）×20%＝107239753.23元，并缴纳相应的滞纳金。甲某总计需缴纳税款及滞纳金约1.3亿元。

这个案子不需要缴纳个人所得税，可以帮企业节省这1.3亿元！于是，律师工作紧锣密鼓地启动。由于企业与税务机关一直以来保持了比较好的沟通，为了避免关系过于对立紧张，经过商讨，这个案子采取由律师出具专业的书面意见，由企业正面与税务机关沟通的方式处理。签约之后，我们迅速投入工作中，经过集体讨论，确定了三个论证重点：1. 个人所得税以“有所得才征税”为原则；2. 甲某未实际取得应税所得；3. 对个人所得税实施特别纳税调整没有法律依据。我们的专业意见得到了税务机关的重视。沟通之后，税务机关提出了妥协的方案：不对甲某退出公司时公司全部未分配利润视为对甲某的分配，而仅对甲某作为公司股东期间公司新增未分配利润部分视为对甲某进行分配，征收个人所得税。这已经将企业需要补缴的税款金额从亿元级别降到百万元级别。考虑到完全不征任何税款的工作难度较大，加上企业希望稽查尽快结案，并继续与税务机关保持良好关系，在与企业充分协商之后，企业表示愿意承担税务机关要求缴纳的税款，决定不再继续坚持不需要纳税的观点。案件完美收官！

税务机关一方面肩负着组织国家税收的任务，应征不征税款会面临渎职的风险。当税收法律可能产生不同理解的时候，税务机关更倾向于保证国家税收收入。另一方面纳税人作为老百姓，在与税务机关的关系中，处于相对弱势的地位。再加上纳税人往往缺乏税收法律的专业知识，经常出现跟税务机关有理说不清、说清了却不被采纳等状况。

这个案件中，当事人陆续与税务机关进行了长期的沟通，都没能取得预期的效果。律师介入案件的意义就在于：第一，给纳税人提供“靠山”。专业律师不仅熟悉税收法律，对税务机关执法的要求也了然于心，所以，在有律师介入的案件中，税务机关更倾向于秉公执法。律师的出现本身就是纳税人的“靠山”。第二，提供解决问题的方案。当事人朴素的正义观念往往与案件正确的处理方向一致，但是税收执法必须有法律依据。如何在法律层面上达成正义，是律师可以解决的问题。给案件提供切实可行的法律操作方案可以说是律师对案件顺利解决所提供的最实际的帮助。第三，与税务机关进行专业沟通。确定了处理方案之后，如何让税务机关认可律师的观点是考验律师基本功的关键环节。与税务机关的沟通，可以采取多种方式，有面对面的沟通，也有通过电话等方式的口头沟通，同样重要的是书面沟通。在这个案件中，采取的主要是书面沟通的方式。通过专业沟通，让税务机关从法律逻辑上理解和支持纳税人的诉求，才能促成案件最终结案。

阴阳合同平价转让股权被胞弟举报偷税，免去税款滞纳金、免去罚款八百余万元

股权转让时，另行签署平价转让股权的合同，用来进行工商备案和纳税申报，以此少缴个人所得税，是否会被认为是偷税？这个案件当中，委托人将公司 100% 的股权出让。委托人是股权的出让方，股权出让溢价 4000 余万元。在

股权转让的过程中，交易双方另行签署了平价转让股权的协议，由标的公司办理了平价转让股权的工商变更登记及纳税申报手续。交易完成后，由于家族内部纠纷，股权出让人的同胞弟弟向税务机关和公安机关举报出让人股权转让交易以阴阳合同报税，构成偷逃税款。税务机关遂立案稽查。出让人得知被稽查后，立即筹措资金补缴了应纳的税款。税务机关坚持认为，出让人需要缴纳相应的滞纳金，并认为出让人的行为构成偷税，下达了《税务行政处罚事项告知书》，拟对出让人处以偷逃税款金额1倍的罚款。

出让人全权委托我为代理律师，代为处理税务稽查案件。

签署阴阳合同少缴税款，大家通常会认为这是偷逃税款的典型案件。然而，经过深入了解案件事实、审查证据材料，我从税法中个人所得税代扣代缴制度、偷税的认定等方面入手，出具了详细的律师代理意见，论证案件性质不属于偷税。“这还不是偷税？！”第一次与税务人员沟通时，税务人员大笑着对我的代理观点提出质疑，觉得我的观点可笑至极。面对税务人员的质疑，是律师工作中经常遇到的状况，律师工作需要极大的抗压能力、对正义的信念和应对一系列复杂情况的耐心。经过多次与税务机关面对面和电话沟通、提交书面代理意见，逐渐地，税务机关最终认可了我的观点，对委托人没有定性为偷税，没有处以罚款，甚至没有加收税款滞纳金。再一次大获全胜！

“我请律师来代理这个案子的决策真是太明智了！”结案之后，当事人得意地说。我也由衷地感到欣慰。通过代理案件，让当事人有了对法律的信仰，这是律师至高无上的荣耀。

涉嫌虚开增值税专用发票10亿元，最终判决有期徒刑一年零十一个月

委托单位从事煤炭生产、销售及煤矸石洗选业务。在煤炭行业，煤矿开采过程中需要进行土石方拉运。通常，各煤炭企业自发召集社会闲散施工队或外地车辆进行运输。这个案件中，为了响应政府号召，税务机关要求当地煤

炭企业将运输业务全部由在当地成立的一家物流企业承担，由这家物流企业开具运输发票。这样，运输业务的税源也就留在了当地。委托单位也应税务机关的要求采取这样的模式开展业务，与当地物流公司签署运输合同，物流公司向委托单位开具运输发票，拉运的工作实际仍由跑运输的个人进行。委托单位累计接受物流公司开具的运输发票近 10 亿元，并全部认证抵扣增值税进项税额。

案件当中，公安机关和检察机关最初认为：物流公司没有实际进行物流运输业务，委托单位却接受物流公司开具的增值税专用发票，委托单位涉嫌虚开增值税专用发票罪，虚开数额近 10 亿元。按照公安机关和检察机关的认定，委托单位相关责任人将面临十年以上的有期徒刑或无期徒刑。

这个案子中，涉案的个人被告人都已经聘请了律师，但是由于税法问题过于专业，在与检察人员沟通的过程中陷入僵局。公司董事长的律师在征询了当事人的意见后，当机立断，带头到北京寻求专业律师的帮助。于是，我有机会作为单位的辩护律师加入这个案子的辩护律师队伍中。

经过初步分析，这个案件首要的辩护任务是推翻检察人员认定涉嫌的罪名，将当事人从十年以上有期徒刑或无期徒刑的量刑档次中解救出来。会见当事人、查阅案卷、与检察人员沟通、出具辩护意见……一切按部就班。在这个案件中，我提出了当事人没有偷逃税款的主观故意，客观上没有造成国家增值税损失的辩护意见。随后，与公司董事长的律师一同与检察人员交换了意见，检察人员认真听取了我们的辩护意见。此后，经过多次反复沟通，公司董事长的辩护律师也认真负责地多次与检察人员沟通案件细节。检察机关最终采纳了我们的辩护意见，认为本案不构成虚开增值税专用发票罪，而是以涉嫌最高法定刑仅为七年的逃税罪向人民法院提起公诉，案件取得重大进展！

到法院阶段，辩护工作的重心转变为让法院在认定构成逃税罪的基础上对本案从轻判处。庭审中，我作为委托单位的辩护律师，首先发表辩护意见。第一，被告人积极挽回犯罪行为造成的危害后果，已经上缴了涉案税款，最终未使国家税款受到损失；第二，被告人如实交代犯罪行为、当庭认罪，悔罪态度好……其他辩护律师发表辩护意见时，除了为自己的当事人进一步辩护之外，都纷纷重述我的辩护观点。

法院最终采纳了我们的辩护意见！最终判决委托单位构成逃税罪，公司董事长仅被判处有期徒刑一年零十一个月，其他责任人均被判处一年左右的有期徒刑。打了个漂亮仗！

社会生活总是千变万化，法律的文字规定不可能囊括社会生活的方方面面。在税收立法比较笼统的情况下，在实际的社会经济生活中实现法律的公平正义价值，是律师应当承担的社会使命。

经过几年的磨炼，开始有一些享有盛誉的大公司向我伸出诱人的橄榄枝。曾有世界知名的资产管理公司高薪聘请我做内部税法顾问，我婉言拒绝。四大会计事务所也主动联系我，有意向为我提供不错的职位，我没有动心。

我仍然对税务律师行业怀有热爱，我将会在这个领域继续深耕。

二、善于合作，才能成就事业

做一名专业的税务律师，在具体办理案件的过程中，除了需要自身业务精通之外，有时也少不了团队的合作。

每个项目上的合作对象可能是不同的角色。比如，在办理刑事案件时，与同案被告人的辩护律师之间如何实现优势互补；再如，在进行重大交易的税务规划和风险管理时，与项目中的公司法、证券法等其他专业律师或财务顾问如何配合等。在每次合作中，我所处的角色也有可能有所不同。通常，在涉税刑事案件中，我作为专业税务律师发挥案件主导和整体把控的作用。在税法顾问类业务中，我的作用是就税法问题发表专业意见，在税法领域内掌舵，但在项目整体规划和决策时处于辅助角色，要注意所提出的税法解决方案有助于配合实现委托方的商业目标。在与不同的人合作的过程中，由于每个人的性格特征、行事风格不同，也有必要采取不同的姿态和方式，最终实现顺利推进项目的终极目标。

结合我以往的工作经验，我认为，成功合作的核心在于：

（一）乐于优势互补

律师行业的合作是非常普遍的。这种普遍的合作就意味着合作伙伴的背景、性格、处事风格可能有很大的差异。如果由于个体原因造成合作不畅、影响项目进程无疑是一个巨大的遗憾。如何与不同类型的人共事，是一门艺术。

由于合作的律师办案风格不同、大家的专长不同，我在一个团队中的角色也会有所不同。这就要求在合作中，以达到最佳的办案效果为核心目标，快速找到自己在团队中的定位。不管定位在什么角色，都有推动案件顺利进行的责任和使命。身处不同的位置，用不同的策略和方法推动案件朝着有利的方向进行，实现优势互补，是律师之间合作时需要具备的素质。

这尤其体现在刑事案件的辩护中。一个刑事案件中，可能有多名犯罪嫌疑人（被告人），每个犯罪嫌疑人（被告人）可以聘请两名辩护律师。我办理的很多案件中都出现过同案有十几名辩护律师的情况。各个辩护律师的整体辩护思路和策略无疑会对案件最终的走向产生影响。值得一提的是，同案辩护律师之间是合作且竞争的关系，这也在一定程度上增加了合作的难度。由于同案犯罪嫌疑人（被告人）往往共同实施了涉嫌犯罪的行为，这一行为如何定性、如何裁判是各辩护律师的共同辩护诉求；同时，同案中每个犯罪嫌疑人（被告人）就各自承担责任的范围又可能相互推诿，导致辩护律师间针锋相对。

认清各个成员的立场和诉求，才有合作的可能性。为了实现优势互补，辩护律师在每个案件中可能会扮演不同的角色。

在我代理刑事案件时，如果同案中有多个辩护律师，我往往扮演阐明税法、把控辩护思路和说服法官的角色。在一起新疆的刑事案件中，同案辩护律师超过十人。我经过分析认为这个案子辩护的关键在于让法官认识到，虽然当事人做了许多眼花缭乱的操作，但实质是在偷逃消费税。我作为税法专业律师，自然肩负着阐明税法问题和本案所涉及罪名的任务。这也是我办理涉税案件时经常遇到的问题。目前，我国的司法体系下，没有专门的税法法院，法官隶属于刑事部门，并不具备税法专业知识。办案的检察官、法官是刑法专业，短时间内精通税法问题几乎是个不可能的任务。但是，刑法条文的规定往往简要、精练，不可能面面俱到。对于涉税犯罪，如果不能以税法为基础理解，就必然会出现抠字眼、照搬法条等机械教条式理解刑法的现象，损害当事人的合法权益。如何在短时间内让法官理解案件涉及税法问题的本质并采纳我的辩护意见是决定一个案件成败的关键。案件的庭审中，我的辩护意见成功地引起了法官的关注。法官目不转睛地看着我，生怕错过了哪一句。由于案情复杂，庭审接连进行了两天。中途休庭时，我在法庭外的走廊上散步，隐约听见法官与法官助理在不远处讨论案件，法官说："这个案子的本质是偷逃了消费税。"没错！这就是我想让法官认同的案件税法本质！听到法官这么说，我心里甭提多高兴了，因为我知道，这个案子成功了！除此之外，当天还收到另一个惊喜。庭审后，我委托人的家属兴冲冲地跑来跟我说，"赵律师，你说得真好，我之前一直听这个说听那个说，都没明白这个案子究竟是怎么回事，怎么才能救我老公。听你一发言我就明白了！他们是要偷消费税，虽然也开了增值税专用发票，但那都是为了逃避检查，不是为了偷增值税，也没偷增值税。所以应该罚他们偷消费税，不应该罚他们开发票！"这真是给了我一个大大的惊喜。因为我委托人的家属是一个多年来在家带孩子的家庭主妇，从不过问老公的生意，更不懂什么刑法、税收，她居然也听懂了，而且抓到了案件的重点。这真是对我一个大大的褒奖。另外，我也感恩自己多年来对税法孜孜不倦地研习，也多亏了在每个案件当中都斟词酌句力求完美奠定的扎实基本功。

在前述新疆的案件中，我冲在前头打头阵。在另一起上海的刑事案件中，我则作为军师运筹帷幄。这个案子中，当事人聘请了在上海本地有影响力的律师作为辩护人，在与公检法的沟通渠道方面极具优势。他们缺少的正是有大量办理涉税案件经验的专业律师把控案件的辩护方向和辩护观点。我正是他们亟须的军师人选。经过商讨，我们决定由上海律师与公检法直接对接，委托人嘱托我把控案件走向，提供法律弹药、排兵布阵。在这个案件中，由于不直接接触公检法机关，因此如何将我的辩护观点尽可能全面而准确地传达给公检法机关是关键。这就需要在尊重合作辩护律师的前提下，提出自己的辩护主张，充分传授给辩护律师，并确保辩护律师把辩护观点准确传达给公检法机关。得益于双方的良好合作，合作辩护律师欣然接受了我的专业判断，并将我的辩护观点传达给了公检法机关。刑事辩护工作不是一蹴而就的，而是要根据案件走向，随时做出调整。这个案件之所以最终取得了非常好的结果，还有一个关键点。在控辩双方焦灼的关键时刻，我综合各方反馈的情况，并分析检察人员的心理状态，及时调整了辩护工作的方向和重点。当事人最初被指控的是法定量刑档次在十年以上有期徒刑的罪行，最终仅判处有期徒刑一年零十一个月。折减判决宣告前的羁押期，当事人在判决后的一个月左右时间即刑满释放，一家人得以团聚。

在这两个案件中，律师合作的重要性得以充分体现。作为专业律师，充分发挥自身的优势，同时乐于借助同案律师固有的优势，无疑将给辩护效果锦上添花。在合作的过程中，就需要各自尽职尽责、充分发挥自身的优势，同时，乐于认可和借助对方的优势实现共同目标也是一份不可多得的勇气。

（二）跑好自己这一棒

在一般的项目中，我一般是带领自己的团队完成工作。由于团队已经经过了长期的磨合，工作中遇到的合作问题不多。而在许多项目中，经常并不只有税法问题，而是各个领域的问题错综复杂地纠缠在一起。这就免不了要与其他律师团队和会计师团队合作。同一个项目上，往往还有公司法、民商法、证券法等专业领域的律师。事实上，律师行业已经进入专业细分化的发展阶段，寻求其他专业律师的合作，越来越成为一种常态。比如，我曾经和公司法的律师合作有关破产税务问题的案件；曾经和银行法律师合作有关银行业税务问题的案件；也曾和刑法律师一起接手同时涉及税务犯罪和职务犯罪的案件；还曾和四大会计师事务所合作办理税务行政复议案件……

如何在这样的项目中出色地达成合作？我认为，核心在于每个人都跑好自己这一棒！

首先，要在既定的时限内完成各自的工作。在重大法律项目中，尤其是有多个参与方的项目中，通常有项目进度表。各个项目参与方的工作相互衔接。要想项目按照预定计划推进，就要求各个项目参与方都按照既定的时间表完成各自的工作，否则整个项目进程都会被延误。

其次，确保自己工作的质量，杜绝纰漏。客户对律师工作的要求比较特殊，一来社会对律师工作成果的要求比较高，要求律师出具的意见可信且可操作；二来给律师的工作时间往往很紧迫。这就要求我们在短时间内高效完成任务，不可能安排时间由不同的人反复检验工作成果。尤其当一个项目中涉及不同领域的法律时，每个律师对其他领域的法律很可能并不熟悉，难以在短时间内对其他领域的问题发表意见。这就决定了在项目合作时，各个律师是“背靠背”工作的。也就是说，下一环节的律师完全信赖上一环节律师的工作成果，并在此基础上开展自己的工作。在这种合作模式下，要实现最佳服务效果，就要求团队中的每个律师必须尽职尽责完成自己的工作。

三、事业不易，别忘了诗和远方

我做律师的乐趣，有一部分来源于偶尔感受到的对国家和人民的使命感。

（一）为国内税收立法发声

立法具有滞后性，随着经济的多样化发展和纳税人维权意识的提高，税收法律文本在个案中受到越来越多的“拷问”。税收立法上的问题逐渐暴露出来。

中央政府也就税法立法做出明确的指示，2013年11月，党的十八届三中全会将“落实税收法定原则”纳入“加强社会主义民主政治制度建设”的序列，把税收法定原则上升为党的行动纲领。2015年《立法法》修改，在第八条只能制定法律的事项中增加规定：“……（六）税种的设立、税率的确定和税收征收管理等税收基本制度……”这就从源头明确税收的重要问题要以法律的形式确定。

完善税收立法的客观需求更加明显。最为引人注意的就是《税收征收管理法》的修改。作为律师，我也积极发声，提出法律修改建议。《税收征收管理法》是税收领域的重要法律，它的修订必将持续进行。我也会持续关注、持续发声。

（二）推进国际税收官方立法，维护中国利益

作为一名专业的税收律师，立足自己的本职工作，有责任维护纳税人的利益。作为一名中国律师，更有责任为国家和人民的利益奔走。

参与国际税收方面的官方立法，不仅要有法律文件的整体把握水平，更要立足中国的利益，心中怀着责任感、民族感、使命感。让我印象最为深刻的，是参与到跨境税收问题中，为政府以及中国企业提供支持的经历。

税收具有主权属性，各国政府原本不掌握他国辖区内的纳税人涉税信息、无法进入他国辖区进行税收管理。随着全球人员、资本、货物和服务的跨境流动日益频繁，各国政府在跨境税收管理上的压力大增。尤其是2008年爆发席卷全球的金融危机之后，国际社会高度重视税收征管协作。2010年5月，经合组织与欧洲委员会按照税收情报交换的国际标准，通过议定书形式将修订后的《多边税收征管互助公约》（以下简称《公约》）向全球所有国家开放，2011年6月1日开始生效。《公约》缔约国在情报交换、税款

追缴和文书送达等方面相互提供协助，共同应对跨境税收征管的难题，打击国际逃避税。

2011 年 11 月，为响应二十国集团（G20）加强全球税收透明度的号召，加强国际税收征管协作，时任财政部部长谢旭人代表我国在《加入〈多边税收征管互助公约〉意向书》上签字，承诺我国在完成国内相关程序后签署该公约。此后，国家税务总局、全国律协就加入《公约》做了大量准备工作。

根据《公约》第三十条的规定，缔约国可以对公约部分条款提出保留。签署《公约》时保留事项的确定，对维护我国在国际上的税收权益、保障我国境内纳税人权益具有重要意义。作为专业从事税法业务的法律服务者，我结合自己的专业理论水平和实际情况，对我国加入公约时的建议保留事项进行调研评判，提出包括对我国未开征的税种不提供任何形式的协助、保留提供文书送达方面协助的权利、不允许通过邮寄方式送达文书等在内的保留意见。每一项保留意见都事关中国的切身利益，尤其是面对复杂多变的国际环境，稍有疏忽就可能造成一些国际纠纷，甚至造成我国政府的被动局面，在利益上也容易遭遇损失。作为一位专业的税务律师，我有责任在中国走向国际舞台的进程中贡献自己的一点光和热。在为加入《公约》的保留事项提出书面意见时，尽我所能地站在我国政府的立场，旨在帮助税务部门解决跨境偷逃的问题，维护我国税收主权。

2013 年 8 月 27 日，中国政府正式签署《公约》，这也是我国签署的第一项多边税收条约。《公约》于 2016 年 2 月 1 日对我国生效，自 2017 年 1 月 1 日起开始执行。据经合组织介绍，截至目前，《公约》的缔约国已有约 80 个，成为开展国际税收征管协作的新标准。

2013 年秋，习近平总书记提出共建“一带一路”倡议。中国企业“走出去”的大幕拉开。到今天，“一带一路”得到许多国家的支持和认可。中国成为世界第二大经济体，取得的成绩有目共睹。

走出去的过程必将经历许多预想不到的波折，注定是一个充满挑战的征程。

同时意味着中国企业将面临全新的政治、经济、法律和文化环境。“一带一路”的实践者往往是中国那些具有冒险精神和实干精神的企业家，他们积极响应国家的号召，带领企业冲向世界的舞台，党和政府组织力量帮助企业应对“走出去”可能面临的风险。为解决企业的实际困难，助力企业实现“走出去”的目标税务机关当仁不让，牵头组织对“走出去”涉及的境外税收问题给企业提供专业支持。在这样的形势背景下，受国家税务总局国际税务司和北京市国家税务局第二直属税务分局共同委托，并在北京市国家税务局第二直属税务分局的指导下，我与当时的同事曹禹律师共同作为课题撰写人，全程参与编写了《中国居民（企业或个人）赴美投资税收指南》（以下简称《指南》）的中美税收协定及相互协商程序、美国税务争议解决部分。

这是一项极其富有挑战的工作，从参与《美国税收与中国企业赴美投资税收问题研究课题》开始，我便意识到这项工作内容的意义非同一般。既然已经成为中国企业走出国门的税法智囊，就要帮助我国企业应对复杂的外国税收征管状况。

完成这项工作的前提，是要从根本上了解美国的税收机制以及税务争议解决机制。由于美国的这些内容与我们国家的情况有比较大的差异。面对困难，不免想求取捷径，寻找相关权威专家进行解答，可是业内暂时没有相关专家的观点可供参考。时间紧，任务重，不容有太多时间浪费。经过思虑，我决定依靠自己的力量打赢这场硬仗。

从全局出发，然后局部寻找切口突破，是我初步的一个战略思想。利用一切资源进行大范围的摸索，反复研读。再以关键点为中心，逐步梳理出美国税务争议解决的流程、比较各个解决程序的差异、寻找纳税人解决争议的最佳途径和制胜关键、联络美国当地税务律师请教实战经验……我们用尽各种可能的途径收集资料、深入研究。我与曹律师夜以继日却丝毫不觉得疲惫。

我们按期提交了初稿。项目中期交流会上，北京市国家税务局第二直属税务分局的领导对我们的初稿非常满意，在总结其他部分稿件存在的问题和修改方向后，税务机关的领导一边点头一边说，“我们对赵律师和曹律师提交的稿件，没有任何修改意见！”“你们的稿件充分考虑了企业读者的视角，又有自己的总结和分析。非常实用，可以解决企业遇到的实际问题！”对于我们工作的肯定，便是对专业水平的认可。

等一切工作尘埃落定，《指南》最终完稿，定稿会结束时已经是2014年10月。天气已经转凉。习习秋风吹拂下，我走出税务局的大楼的心情和以往有些不同。让我心潮澎湃的工作结束了，心中涌起一些不舍。转念想到我们费尽心血编纂的《指南》可以帮助中国企业在赴美投资的过程中少走一些弯路，为中国企业走向世界保驾护航，心中又按捺不住地激动。就像一个母亲看着自己长大成人的孩子即将远行，去到更广阔的世界担当一份责任一样，心中荡漾着激动、欣慰和些许惆怅。

2015年4月21日，北京市国税局与直属二分局联合举办了“走出去”企业税收服务宣讲会，并在会上向各企业发放了《指南》纸质版。

出席此次宣讲会的有国家税务总局国际税务司司长廖体忠、北京市国税局副局长胡效国、国家税务总局国际司非居民企业处处长周怀世、税收协定处副处长高峰、反避税处副处长王懿、北京市国税局直属二分局局长邓远军、北京市国税局国际处处长严纪、北京市国税局所得处处长张岩等。同时参会的企业代表有来自中石油、国家电网国际发展有限公司、中国机械设备工程股份有限公司等50余家迈向国际舞台企业的财务和税务负责人。我也作为中介机构的一员，向与会企业介绍了美国税务争议解决机制，并给企业提出几点在“走出去”过程中的建议，比如充分利用事先裁定制度、一旦发生税务纠纷后的处理建议等。

作为一名专业的税务律师，肩上的责任要求我心中有天地，胸中有沟壑。当我代理纳税人向税务机关、法院主张合法权益的时候，我是代表纳税人主张权益。但当民族、当国家需要的时候，我眼中却装进了全中国。民族感和荣誉感不仅仅是一种情怀，更是一种铿锵有力的行动。

做税务律师这些年，有辛酸，也有快乐。随着我国依法治税的持续推进，相信我国的税收征管环境也会不断优化。趁着行业发展的东风，我会继续在税务律师这条路上走下去。

专业律师养成

——并购律师的自我修养

郑寰[①]

【干货心得】

并购律师需要具备较强的逻辑思维能力和文书写作能力，并购交易中交易文件的谈判是十分重要的一部分。并购交易中涉及交易结构、交易安排、交易各方的权利和义务，交易风险的防控以及交易程序的执行，包括交易后的相关问题的解决都会体现在交易文件中，因此交易文件的详细程序、质量决定客户利益是否能够在交易中得到良好的保护，对并购律师的逻辑思维、对交易的把控以及文书写作的能力也是很大的挑战。

---

① 作者系北京金诚同达律师所事务所合伙人，主要从事公司海外并购、境内外上市业务，曾多次参与国有企业集团的境外投资项目、融资以及上市公司重大资产重组等项目。2017年，被评为《法律五百强》(The Legal 500)“公司与并购领域”“新一代律师”。郑寰律师毕业于山东大学法学院、美国福坦莫大学法学院，并获得银行、公司、金融法硕士学位，同时拥有中国和美国纽约州律师资格。在加入金诚同达之前，郑寰律师在美国纽约一家外资律师事务所担任律师。

一、如何选择专业

对于刚从学校毕业的法学毕业生来说，选择成为一名并购律师可能会经历三重选择，首先是选择成为一名律师，其次是选择成为一名非诉律师，最后才选择成为一名并购律师。有人可能很快就能够作出上面的选择，而有人可能会在选择的过程中迷失，甚至中途放弃，而我也是经历了一系列挣扎的过程后才最终确定了我的选择。

从我个人的经验来说，在选择专业时主要需要考虑以下几个方面：首先是结合个人在学校学习的法学专业课程或者法学专业方向，如很多法学院在本科阶段会设有专门的民商法学院、国际法学院、刑事司法学院等和不同的法学方向的学科，在本科阶段就能够接触不同法学方向或者专业的课程，同时，除了法学院的专业方向，更重要的是考虑个人在学习过程中觉得比较感兴趣的专业方向，个人兴趣无论是在学习中还是工作中都是十分重要的，能够为后续专业选择奠定良好的基础；其次是考虑个人的个性特点，如有的人个性比较内向细心，但不愿意与人打交道，而有的人个性外向活泼，但做事情线条比较粗犷，那么前者可能更为适合文书类的工作，后者比较适合与客户沟通较多的工作，但需要澄清的是，上述所谓个性特点是就专业选择而言，而作为律师的一些基本素质，比如认真负责等是任何想成为律师的法学毕业生都需要具备的；再次是在成为律师的最初几年，要尽可能多地接触各类型的工作内容，包括非诉、诉讼类的相关案件或者项目都能够接触，因为虽然在学校中可能学习了不少法学课程，但实际律师的工作与学校学习课程的内容差异是十分巨大的，因此建议在刚开始最好是接触不同类型的工作，包括非诉或者诉讼，然后通过对不同类型的工作的感受，结合自身的实际情况来最终发觉自己适合的专业；最后需要说明的是，在专业选择时最忌讳的是眼高手低的毛病，很多法学毕业生盲目地跟风，如听其他人说并购项目都是标的额巨大、项目情况复杂，认为特别能够体现个人价值，且并购律师收入高，就一窝蜂地选择并购方向，但真正做了并购的项目后，才发现并购项目又苦又累，工作压力巨大，而且并购律师一开始有大量的基础性工作，与个人期待完全不符合，然后就萌生退意。因此，选择专业时最好能够向相关专业的律师多请教，了解这个专业方向的律师需要具备的相关素质和要求，了解这个专业方向的案件或者项目的类型及具体的工作内容和流程，如果可以向相关专业律师了解其对个人从事该专业是否适合的评价，能够更好地帮助法学毕业生在工作中选择适合个人实际情况的法学专业。我作为并购律师，接下来就选择成为并购律师需要作出的三重选择以及每重选择的考量进行详细介绍。

（一）选择成为一名律师

在是否选择成为一名律师上，我一直为团队面试初级律师，据我观察，法学院毕业生一般存在三种情况，第一种情况是非常明确认知到自己希望从事且适合从事律师的；第二种情况是希望从事律师，但不确定是否适合自己；第三种情况是随大溜来面试律所，且对律师行业十分懵懂的，其中第二种占多数。他们中很多人往往并不真的了解律师行业的执业和工作的现状，只是从一些新闻报道、书籍、影视作品中了解律师，或者通过从事律师行业的朋友了解律师行业的情况，大多数时候他们都是抱着试试的心态进入这个行业。

从我个人经历来说，我当初本科选择的第一志愿并不是法学，但这并不妨碍我对法学产生兴趣，并最终选择成为一名律师。所以我理解，在是否选择成为律师这个问题上，对律师行业的了解并不是前提条件，但是有三点是十分必要的。

一是对律师工作期待值不能过高。我发现很多年轻律师在入职前对律师有很多“期待”，并基于这些“期待”会在自己的脑海中对自己即将面临的工作进行“分类”，一类为“律师应该做的工作”，另一类为“律师不应该做的工作”。于是就会产生“挑活”等毛病，对基础性、程序性工作马虎对待，向往方案设计、会见客户、参与谈判等“高端”的工作。要知道，律师的工作就如盖房子，地基没打好，房子就盖不高。在我刚开始加入律师行业的时候，国内的律所大部分还是属于比较粗放式的管理制度，对年轻律师也没有较为系统地培养，一般初级律师都是在实际的项目中积累经验。但是随着律师行业的发展，尤其是“一带一路”倡议使得很多中国国内律所跟着中国企业一起走出国门，逐步了解国外律师的管理制度和对新人的培养机制，越来越多的国内律师也开始建立自己的一套系统的初级律师培养机制，很多律所如金杜、君合、中伦、世辉，包括我所在的律所金诚同达还建立了专项的新人培训计划，对律所内的年轻律师进行系统培训，而这些系统培训都是从最基础的工作开始的。因此，初级律师对律师工作的过高期待将会导致他们在进入律所后对其实际从事的工作产生巨大的心理落差，并最终产生挫败感或者想放弃的感受。另外，律师的工作，特别是非诉律师的工作有很大一部分是基础性和程序性的工作，这些程序性的工作十分枯燥但是又不可或缺，而且如果这些程序性的工作没有很好地完成，其后果可能是毁灭性的。就拿 IPO 项目来说，律师工作底稿的整理是十分枯燥的，很多初级律师十分抗拒从事整理底稿和录入清单的工作，但恰恰因为律师工作底稿的缺失，导致很多律所在 IPO 项目上因此无法提供有效的核查证明或者程序说明，受到证监会的调查甚至处罚。

二是需要对律师工作有敬畏心。从我个人的感受来说，相比于五年、十年前的年轻人，现在年轻人由于互联网的发达，每天接触的信息量巨大，每天面对无数新的事物，造成很多年轻人的焦虑和没有耐心，体现在职业规划上来说往往是追求结果、越发短视，无法忍受工作上的蛰伏期，任何工作都希望能短平快地出结果，而且十分追求工作的性价比，无法忍受自己被“亏待”。我个人认为律师行业的“性价比”其实并不高，因为律师行业普遍来说加班的情况比较严重，且从薪酬水平来说，往往是第一梯队的律所的薪酬较高，而其他大部分律所的薪酬水平仅仅属于中等或者中上等水平。此外，根据我个人粗略的了解，律所中一位律师从初级律师成长为合伙人平均需要 8 年到 10 年的时间，意味着这是一个较为漫长的过程。因此，如果一位初级律师在一开始对律师工作没有敬畏心，那么他将会很快发现律师工作并不像他想象的那样，也无法短期内达到他要求的结果，可能最后很快放弃律师这份工作。

三是对工作的责任心。我个人觉得最后一点是最基础，但也是最重要的要求。可以说责任心是一个放之四海而皆准的标准，适用于所有的工作，尤其是作为初级律师，对其工作必须有认真负责的态度，对任何被交与的工作都需要尽力完成，即使在一开始的时候这些工作可能很基础或者很琐碎。从我个人经历而言，我认为只有对任何工作都抱着一个学习的心态的初级律师，才可能在基础工作中归纳总结出科学的工作方法，提升工作质量，为后续承办更加困难的工作打下良好的基础。

（二）选择成为一名非诉律师

在是否选择成为一名非诉律师这个问题上，在律师行业内部似乎天然地分成了两个派系，一派是诉讼律师，另一派是非诉律师。虽然我也看到有律师既从事诉讼业务，也从事非诉业务。我个人理解，非诉和诉讼的区别主要包括几个方面，因而不同的初级律师需要根据自己的性格、能力和兴趣进行选择：

一是诉讼和非诉的业务范围不同。诉讼业务，广义上理解一般是指争议解决业务，即当事人双方的各类纠纷衍生出的法律服务，解决纠纷的方法上包括诉讼、仲裁、调解等，涉及的法律领域包括民事、商事、行政和刑事诉讼等；而非诉业务则是相对诉讼业务来说，即除诉讼业务外的其他业务，很多律师事务所会把诉讼业务单独作为一个争议解决部门，而就非诉业务又根据业务类型再具体分出其他的业务部门或者业务组别，一般包括并购重组、资本市场、国际贸易、基础设施、知识产权、银行金融等。当然，无论是诉讼业务还是非诉业务都可以再分出很多更细化的专业方向，上述只是一个概括性的介绍。

二是诉讼和非诉业务对专业的要求不同，诉讼业务的专业根据诉讼的类型有所不同，如民事、商事、行政和刑事诉讼等需要熟悉相关方向的法律，即民法、商法、行政法和刑法等，但同时还需要熟悉相关程序法，如民事诉讼法、行政诉讼法、刑事诉讼法，即做诉讼既要了解实体法，更要熟悉程序法，特别是对法院的司法实践需要十分熟悉；非诉律师由于大多数的时候不涉及司法程序，更多的是根据律师的专业方向需要对相关实体法进行深入了解，如上面提及的并购重组、资本市场、国际贸易、基础设施、知识产权、银行金融等方向，则需要律师相应地了解公司商事、证券相关法规，国际贸易相关法规，房地产和基础设施相关法规，知识产权相关法规，银行相关法规等法学专业知识。

三是诉讼通常是对抗性的，而非诉通常是融合性的。诉讼律师由于代理的是处于争议和纠纷中的双方，因此诉讼律师大部分时间都要处在一个对抗性的环境中，无论是准备诉讼材料还是在法庭上的当庭对抗，且诉讼律师需要具备清晰表达观点、快速反应、准确抓住对方漏洞的能力，而非诉律师由于代理的是商事案件，更多偏向融合性的案件，即促成交易发生，促成交易成功，因此需要非诉律师在代表客户利益的基础上通过提供建设性的思路和方案解决客户的问题，以使得项目能够成功，对非诉律师来说，更高的要求是具备商业化的思维，以及具备综合的知识背景，了解行业的现状等。因此，对初级律师来说，需要根据自身的性格特点来选择不同的方向。

从我个人的经历来说，首先，我个人的性格可能更为适合非诉律师；其次，我个人更偏好非诉项目中更为商业化的思维环境，我觉得这样对我个人的知识结构和能力发展具有促进作用，因此我在执业之初就选择成为非诉律师。当然，对于初级律师来说，如果在执业之初无法确定自己是否选择成为非诉律师，我的建议是初级律师在最初的三年内可以通过参与非诉和诉讼类的项目，尽快确定自己的兴趣方向，由于律师的执业方向是往越来越专业的方向走，因此越往后律师执业越会是更精更细的方向，如果在后期再调整执业方向难度就会非常大。这也就要求初级律师在最初的三年内大量参与不同类型的项目，这样才能够具体了解每一类项目的实际情况，以尽快确定自身的兴趣。

（三）选择成为一名并购律师

并购的官方定义一般包括“兼并”和“收购”。兼并是指一家企业吸收合并另一家企业，被吸收合并的公司不再具有主体资格；收购是一家企业用现金或者其他资产购买另一家企业的股票或资产，以获得该企业的全部资产或者某项资产的所有权，以便获得对该企业的控制权的行为。通俗来说，并购可以体现为几种类型，第一种是“大鱼吃小鱼”，即大企业并购小企业；第二种是“强强联合”，即同等规模的企业进行合并以增强市场竞争力；第三种是抱团求援，即行业内企业之间并购增加行业竞争力；第四种是“蛇吞象”，即小企业并购巨无霸型的企业，这种案子在跨行业并购比较多见。但无论是哪种类型的并购，买方出于上述各类型的目的，都首先要经历一个寻找猎物的过程，确定猎物后还需要对猎物进行深入了解，深入了解后决定猎物确实值得购买且价格合适，购买后自己也能驾驭，双方才会走入正式的签订合同实施买卖的过程中。但是，由于买方往往在前期对猎物的真实情况无法了解得十分透彻，而且由于并购过程中买卖双方处于利益的对立面，卖方很多时候也不愿意把真实的情况完全展现在买方面前，因此这个时候买方和卖方的律师就十分关键。从买方的角度来说，买方律师在并购交易过程中一般主要需要在如下几个方面协助买方：

一是收购方案设计，即根据案件的实际情况协助买方设计收购方案。

二是尽职调查，即对目标公司或者目标资产进行全面的法律尽职调查，通常涉及基础情况、历史沿革、股东情况、业务资质、公司治理、资产情况、对外投资、债权债务、重大合同、关联交易、劳动人事、税务、诉讼和行政处罚等事项。

三是交易文件的起草与谈判，即起草交易文件并参与交易文件的起草。

四是交割，即在协议签署后协助买方完成协议的履行，并最终完成收购交易。

除了上述主要法律服务之外，并购律师的业务可能还涉及其他类型的业务，比如并购交易往上游延伸的投融资、改制上市业务，并购过程中的反垄断，与并购案件类型相似的重组，以及公司的常年法律顾问，或者并购案件相关的诉讼业务等。

根据司法部的统计数据，截至2019年年底，全国共有律师47.3万多人，律师事务所3.2万多家，而这3.2万多家律师事务所中，除了仅经营诉讼业务的律师事务所之外，只要有非诉业务的律师事务所就有从事并购业务的律师。可见并购业务的门槛很低，而且由于并购业务涵盖面很广，只要稍微沾点边，都可以说自己是从事并购业务的律师。但同时，我们也能看到，各大法律杂志如钱伯斯、Legal 500、ALB等每年评选的最佳并购律师事务所和最佳并购律师都是出在几家位列前茅的大型律师事务所，这就说明并购业务的门槛虽低，但真正做得好的并购律师还是很少的，基本都在金字塔顶端的几家律所，更别说很多律师都是入门之后如大浪淘沙般又被淘出去了。是否选择成为一名并购律师，我个人一些浅显的总结是，选择成为一个并购律师，需要有以下几方面的准备：

一是并购律师的工作强度非常大，相比于其他交易，并购交易虽然个案差别比较大，但都具有一个共性，就是时间压力非常大。我经历过的并购交易短的可能几周，长的也有几年，但往往在启动的时候，客户都希望能够尽快完成。我曾经历过一个并购交易在3天内需要完成从尽职调查、交易协议谈判和交割的全过程，在那个项目上我们团队在3天内几乎全程都无法休息。对于交易律师来说，一般前期都会面对巨大的交易和时间压力，需要在短时间内完成十分复杂的工作，而如果一个律师同时参与到多个并购交易过程中，那就是时间压力的叠加。此外，并购交易由于涉及交易方案变更、交易对方谈判、市场环境、经济环境等各方面的因素，往往具有非常大的不确定性且经常会出现突发的情况，这就意味着并购律师就像救火队员一样，每天都要面对不同的突发“火灾”并想出各种方式去灭火。

二是并购律师的抗压能力要非常强。由于并购交易面对巨大的时间压力，且交易结构往往非常复杂且变数大，交易谈判难度也很大，因此并购律师需要面对多重交易的压力，这就要求并购律师必须具有非常强的抗压能力，面对来自客户、交易对方、其他中介机构甚至政府部门的压力。

三是并购律师需要具备较强的逻辑思维能力和文书写作能力，并购交易中交易文件的谈判是十分重要的一部分。并购交易中涉及交易结构、交易安排、交易各方的权利和义务，交易风险的防控以及交易程序的执行，包括交易后的相关问题的解决都会体现在交易文件中，因此交易文件的详细程序、质量决定客户利益是否能够在交易中得到良好的保护，对并购律师的逻辑思维、对交易的把控以及文书写作的能力也是很大的挑战。

初级律师在经历了上述三重选择并最终确定选择成为一名并购律师之后，接下来可能需要考虑如何学习成为一名并购律师。

二、如何做好专业

基于我个人这几年从事并购交易的一些感悟，我觉得初级律师如果希望能够成长为一名并购律师可能需要在执业过程中学习并具备以下几个方面的基本素质和能力：

（一）基本素质

首先，并购律师特别需要在工作中培养细心和仔细的工作习惯。并购交易过程中涉及大量的法律研究、文书审阅、文书写作、底稿核查等工作，特别是初级律师在最初工作的三年至五年是了解各类并购交易的程序，掌握并购交易基础的阶段。但是很多初级律师都会重实质、轻程序，或者重内容、轻格式，总是觉得后者不那么重要，甚至出现一个文件初稿中有几种不同的字体且字体大小不一，段落前后不齐，满篇错别字的低级错误。要知道，律师本身就是一个以文字工作为主的职业，对文字功底要求很高，特别是对于并购律师来说，在一个十分复杂的并购交易过程中，可能涉及交易前、中、后的不同阶段，每一个阶段都可能需要起草几份甚至几十份文件，任何一份文件的格式或者文字出现错误，都有可能会导致需要返工和修改所有的交易文件，交易文件的质量、严谨性和精细程度更是决定了一个并购律师的能力高低。一份律师的文件如果满篇错别字，格式混乱，即使内容再详尽和到位都无法得到客户的认同。我刚刚执业时参与的一个并购项目，曾经出现项目律师在发给客户邮件时误把交易对方抄送在内，导致泄露客户的谈判底线，对交易造成很大的影响，导致客户解雇了项目律师。因此，要成为一名合格的并购律师，勤奋和仔细是基础。

其次，并购律师需要培养并一直保持对新兴事物的好奇心和积极学习的状态。律师是一个需要紧跟社会发展的行业，从几年前的“互联网+”，到后来的“区块链”，再到最近的“新基建”，随着我国各类新兴产业的不断发展，政府政策的不断出台，国际社会关注方向的不断变迁，律师面对的是实时更新的信息轰炸，每天都需要理解时下最新的信息和热门的知识，否则就很有可能跟不上最新的政策。此外，近年来我发现不断有新的律师事务所加入早已竞争激烈的律师市场，不断有律师事务所合并、开立分所，也不断有团队出走，设立新的律师事务所，大家都在探索一种适合自己的律师事务所的经营模式，但不可忽略的是律师行业的竞争一直都十分激烈，而且短期内可能还会处于律师事务所之间相互竞争，打价格战的情况，所以，如果律师懈怠一刻，可能下一刻就会失去一个项目，甚至失去一个客户。以我个人经历为例，虽然并购领域是一个很大的市场，从事并购业务的律师也多如牛毛，而且这个领域律师入门的门槛很低，律师服务的质量参差不齐，但可以发现的是，由于并购交易对于很多客户来说都是偶发性的交易，客户的黏性较弱，很有可能这个项目委托的是一个律师事务所，下一个项目就马上更换新的律师事务所，作为律师如果不及时跟进行业内最新的信息，不学习新的政策，并进一步转化为可供客户使用的产品，那么客户可能很快就会转而投向其他的律师事务所。

再次，并购律师需要培养并具备团队合作的意识。并购交易大部分都是团队作战，在团队中会有初级律师、资深律师、合伙人、助理、秘书，不同位置的律师承担不同的工作内容和角色。一般来说合伙人主要是统领项目的整体情况，以及主导项目主要的工作进度，资深律师主要负责项目的现场工作，并与客户进行相关项目的沟通，以及统领其他项目成员的相关工作。初级律师一般是支持资深律师及合伙人的工作。因此，无论在团队中处于一个什么样的位置，并购律师必须学会的一门功课是与其他项目团队成员的配合。我曾经参与的一个项目是在一个月的时间内对一家矿业上市公司进行尽职调查，对其持有超过40家企业的尽职调查，我们的团队由四个资深律师分成四个小组，每一个小组项下由4—5名律师组成，四位小组长向项目牵头合伙人进行汇报，如此形成了一个树状的团队，我们形成的汇报模式是每天由小组长汇总各组的项目进度，向牵头合伙人汇报，再由合伙人向客户汇报。而作为项目组成员，需要服从调配、积极沟通、随时准备支持其他团队成员，如此才能形成团队的战斗力。当然，我也看到有一些并购律师通常是个人单打独斗，但是这样的并购律师由于个人能力和精力有限，可能无法承办大型的项目。此外，从并购交易中律师收费模式的现状来看，一般来说交易的体量和复杂度决定了律师可以收费的高度，因而有对律师承办团队的要求。

最后，并购律师需要锻炼并具备强大的心理素质。并购律师的生活几乎每时每刻都在面对压力，并购律师通常会参与多个并购项目，很多时候处在多个并购项目同时进行的过程中，而一个并购项目就会有客户、其他中介机构、目标公司、卖方等各方，可能涉及参与并购项目的多方同时联系律师需要沟通项目的情况，同时可能每一个项目还需要开会和完成项目的相关工作，可能一天下来光电话都接不完。而且，并购项目的时间表难以控制，一般时间都无法预判，可能随时随地就需要开会讨论或者临时增加相关工作，导致并购律师个人的时间也无法提前安排。因此，并购律师需要具备强大的心理素质，面对多个并购项目同时进行且可能都处于焦灼的过程中还能够沉着应对，兵来将挡，水来土掩。此外，很多情况下并购律师的心理素质也是客户是否认可的重要因素，要知道在并购项目谈判中，律师都是客户的子弹，一般都是双方律师上来先“干一架”，把矛盾冲突都解决了之后，留着几个重要的筹码等着客户迤迤然地过来拍板，所以并购律师的沉着冷静的态度，不卑不亢应对的能力能够给客户谈判带来更大的信心。如果律师已经慌了，或者妥协了，那客户后续的谈判就更为困难、更为被动。此外，做并购律师还需要面对的另外一种心理上的压力是来自同侪的压力，比如说跟你同年级的同学没有从事律师行业的，自己做生意挣了很多钱，可能同学聚会的时候你会发现原来在班上排名还不如自己的同学，因为接手了家里的企业收入颇丰，或者说其他同学没有从事律师行业，进入企业、政府部门或者创业，每天朋友圈发发度假的照片，发发吃好东西的照片，生活也十分惬意，而反观作为律师的你可能还在水深火热中挣扎。这个时候你就要有一种抵抗诱惑的良好的心理素质，当然也可以说是自我调节。因为虽然做律师很辛苦，而且可能收入与付出很多时候是不成正比的，但相比于其他工作来说，做律师是我比较喜欢的工作，律师行业内更多看的是律师个人的能力，即如果律师个人能力很强、经验丰富是可以在这个行业当中有所建树的，有的时候不受制于外界的影响，不会像一些其他职业，你可能需要通过一些关系。有一些行业永远是做一种同类型工作或者做一些重复性的工作，但是做律师的话，很多时候你面对的是一个全新的东西，比如说我做这么多年并购交易，没有做其他行业，这么多年做的案子当中没有任何两个案子是一模一样的，所以案子不一样，客户肯定是不一样的，就算同一个客户做不同的并购，可能交易结构或者面对的交易对方，包括整个交易文件都不能完全一样，所以你永远都在面对一些新的事物或者面对新的理念、新的方法，还有一些新的知识，这个东西对我来说是很有吸引力的，因为我不希望这个职业是千篇一律的，大家在选择做律师的时候可以考虑这个方面。

（二）专业能力

除了法学专业能力之外，我个人觉得要成长为一名并购律师，相比于从事其他领域的律师而言，需要特别注重以下几方面能力的培养：

1. 熟练使用办公软件的能力。我发现很多年轻律师会忽视对办公软件的利用，导致在办公软件的使用上花费大量的时间。我注意到团队几位新来的初级律师每天都埋头在电脑前工作，每个月记录的工作小时也很多，但实际的工作内容并不多，后来我发现很多初级律师工作效率不高的原因是他们忽视了办公软件的利用。由于并购律师有大量的文书起草工作，且每一份文件还涉及排版和格式的调整，一份简单的合同，一位熟练使用办公软件的律师可能只需要 1 个小时，而不熟练的人员则需要 4—5 个小时才能完成。从团队整体的作战能力来说，成员间工作效率这样的差异可能导致一种循环，效率高的律师可以越来越参与更为复杂和深入的工作，而效率低的律师可能一直都在循环做一些基础性的工作。所以，对初级律师来说，仅就熟练使用办公软件这个点，就可以让你能够获得比同事更多的机会，这也是我们团队一直都非常注重办公软件的培训的原因。

2. 了解除了法学以外的其他行业的知识。一般企业有意进行并购交易可能会基于产业转型升级、优化生产成本、提高技术水平、扩大品牌知名度、扩大市场份额、政府政策驱动等各方面的原因，但最终是否并购，以及并购后能否成功取决于前期的商业判断，这个商业判断需要基于法律、技术、商业、财务、税务角度各方面信息的汇总。一般的并购交易中都会包括律师、会计师、税务师、技术团队，有时候还包括财务顾问，各家顾问机构都会基于其自身的专业方向来给客户提供专业意见，但是每一个机构的专业意见并不是独立的，比如律师的意见不能仅仅就法律论法律，需要基于商业的实际情况以及以往项目的经验为客户提供具有可行性的意见和建议。另外，很多时候并购交易中的风险并不是单一风险，一个问题可能既是法律风险，也是财务风险，也可能是技术风险。因此，如果律师无法理解商业逻辑，不懂财务知识，也不明白技术内容，那么律师的意见势必只是一个脱离实际情况的意见，不具有任何可操作性，但律师如果需要提供具有商业可行性的意见，就意味着律师不仅仅需要具备法律知识，还需要融会贯通，了解法律、技术、商业、财务、税务等各方面信息。在我们团队中，我们一直很注重让初级律师去了解技术、商业、财务、税务等各方面的知识，需要能够看懂企业的财务报表，了解企业股权和资产的评估方法、估值的方式，了解税务架构搭建的基本逻辑、对企业所在的行业的有关信息、企业本身采供销的情况十分了解。这样一方面在服务客户的过程中，客户会认为律师是了解其所在行业的；另一方面并购律师给予的建议能够为其商业意图服务，给出的法律角度的建议是具有可操作性的，如此才能真正做到服务于客户。

3. 良好的沟通能力。并购律师的沟通能力体现为内部和外部沟通，内部沟通主要是团队内部，并购交易基本上都是团队作战，这个团队里面可能就会有初级律师、资深律师、合伙人、助理、秘书等，可能是两到三个人，也可能是十几个人甚至二十几个人的团队。因此，项目内部沟通需要尽量扁平化，提高内部沟通效率。从我们项目团队的经验及日常工作来说，我们会有关于初级律师的定期培训，以使得初级律师了解项目团队的工作要求和工作方法，如在具体的项目中，我们会通过建立项目组邮箱、项目组内部群，随时更新全体项目成员项目的进展，这样能够做到任何时候项目全体成员都能够清晰了解项目进展，如果有突发事项可相互支持，避免单线沟通。另外，项目组定期召开项目内部会议沟通项目进展，让项目组成员特别是初级律师了解项目进度，并就项目上的主要问题进行专题讨论。除了内部沟通以外，对外的沟通我们会在项目组内部相互配合，一般主办律师主要负责与客户沟通，但有时候会有一些现场工作需要初级律师驻场的要求，那么在前往现场之前会对初级律师进行现场沟通的培训，并提示其注意客户现场的一些工作习惯。并购律师需要良好的沟通能力是因为并购交易中律师与其他中介机构、客户组成了一个大型的工作小组，在这个工作小组内部会由各方负责不同的工作内容，同时定期汇总并与客户进行讨论，代表客户与交易对方进行谈判，而且并购交易一般来说涉及大量在客户之间、各中介机构之间、其他交易对方之间进行协调的工作，具备良好沟通能力是十分必要的。

4. 良好的时间管理能力，由于并购交易的个案差异、复杂程度、时间安排的不确定性很大，而且并购律师通常会同时参与好几个不同的并购项目，这就需要学习并形成良好的时间管理能力。关于时间管理，有一个较为通行的矩阵理论，即每天将事情分为四类，第一类是重要且紧急，第二类是重要不紧急，第三类是紧急但不重要，第四类是不重要不紧急，并根据上述四类事项安排一天的工作时间，即第一类的先完成，然后以此类推。此外，在我们团队内部，我们还会教导初级律师使用一些时间管理的工具和方法，比如使用记录时间的软件记录每天的工作明细和时间，使用任务清单软件记录每天需要完成的工作，使用笔记本记录项目需要主要关注的问题和主要节点，以提醒自己在重要节点时需要出具的相关文件。有一个特别影响时间管理的因素就是微信的普及，因为微信的普及，越来越多的客户喜欢使用微信建群进行工作，发送文件或者召开电话会议，导致律师很多时候也被迫要通过微信的方式与客户沟通，但从我个人的经验来说，微信其实是十分不适合工作的软件，它最主要的目的是用于沟通，但就传送文件或者其他工作的功能存在一定的弊端，比如传送文件容易丢失等，而且微信其实并不是一个即时通信工具，但很多时候客户会把它作为一个即时通信工具，任何事情都通过微信来进行沟通，导致在工作的过程中需要时时关注微信的动态，打乱其他工作的节奏。而且习惯于使用微信随时沟通，会导致时间被切分，无法集中注意力，也导致工作效率下降，因此在我们团队内部，我们严格要求除了与客户沟通以外，不能直接通过微信发送文件，并尽量说服客户使用传统的邮件等方式进行工作文件的传递。

5. 良好的外语能力。并购律师如果能够具备良好的外语能力，则可从事涉外的并购业务。随着国家“一带一路”倡议的不断开展，以及中国企业“走出去”“全球化”的要求，越来越多的中国企业走出国门进行并购交易。但是中国企业普遍面临的现实问题是语言障碍，因为中国企业高管普遍不具备使用英文进行谈判的能力，而目前市场上也没有专业的法律翻译，大部分的翻译都是商务翻译，在一些关于法律专业术语的翻译上很难做到精确和到位。另外，中国企业如果聘请外资律所作为法律顾问，外资律所的合伙人由于大部分是外籍律师，也无法准确理解中国企业领导的诉求。因此，越来越多的中国律所中具备国际交易背景的并购律师开始充当代表中国企业在国际并购交易过程中与交易对方进行沟通和谈判的桥梁。这些并购律师通常有国际并购交易的丰富经验，非常了解国际交易惯例和流程、具备出众的语言能力，可以直接使用英文进行谈判，也能准确为客户进行翻译和解释，还能够准确理解中国企业的诉求并向交易对方进行解释，并购律师因此充当了交易润滑剂的角色。

成为并购律师的过程就如同爬一座山，一开始远看时，山体周围烟雾缭绕，山上绿树成荫、郁郁葱葱，再往高处能看到瀑布飞流直下三千尺的壮观景象，令人十分向往；于是你兴冲冲走到山下，发现很多人也被吸引过来，再抬头一看，之前因为云雾的遮盖并没发现这个山其实特别高，要爬到顶层的瀑布道路十分漫长，再一看这山上虽然绿树很多，上山也有很多条路，但每一条都崎岖无比，而且途中可能还有陡坡悬崖。这时候，没有任何准备的人可能就被吓退了，有的可能觉得太高也退却了，而真正开始爬山的人也可能爬到一半就坚持不下去了。但有的人可能准备充分，早早就锻炼好身体，做好了长途攀爬的心理准备，也有的人事先对爬山路的地图和各条路线了如指掌，并提前规划出适合自己攀爬的路径，如此才能真正到达山顶，享受壮观的风景。因此，总结来说，初级律师还是要做好准备，坚持不懈，不断学习和提升自己，这样才能成长为一名优秀的并购律师。

兴趣引领　内外兼修

——一个环境资源领域专业律师的执业感想

周亚成[①]

【干货心得】

法学是一个实践性非常强的学科，法律领域是一个不断发展变化、不断更新的领域，律师工作是非常需要心智、毅力和定力的。在社会分工日益精细化、律师业务日益细分的今天，作为年轻律师，必须把有限的时间集中在自己选定的专业领域上。勇于实践，见微知著，才能慢慢懂得办案的逻辑与方法。在律师业务内容方面要做精品，在律师业务形式方面要有与之相适应的层次，才能使律师业务的内容与形式达到完美的统一。

---

① 作者系中伦律师事务所合伙人，具有高级律师职称和经济师资格、会计师资格及企业法律顾问资格。作为环境与资源领域的专家，周亚成律师的业务横跨非诉和诉讼两个阶段，并连续八年被权威国际法律媒体钱伯斯（Chambers & Partners）评选为钱伯斯全球“环境领域杰出律师”和“能源与自然资源领域杰出律师”。此外，周亚成律师还担任中华全国律师协会环境、资源与能源法专业委员会委员，中国金融学会绿色金融专业委员会副秘书长、金融法规小组牵头人及央行“绿色金融工作小组专家委员会”成员，并作为唯一的律师界人士参与起草中国《应对气候变化法》的立法工作。

一、披沙拣金，兴趣引领——青年律师如何选择专业

孔子《雍也》中曰："知之者不如好之者，好之者不如乐之者。"由此观之，乐之者实乃律师为之专业的最高境界。那么作为青年律师，何以达至此等"乐在其中"的境界？答曰：要重视执业方向、专业领域的选择。但选择专业领域如同披沙拣金，非有兴趣引领，恐如雾里看花、明珠暗投，亦致劳而无功、难以为继。兴趣是最好的老师，如果对自己将要踏上的专业道路没有太多兴趣，要做好专业律师是很难的。

我有经济师、会计师、企业法律顾问资格，而且我在江苏悦达集团当了10年法律顾问，还做了5年国有企业的总账会计，从填写记账凭证到写财务报告我都做过。江苏悦达是上市公司，如果我做IPO业务，那客观上应该有优先条件。但是我志不在此，我的兴趣也不在这个地方。如果证券业务非我兴趣所在，那么尽管我一看报表就知道这个企业怎么样，也曾研究学习诸多上市公司的诸多规则、IPO要求，但是做业务的整个过程对我来说也会非常漫长。哪个专业都有自己的系统理论，专业知识和各种背景知识，学习研究那些论文也好，专著也好，法规也好，都是需要耗费很长时间、大量精力的，如果从事的业务不是兴趣所在，那么我会感到很痛苦。

当然，每个人的兴趣爱好不同。有的人对证券很敏感，觉得做证券发行、IPO业务很有成就感，是处于食物链的顶端，做证券律师"高大上"。作为律师，如果你的兴趣、知识结构、自身的条件也与证券业务相符合，不妨就从事你感兴趣的证券业务。但如果一位律师仅仅是为了生计，为了饭碗，为了养家糊口而苦苦研究IPO规则，那么他仅仅是一个为生计而工作的律师。

我认为最完美的情况应该是"专业业务乃兴趣之所在"，继而此后的学习、研究和工作都会是一个非常享受的过程。正所谓"机忘鸥鸟情相狎，兴适琴书趣独穷"。如果你在选择专业业务领域的时候能做到兴趣与业务的完美统一，我

认为你离成功就会很近。就像是开着奔驰汽车在高速公路上跑。否则，尽管你开的是一辆奔驰汽车，但如果上的不是高速公路而是泥泞的土路，那一定还跑不过拖拉机。你的奔驰车可能陷进泥中走不动了。所以说兴趣很重要。

当然，在以兴趣为引领的同时，也要关注自身条件。正如上文所言，自身的条件与所选专业也要契合。如果对建设工地预算、增项调整、设计施工环节非常熟悉，就可以把实践上升到理论，上升到法规，上升到前期的订立合同和后期的合同履行和争议解决。所以说，在兴趣的引领下，专业业务与自身的条件相匹配、相吻合才会获得最好的结果。

二、驰骋江湖，内外兼修——青年律师如何做好专业

作为律师，可以说我已经在这条路上走了很长时间，有很多感慨。回首过往，我一生追求的目标比较明确，尽管我一路走来经历了很多，但还是基本上实现了自己人生的几个主要愿望。那么我是怎么做到的呢？我认为主要是要做好内容和形式两个方面。内容就是客户委托给自己的事项，就是每一个案件。但只做好内容不行，还需要形式方面做得很好。现实中有的律师做业务做得很精致，研究得很透彻，观点很清晰，办案效果也不错，加之自身业务大众化，没有足够的竞争壁垒，导致这些律师的业务量有限，这就是因为在形式上有所欠缺。所以我认为做好业务本身的同时还要做好形式方面的配套，否则会影响到专业的可持续发展。

（一）如何做好“内容”

目前，做争议解决的团队有四五个人做研究就够了，两个人出庭，几十亿元的案件很快就能搞定。可以说争议解决业务也处在食物链的顶端。因为我也做争议解决，所以通常情况下，我会以一个诉讼律师的身份来看待问题。其实争议解决是一个非常能够体现律师综合能力的专业领域。我甚至有这样的一种

感受，没有做过争议解决、没有上法庭代理过案件的律师一定是有缺憾的，因为他不能更好地理解怎样在法庭证明自己主张的合法性。司法是公正的最后一道防线，所以你自己想象的合法性最终能不能得到承办法官的确认是检验律师“做内容”是否够好的一个重要标准。这也是我以做争议解决业务为例，来阐述怎么样做一名专业律师的原因。

1. 充分准备，夯实办案基础

虽然我们系统地学过民法、合同法、物权法等，但可能有很多条款学过以后好长时间都不怎么用。假如我拿到一个案件，我要做的第一件事就是弄清楚案件涉及的法律关系。然后让助理也好，或者我自己也好，把该案件中法律关系涉及的所有法律、法规、案例、司法解释、理论文章、专著，不同专家的不同理解，学界和实务界的主流观点等，做一个全面的概括和准备，时刻做到心中有数。开庭的时候，我的代理词是活页，不编页码。谈及每一个争议的问题时，对方可能根据我的观点提出何种相反的观点，我都会用提前准备好的几个层次的观点来应对。尽管我出庭做争议解决时，很多情况下对方连第二轮有效反驳都没有，但我都准备着以防对方提出更深层次的问题。法庭辩论第三轮会说什么问题我同样有准备，能够及时作出应对。

在庭审的时候展现出主动性，法官才能清楚你阐述的观点。而把自己的观点完整地呈现给法官，是只有通过前期对法律法规、司法解释、案例等进行精心准备才能达到的境界。这需要与时俱进，持续地关注所处专业的热点问题，特别是要分析最高人民法院近期的重要判例，了解最高人民法院裁判的准则、依据和倾向，了解最高人民法院的裁判者是怎么考虑问题的。

2. 放宽视野，关注政策动态

律师要关注重大事件和行业市场。比如，供给侧改革对我们律师市场影响很大。“三去一降一补”是什么，必须搞清楚。去杠杆是强制性的指标要求，对整个金融系统、企业和老百姓都具有非常重要的意义和影响。去杠杆意味着企业融资会受到很大程度上的限制，国有企业、上市公司负债率是被强制性地降下来的。不把杠杆率降下来，企业的法定代表人会被约谈，上市公司的控制人要被询问，而且整个金融机构是根据杠杆率、负债率把握给企业发放贷款的尺度。可以说，现在市场对做债转股，做企业去杠杆、去产能、去库存的重组需求非常迫切。而国资委每年对国企有相应的考核，每一家央企都有“三去一降一补”的具体指标。如果说你在这方面有优势、有方法、懂政策，那将会非常受欢迎。那么我们要怎样用律师的知识，依据法律的规定帮这些企业去杠杆？怎样提出最佳的方案呢？这就需要我们关注国家的最新政策。

党的十八大以来，央企招投标越来越多，也越来越严格。但是如果你能把握政策动态、顺应市场需求，央企也会在招投标的评分体系上给你加很多分。那么，供给侧改革与我们律师有什么关系呢？其实供给侧改革给我们律师带来很大的一批业务机会，与律师业务的发展有非常密切的关系。

再以我做的环境业务为例。2004 年中国加入的《京都议定书》，跟律师有什么关系呢？我觉得很有关系。《京都议定书》是确定了发达国家帮助发展中国家进行二氧化碳减排的一项清洁发展机制，把在发展中国家实施减排项目所取得的二氧化碳减排指标（CER）卖给发达国家用于履行减排义务。卖二氧化碳减排量，发达国家到发展中国家买 CER。当然这里的“碳”其实是“碳排放指标”，目的是让这些国家减少二氧化碳排放。《京都议定书》对做环境与资源业务的律师来说就是一个契机，我就研究这个东西。国家发展和改革委员会相关部门请我帮他们做项目能力建设，培训国内项目业主，告诉各个单位，现在是发展中国家把二氧化碳排放指标注册到联合国系统里，让发达国家买。企业没有时间研究这个系统和规则，但是减排项目却很快如火如荼地开始，这就又产生了很大的法律市场。国家发展和改革委员会相关部门委托我做项目能力建设讲座，我在全国各地讲了 50 多场。因为短时间内（比如 3 个月的时间）律师是进入不到碳交易的角色里去的，由此导致可以做碳交易的律师是非常紧缺的，一般的律师拿到碳交易合同都推荐我来做。因此，我连续做了多年碳交易，业务来源非常广泛。

3. 设身处地，时常换位思考

作为律师，要学会站在对方的立场上换位思考。假如我是委托方，会对律师提怎样的要求？假如我是对方，会怎样处理这样的问题？这样，律师才能够与委托方建立一个共同体，还能有一个合理公平的预期和对案件结果的预判。当然，这个共同体中不只有委托方。律师同样要学会站在立法机关、司法机关、行政机关和各个利益相关方的角度考虑问题，让他们也成为共同体中的一部分。因为共同体并非是无原则的，我们都追求一个共同的目标（大致公平的目标）。以碳交易中卖二氧化碳减排量为例，我们的目标就是要提高能效、降低消耗、减少温室气体在大气中的排放，让发达国家来为其几百年工业社会排放的温室气体对地球造成的严重危害承担责任，让其为已经造成的危害，为现在阻碍我们发展的这些因素埋单。所以说，我们要知道国家对这个业务是怎样的态度，行政主管机关是怎样的态度，司法机关有什么考虑，立法机关又有怎样的考量，从各个利益相关方的角度考虑问题，才能在碳交易活动中掌握好分寸。

例如，2019 年 3 月，江苏有一个天嘉宜化工厂爆炸，导致四十多人死亡，还造成了巨大的生态灾难。作为律师参加到这个案件，无论受哪一方的委托，都要从这个环境案件各个利益相关方去考虑问题。律师说话也要站在对方的角度考虑，表达出公平、合法、合理的诉求，这样诉求才更容易实现。我们律师要维护客户的真正合法权益才是王道。

当律师知道别人是怎么考虑的，真正的公理在哪里，真正的公道在哪里，自己努力维护的是当事人的合法权益时，其才能在任何时候都心安理得。最好的情况应该是，律师站在更高的高度来评判案件中的正义在哪里，然后去组织、收集这方面证据，以使自己在法庭上更加流畅地表达观点。

4. 宁缺毋滥，出手必为精品

作为律师，对待每一个案件都应当小心谨慎、尽职尽责，不能因为案件争议标的大小而有任何懈怠。对每一个案件，无论判决结果如何，从判决全文中能够看出一个律师的办案态度、思想、智慧和做人做事的风格。这是律师综合信息的真实写照，也是每一个律师的作品和最真实的广告。拿出自己做过的每一个案件，都要能对得起自己这份职业，对得起自己的操守，对得起自己的良心。党的十八大以后，全面依法治国原则得到了进一步的落实，社会风气得到了不小的改观。在二审、再审案件判决后，如果你能够让被改判案件的承办法官拿到新的判决书后说，“这个团队做案件这么认真，把道理说得这么深刻、准确，的确是值得敬佩的”，那么你就得到了法官对你做事风格和能力的认可。这是从另一个角度对一个律师最好的、最专业的评价。

做业务要做精品，如果时间不够宁可不做。熬通宵是时不时会有的，原因是我答应给客户文件，但到了晚上 9 点还没做完，只好说“今天文件出不来，我晚上还会加班”，第二天早上才交文件。但是这个文件给出去后，客户一个字也没有改，可以直接使用。我不想因为时间问题导致我的作品、我的文章、我的文件没有达到完美就被拿出手。

在时间和质量上，如果不是开庭等时间确定的情形，律师一定要把质量放在第一位，要以做精品的方法来做业务。再举一个例子，有一个化工企业的并购，需要进行环境尽职调查。因为投资方对环境的高度风险非常重视，他们认为钱伯斯推荐的律师对此肯定很熟，客户希望由我们来帮他进行这项环境尽职调查。我给他报了一个价格，但是对方说这个项目的预算只有我们报价的一半，而且还询问了好几家的价格。我说，“这样吧，按照你们的预算来做，我赔本给你们做”。原因是对方是一家大型投资公司，今后类似的化工企业并购还会很多，我就是要做一个作品给你，让你们的企业了解到我。后来这个环境尽职调查工作做得非常全面、深入、专业，发现了很多重要的问题，及时披露了重大风险，成为对核减价格影响相当大的因素，尽职调查的效果超出了客户想象的范围，客户非常满意。自从我给这家公司做了这个项目，该公司管理层决定：“我们后期还有大批类似的收购项目，都请周律师来做。”然后我给出了一个我原本报出的公允价格。公司没有提出核减价格，认为值！其实，第一次做某公司的项目相当于超市里销售人员给顾客品尝一下食品，顾客知道好吃，想买就买，不想买还可以告诉别人。实际上律师也应该有这样的营销策略，就是要让客户有机会了解你，让客户对自己有一个了解、“品尝”、熟悉的过程。

我认为我们做律师要有一种大气，当我们有自信的时候，要给客户机会、让客户了解我们，不要过于追求眼前利益。当客户觉得我们做的是精品时，对我们做人做事的风格认可时，他就会成为我们的稳定客户。那时只要我们给他报一个公允的价格，他基本上是不会还价的。“有事情交给周律师就放心了”，我们让客户有了这样的印象，以后职业的道路会越来越好走，我们的业务才会越来越好。

（二）如何做好“形式”

1. 建立自己的标签和品牌

我是做环境与资源领域法律服务的，就要给自己贴上这个标签，然后为此不停地追求和探索，打造自己在该领域的品牌。那么怎么做品牌？有人请我们讲课，最初阶段给钱的要讲，不给钱的也要讲，而且要认真准备。不要说时间是有成本的，怎么能讲课不收费呢？其实律师出去做演讲，实际上就是宣传，就是给你最好的有针对性地做广告的机会，提供潜在客户资源。既然是讲座主办方把这个市场组织好了让你去讲，比如某个行业环境保护类型的会议让专业的环境律师讲相关环境法的相关问题，台底下坐的都是企业环境管理专业人员，我们有机会去讲，就是在扩大自己的影响力，发展自己的潜在客户。如果一个矿业协会请我讲矿产资源的相关法律问题，以后人家有法律问题肯定来找我。像国家发展和改革委员会有关部门开展碳减排项目能力建设，开始阶段我都是免费讲课的。

2. 撰写专业文章

现在是信息爆炸的社会，有人称为“ABC”社会（人工智能、大数据和云计算）。这个时候，律师因为自己写的文章被潜在的客户阅读，从而被了解是一个很高概率的事情。所以说，律师要在做研究、写文章上花些时间，而且做案件研究的同时还能提高自己的专业能力和增加自己的专业知识，一举两得。其实，我们律师做案件研究的同时就可以顺带把文章写出来。当然，除了写文章，各种专业的会议也要参加，一方面可以了解这个行业最新的研究成果、了解这个行业最近发生了哪些重要的事情，另一方面也可以结识更多志同道合的朋友。

3. 代理有影响力的案件

对自己本专业相关的重大案件，要努力争取，不要计较收费有多高。代理有影响力的案件能够与更多的对手、更高的对手交流，来检验和提高自己的专业素养，还可以从案件中学习到更多的知识，更自觉地站在更高的层次来统领案件的意识。不仅要争取代理有影响力的案件，而且要把案件办成精品，办成彰显自己能力的一个作品。让客户一看到律师在这个案件当中的言论、观点就觉得精彩，就能感觉到这是一个非常专业的律师，有类似的事情马上就想到一定要找这位律师。

三、如何成为专业的环境领域律师

（一）环境法领域的行业现状

近年来，国家和地方层面的环保立法和环保行动十分频繁，环保监管日趋严密，法律法规精密化和监管措施复杂化带来了环境领域法律服务需求的快速增长。一方面，环保领域的主要综合法律和专门法律近年来有较大幅度的变化，“严”字当头。综合类如2018年修正的《环境影响评价法》《环境保护税法》和《循环经济促进法》；专门类如2017年修正的《水污染防治法》和《海洋环境保护法》、2018年修正的《大气污染防治法》、2019年开始实施的《土壤污染防治法》和《最高人民法院关于审理生态环境损害赔偿案件的若干规定（试行）》、《最高人民法院、最高人民检察院关于办理环境污染刑事案件适用法律若干问题的解释》（2016年公布）、《最高人民法院 最高人民检察院 公安部 司法部 生态环境部关于办理环境污染刑事案件有关问题座谈会纪要》，以及2020年9月开始实施的新修订的《固体废物污染环境防治法》。另一方面，环保行动所覆盖的广度、深度以及执行的力度都较以往有了较大提升，比如中央环保督察、蓝天保卫战、饮用水水源地环境保护行动等。如果将视线移至国务院、各部委和各地方层次，各类环境法律法规及政策的出台和修改更是令人应接不暇。仅以土壤污染防治领域为例，2017年施行的《污染地块土壤环境管理办法（试行）》和《农用地土壤环境管理办法（试行）》、2018年施行的《工矿用地土壤环境管理办法（试行）》和《生态环境损害鉴定评估技术指南　土壤与地下水》、2020年施行的《土壤污染防治基金管理办法》等的落地就为土壤环境保护提供了不少具体规范，拓宽了律师利用法律解决环境问题的空间。根据最高人民法院发布的《中国环境资源审判（2019年）》（白皮书），全国法院受理的环境资源刑事一审案件39957件、民事一审案件202671件、行政一审案件47588件，分别上升了50.9%、5.6%、12.7%。这正印证了环资领域诉讼业务的增长。而随着环境监管日趋严格，企业环境合规风险日益增大，诸如环境合规等非诉业务也正处于快速增长时期。

（二）处于业务上升期的法律服务

所谓环境法律服务业务，可以划分为非诉讼和诉讼两种类别。非诉环境法律服务是指提供环境行政许可、ESG、HSE、合规审查、尽职调查、环境项目投融资、建设、并购、上市、再融资、环境公益基金设立及运作、资产证券化等全方位环境相关的法律服务，而诉讼环境法律服务则是指协助客户处理环境公益诉讼、行政复议与行政诉讼、民事诉讼和仲裁等各类环境纷争的法律服务。

所谓能源与资源法律服务业务，则包括投资目的地国家和目标项目尽职调查，探矿权、采矿权和特许经营权的取得、开发与建设、项目并购、项目上市与融资等法律服务。

我个人是专攻环境与资源领域法律服务的，因为环境与资源都离不开对环境法律法规及相关政策的熟悉与理解，下面我就同各位谈谈我国目前环境监管体系的主要框架以及在我个人理解中，环境领域律师应当具备的素质。

（三）我国环境监管体系的主要框架

我国环境监管体系的主要内容，在我个人理解中，主要是指涉及环境的各项法律法规、政策及系列专项监管行动。

那为什么要先就我国的环境监管体系作一个总的了解呢，这就和建大楼一样，你不能说你要学建大楼，就猛得扎进去直接学建楼梯，在开始关注细节前，你需要对所要学习的领域有一个基本轮廓的掌握，就好比建大楼前你需要了解一个大楼应该是什么构造，包括哪些部分。我个人认为，这个方法，是可以普遍适用的，想成为任何一个领域的律师，都要先从大处着眼，再从小处着手。

谈到我国目前的环境法律法规、政策和行动，最关键的肯定是环境法律法规，我们作为法律人，法律法规是我们的立身之本，一定要重视起来。尽管环境法是一个还在发展的部门法，但是它的体量已经相当可观，在中国特色社会主义法律体系中，环境类法律占到了全部法律的 10% 左右，环境类行政法规也占到了全部行政法规的 7% 左右，这些都可以作为学习、参考的资料。

总的来看，我们国家的环境法律法规是围绕着三个主题展开的，因此可以分为三种类别：

第一类是关于环境领域内基础的制度与要求，举个很典型的例子——《环境保护法》，《环境保护法》是我国环境法律体系内部纲领式的法律，可以说所有环境领域律师在实务中需要关注的点都可以在《环境保护法》内找到，比如说环境影响评价、污染防治、资源保护、环境信息公开等。包含在这一类法律法规里的还有《环境影响评价法》《环境保护税法》《循环经济促进法》《清洁生产促进法》《水土保持法》等以及与之配套的行政法规，比如说《建设项目环境保护管理条例》《规划环境影响评价条例》等。

第二类是关于环境污染防治的法律法规，我国目前是就各类环境污染作了分别的防治性的立法，比如说关于大气污染防治的《大气污染防治法》、关于水污染防治的《海洋环境保护法》《水污染防治法》，关于固体废物污染防治的《固体废物污染环境防治法》、关于噪声污染防治的《环境噪声污染防治法》以及关于土壤污染防治的《土壤污染防治法》。当然，还有与上述五种污染类别相配套的防治性法规和部门规章，比如说《工矿用地土壤环境管理办法》《危险废物经营许可证管理办法》等，在这里就不赘述了。

第三类则是关于环境保护的法律法规，同样的，我国目前采用的也是就各类环境保护单独立法的方式，比如说与水资源保护有关的《水法》，与生物资源保护有关的《畜牧法》《种子法》《渔业法》《草原法》《森林法》《野生动物保护法》，与矿产资源有关的《煤炭法》《矿产资源法》以及与能源有关的《节约能源法》和《可再生能源法》，此外还包括对应的法规与部门规章，比如说《河道管理条例》《探矿权采矿权转让管理办法》等。

谈完了最主要的法律法规，作为环境领域的律师，对于我国的环境政策与正在进行的监管行动也应该有所了解，为什么这么说呢？一方面，我国环境政策的变动会带来相应规则的变化，也反映了当前环境领域比较重点的问题，因此需要领域内律师予以密切关注；另一方面，监管行动的展开会直接影响许多环境与资源企业，而这些环境与资源企业正是我们所服务的客户，我们需要为客户提供合规指引并进行风险提示，此外，每轮监管行动的展开都会出现许多督导或典型案例，这也是我们学习、理解相关规则与监管重点的好机会。

对我国环境政策的理解也可以以上述所讨论的三种分类展开，比如说涉及基础问题的《“十三五”生态环境保护规划》，涉及污染防治的《打赢蓝天保卫战三年行动计划》《水污染防治行动计划》《土壤污染防治行动计划》，涉及资源保护的《实行最严格水资源管理制度考核办法》等。

关于监管行动，比如说近几年进展轰轰烈烈的中央环保督察例行督查、专项督查与环保督察“回头看”，目前中央环保督察已经组织了两轮，效果非常显著，光就第二轮第一批来看，就督办了六千多起案件，立案处罚了近两千家企业，还有相应的立案侦查、拘留与约谈，可以说是非常严厉的。根据最新消息，中央环保督察第二轮第二批很快也要展开，领域内的律师应当予以关注。除了中央环保督察以外，还有比如说打击长江流域固体废物倾倒行为的“清废行动”，专注饮用水源地保护的“饮用水水源地环境保护专项行动”，针对京津冀及周边六省的“秋冬季大气污染综合治理攻坚行动”等，这些监管行动与我们的生活、工作都是非常密切相关的，老百姓们都非常关注，更何况我们这些领域内的专业法律从业者呢？

（四）环境领域律师应当具备的素质

1. 打好坚实全面的基础

目前我国环境律师处于专业素质良莠不齐，优秀人才短缺期。

环境领域的业务并不好做，有着较高的入行门槛，想做到专业优秀的环境律师则更要付出比一般律师更多的艰辛。一方面由于我国的环境保护事业曾经长期较为落后，法律服务需求较少；另一方面国内法学院也相应地长期欠缺环境保护类法律课程设置，即便是国家的法律职业资格考试，对环保领域法律法规及其应用的考查也远远小于法律行业中的“显学”，比如民法、商法、刑法，这就导致环保法律人才储备并不充分。在当前的环境法律市场上升期，其实不乏希望投身此领域的人，但环境业务本身属于知识复合型业务，仅仅掌握国内外环保法律法规是远远不够的。尽管能做到这一点已经十分不易，但更为不易的是环境律师要在相关领域拥有充足的自然科学知识储备。作为一名环境律师，要懂得各项环境标准及其意义和区别，要能看懂环境影响评价报告、环境修复或污染治理方案，而这无不需要以相应自然科学知识为基础。此外，优秀的环境律师不仅仅要能做个人业务、诉讼业务，也要会和企业打交道，还要学会和大型、特大型以及外商投资企业打交道，懂得企业家、商人在想什么，懂得一个特定企业当前所面临的与环保有关的其他个别或系统性问题在哪里，从而拓展各类非诉业务，比如环保合规检查、环保合规管理体系的建立、与其他领域的专业律师一起共同开发ESG、HSE等体系建立等类型的业务，这样才能既从根本上帮助你的客户解决环境问题，又能为自己获取长期稳定的客户。而要做到这一点，优秀的环境律师要熟悉客户的行业情况，熟悉《公司法》等与企业生产经营密不可分的各类法律法规规章，要具有一定的商业头脑，有能力帮助企业从环保监管和环境问题中发现机遇、形成新的竞争优势。总的来说，环境律师是复合型人才，具有较高的入行门槛，这就导致该领域的人才缺乏，尤其是成熟律师、优秀律师。

对于一位专业的环境领域律师而言，专业知识的储备当然是重中之重，律师是专业人士，开展工作自然离不开专业知识。上文中我梳理了我国主要的环境法律、政策与监管行动，这是律师必须有所掌握的，是开展相关业务的前提。

那么，就我个人理解而言，环境法律制度中有几项关键性的制度也是想要从事环境领域的律师必须掌握的，如果这些基础制度没有理解好，那恐怕在未来执业中就会面临许多困难，会感觉比较棘手。这些制度包括：（1）环境影响评价制度；（2）排污许可制度；（3）污染源监测制度；（4）环境信息公开制度；（5）突发环境事件应急管理制度。

怎么做到理解这些基础制度呢？举个例子，比如说就环境影响评价制度来说，首先各位需要了解的就是环境影响评价是什么、有哪些相关的规则，当然这里我们前面也提到过，环境影响评价最重要的规则便是《环境影响评价法》；紧接着我们需要掌握的就是环境影响评价大概是一个什么样的流程、怎么申请、申请后是否会获得批复、验收怎么做、是否有特殊要求（比如说发生重大变动需重新申请环境影响评价）；随后还需要把握的是，环境影响评价这项制度都适用于谁，根据《环境影响评价法》，建设对环境有影响的项目，都需要进行环境影响评价，环境影响评价制度的适用范围是非常广非常全面的；最后我们还需要大致把握环境影响评价的具体内容。这样才算是对一项制度有了基本的理解，各位可以通过之后的规则研读、案例研读来增进自己对该项制度的认识。

在上文末尾我还提及了案例研读，那我们在业务学习中，需要关注哪些案子呢？我个人认为，应当优先读生态环境部、最高院、最高检发布的典型案例，比如说生态环境部通报的环境执法典型案例、最高法发布的生态环境保护典型案例、最高检发布的“保护母亲河”专项行动检察公益诉讼十大典型案例，都是非常好的学习素材。

2. 持续的学习热情

虽然小标题说的是应当拥有持续学习的热情，但与其说这是一种热情，倒不如说这更是一种任何律师都必备的品格。律师这一职业就注定了从业人员需要进行不断的、主动的学习，放到环境领域来说，律师们需要时刻关注最新的规则发展，无论是领域内还是领域外的，下面各举一例。

就领域内的规则来说，特别时新的例子便是 2020 年 4 月 29 日经全国人大常委会通过的新《固体废物污染环境防治法》（以下简称《固废法》），尽管距离新《固废法》生效尚有些时日，但是作为环境领域内重要的法律变化，我们应当及时展开研究，而不是等到生效之后，再去了解相关条文的变化。举个例子，新《固废法》中确立了固废“三同时”制度、自主验收制度和排污许可制度，这较之旧《固废法》是非常大的变化，很多企业目前的排污许可证只覆盖了水、大气污染物的排放指标，新《固废法》实施后，相关持证企业需要重新申领或变更排污许可证，这都是在我们法律服务中需要去提示客户的，及时关注法律变化，为客户进行提示，不仅是我们法律服务的应有内容，也可以反映我们在领域内的专业水平。

就领域外的规则来说，2020 年 5 月 28 日，《中华人民共和国民法典》（以下简称《民法典》）经全国人大通过，这是全体法律人的盛事。尽管就法律领域来看，似乎《民法典》与环境领域的联结并不是那么紧密，但其实《民法典》一项极大的变化就是纳入了“绿色原则”，《民法典》第九条规定：“民事主体从事民事活动，应当有利于节约资源、保护生态环境。”在后续各编中，《民法典》也就相关民事主体的污染防治与资源保护义务进行了强调，形成了“绿色义务”，比如其在第二百九十四条规定：“不动产权利人不得违反国家规定弃置固体废物，排放大气污染物、水污染物、土壤污染物、噪声、光辐射、电磁辐射等有害物质。”又比如其在第二百八十六条第一款规定：“业主应当遵守法律、法规以及管理规约，相关行为应当符合节约资源、保护生态环境的要求。”

除了上述对民事主体环保义务的强调，《民法典》侵权编更是创设性地纳入了环境保护和生态破坏责任，为生态破坏导致的侵权责任提供了明确法律依据。除此之外，《民法典》还突破性地规定了特定生态环境损害惩罚性赔偿、生态环境修复义务与生态环境损害赔偿的范围，这就需要环境领域律师予以重点关注。正如前文所述，环境领域的法律服务是非常全面的，而上述几条规则，不仅将成为我们在非诉业务（如环保合规）中需要向客户提示的新风险点，也将成为我们协助客户处理相关环境纠纷时所需要寻求比照的法律依据。特别地，环境领域的律师不能仅仅停留在了解有这几项规则，还需要进行深入研究，就生态环境损害惩罚性赔偿来说，要满足这一赔偿请求，需要满足哪些要件？是否要求有主观故意？行为要件如何？结果要件中的“严重”如何理解？举证责任如何确定？这都是我们需要进行学习与思考的。

3. 主动思考的能力

一位好的环境领域律师不仅需要具备持续学习的能力，还应当对时事保持一定敏锐度，主动关注实践中的规则适用问题，思考实践中的新需求，发现可能潜在的新业务。

以新冠疫情为例，经过长达半年的居家呼吁与出行限制，各位对新冠肺炎病毒的高传染性恐怕都有了非常深刻的认识。那么结合自己的专业领域，我们需要思考自己的知识能否为本次疫情提供一些帮助，这样一种思考也可以帮助我们识别出可能存在的市场需求。

那么经过思考，各位可以发现，鉴于新冠肺炎病毒的高度传染性，相关医疗废物的管理与处置便成为疫情防控的关键环节，如果未能对相关医疗废物进行有效、安全的处置，可能会引发疫情的进一步扩散，造成巨大的环境污染风险。因此，及时就医疗废物的管理与处置向医疗卫生机构提供建议是非常重要的。

那么关注到这样一个实践的需求之后，我们首先要做的便是识别相关的法律规则，比如说关于医疗废物，我们第一时间自然可以联想到的就是一个大类规则，即固体废物的相关规则——《固废法》，随后，我们再去定位是否存在一些更为细化的规则，经过检索，与医疗废物相关的特别规则还有《医疗废物管理条例》《医疗卫生机构医疗废物管理办法》以及《医疗废物专用包装袋、容器和警示标志标准》等，特别地，我们还需要关注就本次事件是否存在一些临时性的行政通知、指南，识别出这些文件所设定的规则也是十分关键的，比如说2020年1月28日，生态环境部就发布了《新型冠状病毒感染的肺炎疫情医疗废物应急处置管理与技术指南（试行）》。

在识别出相关的法律规则之后，随后我们需要做的就是梳理这些规则就医疗废物所作的规定，整理出可供操作与执行的要点。经过梳理，我们可以注意到，医疗卫生机构对医疗废物的管理不仅要符合医疗废物管理的要求，也要符合危险废物管理的要求。具体来说，就医疗废物的管理，医疗卫生机构应关注的要点有：（1）医疗废物应依法收集；（2）医疗废物应依法贮存；（3）医疗废物应依法运送；（4）医疗废物的处置应满足特定流程要求；（5）医疗卫生机构应制定废物意外事故防范措施和应急预案等，其实在这些要求项下还有非常多的子要求，特别是针对本次新冠疫情，生态环境部和国家卫生健康委员会都发布了许多特殊要求，这些都需要我们进行关注和梳理，当然，鉴于篇幅限制，这里就不多做展开了。

最后，在识别出规则，梳理出要点之后，作为律师，作为一名风险管理人员，我们还需要观察相应的管理与处置未达到要求的话，相应的医疗卫生机构可能会面临哪些风险。举个例子，比如说医疗废物处置中要求应当依法建立贮存设施、设备，不得露天存放，不能在非贮存地点倾倒、堆放，如果医疗卫生机构违反了上述要求，根据《固废法》《医疗废物管理条例》以及《医疗卫生机构医疗废物管理办法》，医疗卫生机构可能面临的风险就有警告、处以罚款，影响严重者可能会被暂扣及吊销相关许可执照，并有被追究刑事责任的可能。

4. 换位思考的习惯

在本篇文章中，我十分强调换位思考的重要性，这也是我执业多年来的心得，只有换位思考做得好，你才能更好地理解客户的需求、监管机构的执法关注、法院的裁判视角。那么要怎么做到换位思考呢？

就我个人经验来看，想他人之所想是非常重要的。比如，我在为某企业建设项目提供环保合规服务时，就会考虑到该项目的地理位置是否会存在特殊环境要求，该项目是否需要购置管制设备等，在进一步撰写问题清单时，我也会提示团队将所需要的文件写清楚。将需要文件的目的写明白，将所涉法条列出来。为什么这么做呢？这就是因为角色的不同，作为律师，我们已经习惯了在进行调查时需要参阅大量的文件，也了解每份文件的关键点、所要核查的内容；但是对企业来说则不然，我们一下子要求企业提供大量的文件，企业难免会有所顾虑（比如说对商业秘密的考量），这时候我们就需要向企业解释清楚为什么这些文件是必要的，调查这些文件的目的是什么，法律依据在哪里，这是只有经过换位思考才能发现的细节，而通过这些细节的处理，也会使得客户对我们的法律服务更为信任，就项目的沟通也会更为顺畅。

同样地，面对监管机构，我们也应当进行换位思考。为什么呢？因为只有进行换位思考，我们才可以更好地了解监管重点，提供优质的法律服务。那具体来说怎么做呢？恐怕各位也了解，我国的行政执法是会进行公开的，那么在就某行业内的项目提供法律服务时，则可以尝试检索该行业领域内近期的执法案例，识别近期的执法重点，厘清监管机构的认定思路，这对提升我们法律服务的针对性与意见质量是非常有益的。此外，各监管机构发布的典型案例也值得我们加以学习。

5. 分享成果，打造品牌

就像我前文提到的那样，律师需要进行持续地学习，并且就学习成果进行固定，如果有可能的话更是要撰写文章打造影响力，以我个人为例，2020 年 3 月 3 日，中共中央办公厅、国务院办公厅印发了《关于构建现代环境治理体系的指导意见》（以下简称《指导意见》），《指导意见》非常明确地提出，2025 年环境治理体系总体目标的实现，有赖于建立健全环境治理的七大体系，并细化、落实任务目标。在《指导意见》发布后，我旋即组织我的团队进行了学习与研究，并将研究所产出的成果以专业文章的形式进行固定，撰写了《环保合规未来五年必须关注的七个体系——〈关于构建现代环境治理体系的指导意见〉重点解读》一文。该文对《指导意见》中所强调的七个体系进行了拆分式的解读，整理出了一些实操中的关键点，比如说环境治理企业责任体系下的排污许可制度以及环境信息公开要求，环境治理信用体系下的政务失信制度以及排污企业黑名单制度等。进一步说，当客户关注到各位有这方面的学习成果之后，自然而然就会认为这位律师在这个特定领域内是有所研究的，是专业的，是受认可的，那么无论是个人还是团队的口碑与影响力也就随即塑造起来了。

四、华山论剑，制胜之宝——青年律师要学习的两门课程

律师的知识积累既包括专业的法学知识，也包括与律师专业相关的其他知识，比如会计知识、经济知识和社会学知识。律师要学习的两门课程是逻辑学和会计学。

（一）逻辑

以中伦律师事务所为例，按照程序，我们招聘团队律师、助理时面试考查中很重要的一部分就是形式逻辑能力。我认为，作为律师必须练熟掌握这门技巧。要做好律师，一定要学好逻辑学，这门课程是一定要看的。《形式逻辑》是律师一定要看透的一本书。我学这一门课程的时候，或者说我学所有课程的时候基本

会借三四本主流教材看，看不同逻辑教材对同一个概念或者同一个问题的阐释。后来我归纳出来，形式逻辑就是关于人类思维规律的科学。各个专家会从不同的角度来说什么是逻辑，把它说得很绘声绘色。但是看这个比较难懂的时候再看下一个，再看下下个，看了三本专家教材对逻辑是怎么定义的时候，我就知道谁说得最根本、最靠谱、最不卖弄学问。通过这种方式掌握本质，不怕不识货，就怕货比货。看过几个人从不同角度对同一概念下的定义的时候，还担心看不懂吗？

（二）会计

律师要学习的另一门课程是会计学。有的人说会计学比较抽象，不太好懂，比如什么叫借贷记账。但是律师如果不懂会计，做破产案件也好，做诉讼也好，做刑事辩护也好，都是会比较困难的。做银行贷款案件简单吗？其实不简单。银行都会给律师风险代理权，然后按照百分比给你付律师费。贷款案件胜诉是比较好打的，但是要把这个款项收回来就比较难了。不要看一个单位基本账户全封掉了，但它还是正常运行，天天有人上班，卡车天天进出，水电费照样缴，税照样缴，就是三年过去了钱还执行不回来。这个单位有哪些钱转到哪里，如果你学过会计学，懂会计，那么你很快就能解决这个问题。

我们律师经常会作尽职调查。我二十年前做尽职调查的时候，互联网还不像现在这样发达，其实即便现在裁判文书上网了，也得等到法院判决以后。但是做尽职调查的时候律师就得发表意见，要想知道一个企业有没有潜在的未入账风险和或有债务，尽职调查报告要阐明某单位有没有潜在的负债以及未了结的诉讼、执行等。那么我就查他的账簿，查会计凭证，查它过去三年管理费用账上有没有律师费支出，有没有诉讼费支出，有没有被法院查封过账号。而账号有没有被法院查封，把银行日记账打开，可以知道该单位总共有多少个银行账户，如果总共 6 个账号，就给 6 个开户银行发寻证函，让他证明该单位过去三年没有被查封过，我在尽职调查报告中发表意见，说没有重大的潜在诉讼，那心里就比较有底气。公司打官司就会发生与诉讼相关的各种费用，律师费、法院诉讼费等，必定会在会计账簿中有所体现。所以说懂财务会计知识和不懂这些是不一样的。因此，第二门需要律师学习的课程是会计学，建议我们年轻律师关注这门学科，不一定非去考 CPA，但至少要考中级职称会计师。懂会计和不懂会计的律师在处理案件的效果上肯定是两个层次的。

当我们的知识积累到一定程度的时候，采用灵活的工作方法就很重要。比如做诉讼业务和仲裁，当积累了较多的专业知识后，很多工作就可以做得更加灵活了，使很多看起来麻烦棘手的问题，应对得更加从容，而不是用教条的方法来处理相关活灵活现的现实问题。

五、结语

法学是一个实践性非常强的学科，法律领域是一个不断发展变化、不断更新的领域，律师工作是非常需要心智、毅力和定力的。在社会分工日益精细化、律师业务日益细分的今天，作为年轻律师，必须把有限的时间集中在自己选定的专业领域上。勇于实践，见微知著，才能慢慢懂得办案的逻辑与方法。在律师业务内容方面要做精品，在律师业务形式方面要有与之相适应的层次，才能使律师业务的内容与形式达到完美的统一。

我特别能够理解，广大青年律师在执业初期，需要耗费大量时间被动完成上级和合伙人交代的任务。不过，但凡想要完成从平庸到卓越的蜕变，就需要有主动“破局”的意识和独立担当的勇气。我前文所列的研判热点、撰写文章、参加会议、学习逻辑和会计知识、锻造精品等，也许不会短期内在你的日程表中处处体现，但只要你秉持这样的认识和信念，碎片化时间的充分利用、互联网时代的各种订阅产品、长时间的严格执行，将会帮助你最终实现自己的愿望。不要高估一年的成就，也不要低估十年的发展。

人生不是一场短跑，而是一场马拉松。目标清晰，持续积累，不计一时一事的得失，相信你可以成为那个笑到最后的人！

如何成为真正的专业律师

——一位海归博士的律师职业成长经验

周照峰[①]

【干货心得】

年轻律师需要根据实际条件尽可能选择门槛和技术含量比较高的专业领域，而不能图省事，选择门槛和技术含量比较低的领域作为自己的专业领域。专业门槛和技术含量低的领域会直接导致律师经过几年发展后因为所选领域的技术已经达到极限而无法继续提升专业水平，最终导致专业化失败。

在讨论年轻律师如何成为专业律师之前，我们先来回顾一个大家熟悉的故事。相信很多年轻律师在上小学的时候都学过彭文席的《小马过河》的故事。

① 作者系2015—2018年度北京市优秀律师，第十一届北京市律师代表大会代表，第十一届北京市律师协会竞争与反垄断法律专业委员会副主任，同时担任对外经济贸易大学法学院和香港中文大学深圳校区的校外导师。2007年年底从格拉斯哥大学博士毕业后，先后就职于美国美迈斯律师事务所、英国富而德律师事务所、德国泰乐信律师事务所和英国鸿鹄律师事务所，担任顾问和合伙人，专门从事反垄断业务。其间，也曾去欧洲工作，专门从事欧盟反垄断法业务。是最早拥有海外反垄断法博士学位并且在《反垄断法》生效前就从事反垄断法实务的中国律师。代表作有《"一带一路"沿线国家反垄断法适用》。2016年创办斐石律师事务所，并担任管理合伙人。

故事大意是说小马要到河对面去，松鼠过来说，可千万别过河，河水太深了，进去就会淹死。牛却说没事儿，河水很浅，还没有没腰呢。小马不知道该怎么办，回家问妈妈如何是好，妈妈说自己试试就知道了。小马又回到河边一试才知道，水既没有松鼠说的那么深，也没有牛说的那么浅。之所以在本文开始前跟大家回顾这个故事是想让年轻律师明白下面分享的内容是笔者从自身职业成长经历和一些认识的律师的职业成长经历中总结的，也是一家之言。年轻律师还是要结合自身的情况来参考，千万不能照本宣科，全盘照搬，而不考虑自身的特点和情况。

下面言归正传，笔者结合自己的职业成长经验和多年在国际一流律所工作过程中的所见所闻，给年轻律师分享一下自己成为专业律师的心得。说到专业律师，那就不得不提所谓的什么都懂的“万金油”式的律师。不否认现在存在对“万金油”式律师的一些偏见，总觉得此类律师是不专业的代名词。其实，每种类型的律师都有其产生和存在的必然性。就像医生有专科医生也有全科医生（general practioner，GP）。为了避免误解，我们用全科律师来代替“万金油”律师。从律师职业的发展历史上看，是先有所谓的全科律师，然后随着相关法律法规的系统化和复杂化，客户对法律服务的需求不断细化，从而促使所谓专业律师的出现。因此，专业律师是相对全科律师而言的。而且，专业律师本身的专业也是在不断被细分的。例如，相对于全科律师，做公司业务的律师就算是专业律师了。但是随着公司业务的不断发展，公司业务又进一步细分为并购律师、资本市场律师、私募律师等跟公司业务有关，但是又具有自身特点和专业性的律师。因此，律师的专业领域面临着不断细分的趋势。以笔者从事的反垄断法领域为例，当笔者 2007 年年底回国从事反垄断法业务的时候，几位国内律师界的传奇人物都质疑笔者为什么只做反垄断业务，因为当时国内律师的专业化还远没有达到现在这么高的程度。而当进入 21 世纪的第二个十年，如果笔者只是说自己是反垄断专业的律师就会显得领域太宽，显得不专业了。现在提到反垄断专业都要更进一步说是侧重反垄断诉讼、反垄断合规调查，还是经营者集中申报等细分领域了。笔者自身的职业成长印证了律师的专业化是不断细分、不断深入和不断更专业的过程。这个过程本身是没有止境的。

对于刚刚踏入或者即将踏入律师行业的新人来讲到底应该如何成为真正的专业律师呢？笔者认为成长为专业律师可以分为三个阶段：第一阶段是选择专业；第二阶段是进入专业；第三阶段是不断专业化。本文旨在通过分享作者作为专业律师的一些成长经验和教训来为未来的律师如何选择自己的专业领域提供一些借鉴。

一、第一阶段：选择专业

对于刚刚执业或者正在实习的年轻律师来说，如何选择适合自己的专业领域是成为专业律师的第一步，现实中，大家也许会遇到一些律师是根据哪些领域最赚钱来选择自己的专业领域的，甚至会根据赚钱多少来更换自己的专业领域。这个以赚钱多少来选择自己的专业领域是笔者一贯不提倡的，甚至鄙视的。因为所有的专业领域做到极致都会赚钱，不赚钱不是因为大家选的专业领域有问题，而是自己没有真正做到专业。笔者认为，年轻律师在选择适合自己的专业领域时可以参考下面四个标准或者要素：第一，兴趣导向；第二，优势导向；第三，可持续性；第四，选择专业门槛高、技术含量高的领域。如果可能，年轻律师在选择自己的专业领域时要全部满足上述四个标准。需要指出的是，这四个标准是笔者后来总结的，笔者选择自己的专业领域的时候也没有明确按照这四个标准来选择。不过回过头看，确实也符合这四个标准。

（一）兴趣导向

兴趣导向是指律师要根据自己的兴趣来选择专业领域。为什么说要根据自己的兴趣选择专业呢？跟医生一样，律师行业是一种职业性的行业。因此，律师行业跟传统加工制造行业生产或者出售有形产品是有本质区别的。律师这个职业需要从事该职业的人花毕生的精力去钻研业务。即便不是一辈子做律师，一般从事律师行业的人也是要做很多年律师的。所以说如果律师本人对选择的专业不是很喜欢的话，是很难坚持很久的。尤其是当执业过程中遇到困难或者职业发展受到不利影响的时候，很容易产生放弃的念头。根据自己的兴趣来选专业领域这个观点笔者在多个分享职业经验的讲座中都提到过，包括回英国母校格拉斯哥大学时，也跟法学院的中国和国际学生分享过。

现实中能百分之百根据兴趣选择专业方向也是比较难的，至少对一些律师而言是的。所以，笔者的建议是如果不能完全按照自己的兴趣来选专业领域，那就至少要选那些自己不反感或者讨厌的专业方向。这个是底线，绝不能突破。千万不能选一个自己非常反感的领域作为自己将来的专业领域。

对于按照兴趣导向来选择自己的执业领域，笔者自己一路走过来对此感受很深。作为律师，大家都是从助理逐渐做到合伙人甚至更高位置的。这个过程中，大家会遇到困惑，也会有迷茫，甚至想放弃。每每这个时候，如果自己选的专业领域是自己感兴趣的，那么无疑会给大家提供坚持下来的动力。相反，如果所从事的领域都是自己不喜欢，甚至厌恶的，那么就增加了更多的负面因素。

除非不做法律或者去做法务，否则年轻律师总有一天会做到合伙人，这个时候你在多大程度上还想把自己的时间花在客户的项目上，纯粹取决于你对自己的专业领域的兴趣。如果年轻律师选的专业不是自己喜欢的领域，那么会很难在非常忙的时候把自己的时间花在客户的项目上，尤其是有优秀团队支持的时候。作为律师，尤其是专业律师，如果长期不能在客户的项目上花足够的时间，自己的专业性是会大打折扣的。长此以往，专业性将会逐渐丧失，从而从专业律师蜕变成没有专业的律师。因此，兴趣是保证专业律师变得越来越专业的基础。没有兴趣，很难保证一位律师会持之以恒地努力展现自己的专业水平和技能。

即使做了管理合伙人，笔者还是会偶尔填写经营者集中反垄断申报表的。

了解这个行业的律师都知道，实践中基本都是律师助理或者初级律师来填写反垄断申报表，合伙人只是指导和审查申报表的内容。当然，笔者也就每年填一个项目的申报表而已，不能所有的项目都亲力亲为。每次跟同行聊这个事情的时候，都会被笑话，说笔者这么大的管理合伙人还去干这个事。其实不是想干，是自己控制不住地就会干。因为如果团队干完了以后自己说哪些地方做得不好的时候要有的放矢，要能让团队律师真的佩服自己的修改建议，笔者有时候会亲自给团队律师做示范。之所以会时不时地参与到项目中，即便是简单的项目，就是因为笔者很喜欢反垄断这个领域，会抑制不住自己的冲动去做项目。笔者经常跟客户说，他们让笔者做会很放心。为什么这么说呢？因为笔者作为管理合伙人还是会亲自参与项目的。这个不仅仅是因为要对客户的项目负责，更多的是因为笔者对于反垄断领域的喜欢。如果是遇到特别有挑战的和前沿的业务笔者就更会全程参与。例如，国际航空联营的业务，笔者都是自己全程参与国内外的现场谈判，并且自己做主要的联营文件。这并不是客户要求的，而是因为自己实在是非常喜欢这个领域，喜欢参与这个领域的前沿业务。因此，笔者认为一旦律师选择的专业领域是自己真正喜欢的方向，那么年轻律师在做这些专业领域的业务时的动力是完全不一样的。

看到这里，有些律师不禁要问，还没入行的律师怎么会知道自己喜欢哪些专业领域？毕竟没尝试过也不知道是否喜欢。这个确实是很现实的。其实笔者当初出国读研究生的时候，也是有这个困惑的，尽管所处阶段不同。2002年笔者去布里斯托大学读研究生的时候选了当时感觉高大上的国际法专业，其中包括 WTO 争议解决。选 WTO 争议解决这门课纯粹是因为当时中国刚好加入 WTO，所以跟 WTO 有关的课程都很火。笔者连就业前景都没考虑。跟现在的年轻律师比，笔者的选择更没有多少合理性。布里斯托大学的法学院允许读研究生的学生旁听没有选的专业课。那时候笔者就是因为好奇旁听了反垄断法课程。当时笔者在国内没有听过更不要说学过反垄断法了。不过几次课听下来，笔者对反垄断法产生了浓厚兴趣，后来就想读这个领域的博士。

所以，笔者在选择研究生专业领域的时候也没有很科学。幸亏在学习过程中发现了自己喜欢的领域。尽管这个是选择研究生的专业方向，但是对于年轻律师按照兴趣选择专业领域还是很有借鉴意义的。不管做什么事情，能够按照自己的兴趣去选择总是最好的。只有选择自己喜欢的专业领域才能 100% 发挥自己的主动性和潜能。正因如此，笔者才把兴趣导向作为年轻律师选择专业领域的第一标准。

（二）优势导向

优势导向是指年轻律师在选择自己的专业领域的时候一定要结合自身现有的优势或优点，而不能盲目随波逐流跟随一些所谓的热门或者大火的专业领域。例如，前些年资本市场很火，很多年轻律师就毫不犹豫地选择资本市场作为自己的专业领域。殊不知做资本市场需要非常严谨的态度和很强的文字功底。而在选择的过程中，忽视了自己是否有做资本市场的优势。又如现在很多年轻律师都有出国留学的经验。对于出国留学回来的年轻律师其优势包括国际化的视野、与国际人士打交道的经验和外语能力。这些有海外留学甚至工作经历的年轻律师在选择其专业领域时就可以考虑那些能够发挥其优势的国际化的业务领域，如海外并购、国际贸易、国际仲裁、国际反垄断和全球隐私保护等。总之，年轻律师在选择专业领域时就要发挥自己的优势，同时避免自己的短板。与其花大量时间在提高自己的短板上，不如花时间去强化自己的优势。这样更容易在激烈的竞争中脱颖而出。因此，年轻律师在选择自己的专业方向时一定要考虑到自身的特长，并且自己选择的专业领域能够用得上自己的特长。

那么在选择自己的专业领域的时候年轻律师如何结合自己的优势和特长呢？首先，年轻律师可以将自己的优势和特长列一个清单。然后将这些特长和优势同根据兴趣选择的某个或者某些专业领域进行匹配。凡是能够为专业领域带来增项的特长就是有利于所选专业领域的。反之则相关专业领域跟自身特长和优势不匹配。

笔者刚开始在美国所工作的时候感觉竞争很激烈，觉得大家都很聪明能干，所以也努力提升自己短板的领域。但是后来笔者逐渐发现拿自己的短板去跟别人拼是很不明智的。实际上有些东西不是短期就能改变的，甚至想长期能改变都是不容易的。因此把重点放在提高自己的短板的做法投入产出比很大，得不偿失。笔者的经验是，律师大概可以分成两类，一类是擅长做文件的，文笔好，做事仔细认真；另一类是跟客户沟通能力特别好的，能让客户有信任感。律师基本上是这两大类之一，很少有律师两方面都是特别好的。笔者是跟客户沟通的能力要强于做文件的能力。因此，年轻律师需要知道自己大概是属于上述两种类型中的哪一种，这样容易去发现适合自己的专业。年轻律师不要跟自己较劲，花大量的时间去弥补自己的短板。笔者认为律师这个行业不适合木桶效应。律师就看长的板，因为最终让你脱颖而出的是你最擅长的东西，而不是你最差的。未来更多的是团队作战，大家一贯都说诉讼比较特殊，需要团队的时候比较少，但是再少它也要团队。所以笔者和同事也这样说，一定要学会组合，你不要招一模一样的人，团队成员要有互补性和分工。所以，年轻律师在选择专业领域的时候一定要选能够发挥自己优势的领域。例如，笔者经常建议那些有留学背景的年轻律师选择国际业务，这样可以发挥他们的语言优势、了解外国文化生活习惯的优势和擅长跟外国人打交道的优势。

（三）可持续性

可持续性是指律师选择的专业领域本身要具有可持续发展的未来。举个可能不太恰当的例子，前几年基金业务很火，但是没有持续多久这个业务就逐渐走下坡路了。当然，每个领域都有上升期和下降期，不存在一直上升的领域。存在发展波动是正常的，但是如果长期发展趋势是下降的，那就不是好的专业领域。毕竟律师的职业生涯都比较长，如果选择的专业领域不具有长期成长性，那么律师就会面临中途换专业方向，从而导致二次重新起步的问题。不可否认，律师能够很准确地判断自己所选的专业方向是否为可持续的是非常不容易的。

尤其是在按照“一切向钱看”的标准指引下，律师会很容易选择那些看起来非常火或者热门的领域。

律师在选择专业领域的时候之所以要考虑可持续性是因为如果没有可持续性，律师经过多年发展而树立起来的专业声望就会变得没有用武之地，因为自己选择的专业领域已经不存在了，或者几乎没有市场需求了。就像企业生产一种产品，消费者不需要，那此种产品就没有被生产的必要了，而律师在执业多年后，又不得不重新选择专业。此时，相当于二次创业。尽管此时律师具有更丰富的律师经验和人生阅历，跟第一次选择专业领域相比会发展得更快。但是这个从零到一的过程还是有的。而且在一个好的专业领域没有十年以上的功夫是很难成为真正的专业大咖。所以，律师在选择专业领域的时候要尽量避免选择那些未来不太确定的领域。对于年轻律师而言有冒险精神是好的，但是盲目去冒险就没有必要了。毕竟能够从众多年龄相仿的同行中脱颖而出，成为专业律师才是最好的发展路径。

尽管对于年轻律师而言判断一个领域是否具有可持续性是比较难的。坦白讲，笔者开始工作的时候也不能判断自己选的反垄断领域是否具有可持续性，虽然现在看来反垄断领域还是具有很好的可持续性的。笔者只不过比较幸运，选择了具有可持续性的专业领域而已。正因为笔者当时没这个意识，所以现在笔者建议年轻律师在选择专业领域的时候还是要考虑专业领域的可持续性问题。当然，对于年轻律师来说，判断一个领域是否具有可持续性是很有难度的，尤其是新兴领域。比如说，我们现在经常看到原来做新三板的律师现在开始转专业，甚至完全放弃了原有的专业领域。因此，如果选择可持续性差的专业领域，可能还没等年轻律师成长为专业律师，该专业领域就没了或者业务萎缩非常快，这对于年轻律师成为专业律师是非常不利的。毕竟巧妇难为无米之炊，如果没有可持续的业务来源，年轻律师是无法成为专业律师的。

（四）选择有专业门槛和技术含量高的专业领域

选择专业领域的时候，除了满足上述三个条件之外还要考虑所选择的专业领域是不是有比较高的准入门槛和技术含量。进入门槛低的专业领域并不等同于没有可持续性，这两者是不存在必然联系的。不过，专业门槛低的领域其实也很难形成真正的专业领域。如果一个专业领域的入门门槛比较低就会导致大量的律师进入该领域，从而导致过度竞争，最终会走向低价竞争。这样的领域进入很容易，但是很难从众多竞争对手中脱颖而出。而且，如果进入门槛低、技术含量不高的话，就会导致该领域的专业度是比较低的。实际上，门槛低、技术含量不高的专业领域很难被同行认为非常具有专业难度。那么哪些领域可以被认为是专业门槛高、技术含量高的专业领域呢？以知识产权领域为例，我国有很多知识产权领域的律师，但是相对来说具有专利代理人资格的律师却不是很多，因为没有理工科本科的学历是不允许考专利代理人资格的。所以，笔者一直认为专利是属于专业门槛高、技术含量高的领域。同理，航空融资租赁领域也是属于专业门槛高、技术含量高的领域。一方面航空融资租赁合同一般都是适用英国或者爱尔兰法（也有少数航空融资租赁合同适用纽约法），所以英文一定要好。另一方面航空融资租赁领域的律师要对飞机构造、功能、使用年限等行业知识非常了解。这些都不是一个普通年轻律师可以轻易掌握的。

需要强调的是，笔者之所以把选择专业门槛高和技术含量高的领域作为最后一项选择专业的标准，是因为这个标准是在满足前面三个标准后才考虑的，而且专业门槛和技术含量都是相对的。不能极端化，不是专业门槛越高越好，技术含量越高越好。专业门槛和技术含量的高低还要考虑律师自身的条件和成长空间，千万不能不切实际地好高骛远。同时，门槛和技术含量高的专业领域也不是每家律所都有的业务。尤其是那些在所谓三线、四线城市执业的年轻律师，很多门槛和技术含量高的专业领域都没办法接触。当然这就又涉及律师在选择专业领域的时候也会受到执业地区的法律服务发展水平的限制。

总之，年轻律师需要根据实际条件尽可能选择门槛和技术含量比较高的专业领域，而不能图省事，选择门槛和技术含量比较低的领域作为自己的专业领域。专业门槛和技术含量低的领域会直接导致律师经过几年发展后因为所选领域的技术已经达到极限而无法继续提升专业水平，最终导致专业化失败。

（五）如何运用上述四个标准选择适合自己的专业领域

上面提到的兴趣导向，优势导向，可持续性和选择专业门槛高、有技术含量是笔者通过实践并且观察多位律师成长而总结出来的。那么年轻律师如何运用上述标准选择真正适合自己的专业领域呢？

笔者以自己的职业成长作为例子跟大家分享一下。需要强调的是，笔者在选择自己的专业领域的时候并没有明确参照上述标准。但是回过头来分析，恰好是完全符合上述标准的。这也是笔者极力想把兴趣导向、优势导向、可持续性和专业门槛高且有技术含量作为年轻律师选择专业领域的四要素推荐给想走专业化道路的年轻律师的原因。

笔者当年在英国选择反垄断法作为博士研究方向其实也是兴趣使然。2002年笔者在英国布里斯托大学读研究生。当时有幸旁听了一门叫欧盟竞争法的课程 。当时国内没有反垄断法，所以笔者在国内读本科的时候完全没有听说过反垄断法。经过几次旁听课后，笔者对反垄断法非常感兴趣，于是就想继续研究反垄断法。笔者后来去格拉斯哥大学读反垄断法博士也是因为兴趣。2007年笔者完成博士论文寻找工作的时候，刚开始并没有想去律所，甚至在大学期间笔者都没有去律所实习过。跟现在很多年轻律师相比，应该说笔者在职业规划上是比较失败的，因为笔者对自己的职业规划是相当不明确的。笔者当时只给一家美国律所的合伙人发了一封邮件。大意是说自己是学反垄断法的博士，现在想找一个律所职位。比较幸运的是，2007年8月30日中国的《反垄断法》正好颁布，但是还没实施。所以，顶级的国际律所在中国的代表处都是很急需懂反垄断法的中国人的。所以，笔者就这么幸运地被录取了。因为国际律所都是专业化程度很高的，所以笔者被录取后就很自然地被分配到了反垄断法团队。从表面上看，笔者的专业化之路带有很大的偶然性。但是细细分析又有很多必然性。笔者之所以给美国所那位合伙人发邮件是因为之前读过他写的一篇关于中国反垄断法的文章，想跟着他学习反垄断法实务，这就是兴趣导向。笔者在英国读反垄断法博士，那个时候中国人中有这种背景的几乎没有，这也成为笔者日后选择反垄断法专业方向的优势。而且，中国的反垄断法跟欧盟的反垄断法有很多相似之处，这就是优势导向。反垄断法作为新兴业务领域其可持续性也是毋庸置疑的。当然，现在说反垄断法作为专业领域的可持续性有点事后诸葛的感觉。毕竟在中国《反垄断法》刚刚颁布的2007年并不是每个律师都是这么认为的。此外，反垄断法本身是进入门槛比较高和技术含量比较高的领域。笔者一贯秉承反垄断法的律师最好是反垄断法科班出身。尽管通过实践非反垄断法科班出身的律师也可以成为反垄断法领域的律师。而且，事实上早期从事反垄断法的律师，除了笔者以外，基本都是没有科班学过反垄断法的。但这些是发生在中国反垄断法实施的初期，那时候无论是执法水平还是理论水平都不高。随着中国反垄断实践的不断发展，对反垄断法的理论要求越来越高。只知道被动适用法条而没有很好的反垄断法理论功底的反垄断法律师是无法真正成为反垄断领域的专业律师的。具有反垄断法科班背景就是成为反垄断法专业律师的门槛。同时，反垄断法律师还要懂经济学。此外，国际性的反垄断法律师还要英文好，懂多个国家和地区的反垄断法。所以，反垄断法的进入门槛和技术含量都是比较高的。纵观笔者的专业领域选择，是完全符合兴趣导向、优势导向、可持续性和专业门槛高且有技术含量四要素的。

也许大家会觉得笔者的专业领域选择有太多偶然性，可能不太适合大家的情况。笔者再给大家分享一下笔者同事的专业领域选择的经验。我们暂且叫他A律师吧。A律师是中国政法大学的民商法硕士。在读研究生时就在一家律所实习。他最早接触的领域是基金方面的业务，当然实习期间也做其他公司业务。

A 律师毕业后不久就加入了斐石北京办公室。在加入斐石的前两年，A 律师主要是做公司业务和基金业务。其间 A 律师发表了多篇有关基金业务的文章，而且还被收录到专业书籍中出版发行。应该说作为年轻律师，A 律师是很早就选择好了专业领域，并且初露头角。但是随着基金业务的萎缩，A 律师的专业化之路受到阻碍。按照选择专业领域的四个标准来分析，A 律师的专业化之路的主要症结是所选专业的可持续性问题。

当然，A 律师的故事还没结束。在 2018 年年初，随着中国企业对欧盟数据保护和隐私规定的重视，A 律师凭借斐石国际平台在数据保护领域的优势，开始转型做数据保护业务。经过两年多的发展，A 律师为众多国内外企业提供数据保护和隐私方面的法律服务。A 律师能够转型成为数据保护领域的专业律师与他对数据保护领域的兴趣是分不开的。同时，他也有这方面的优势。作为中国名牌大学毕业的研究生，其英文功底不弱。而且，具备钻研和学习新业务的能力。这一点在其能成为基金领域的专业律师上就得到了验证。从目前的发展来看，数据保护和隐私领域的可持续性是非常好的。而且数据保护领域的进入门槛和技术含量还是很高的。好的数据保护律师不仅要英文好，而且要懂主要国家和地区的数据保护法，而不能只知道中国的数据保护法，因为数据保护法具有全球性的特点，很多立法具有相似性。好的国外立法和实践会被中国借鉴，成为国内立法和实践。

当然，A 律师转型成为数据保护领域的专业律师的过程也是很艰辛的。他要花大量的时间去学习专业知识。而且还要提高自身的英文水平，因为数据保护的业务非常国际化，英文是工作语言。为此，A 律师还参加了 AIPP 组织的专门针对欧盟数据保护的 CIPP/E 资格考试，是国内为数不多的通过此考试的中国律师。此外，为了提高专业技能和英文，A 律师还被律所派往伦敦总部去交换学习。这些对于没有出国留学经历的 A 律师来说都是有挑战性的。但是，A 律师凭借过硬的基本功和勤奋成功的转型成为数据保护的专业律师。

之所以举 A 律师的例子是想告诉年轻律师其实没能一次就选择对的专业领

域的例子是真实存在的，而且可能还不占少数。毕竟不是每个年轻律师都能一下子就成功找到自己的专业领域。一旦这种事情发生在自己身上也不要气馁，要学会及时止损，千万不要在错误的道路上越走越远，而是要及时调整自己的专业领域，重新选择适合自己的专业领域。同时也需要强调的是，这种转换专业领域的事情不能经常发生。否则会对自己的专业化之路产生负面影响，甚至有可能导致专业化失败。

二、第二阶段：进入专业

选择好了专业还只是万里长征的第一步。对于年轻律师而言，选择好了适合自己的专业相当于找到了自己职业发展的方向。但是光有发展方向是不够的，年轻律师还需要找到实现自己专业化理想和目标的律所 / 平台和团队。古语云："千里之行，始于足下。"笔者把这个过程称为进入专业阶段。那么年轻律师究竟如何才能做到进入专业呢？

第一，年轻律师要想成为专业律师，就需要选择律所 / 平台和合伙人 / 团队。关于律所 / 平台重要还是合伙人 / 团队重要的争论已经存在很多年了。笔者在此不详细展开。对于笔者而言，二者都重要。但是具体到某个专业领域的时候可能二者的重要性就不一定是一样的了。笔者认为，如果年轻律师选择个人性比较强的业务领域，如诉讼业务，尤其是国内诉讼业务，那么带你的合伙人的重要性就会大于平台。相反，如果年轻律师选择更多需要大量团队合作的专业领域，如大型公司并购业务和资本市场业务，那么律所平台的重要性就会大于带你的合伙人。以反垄断专业为例，笔者认为律所 / 平台更重要一些，因为反垄断领域的客户都是国内外知名企业。如果律所很小和不出名的话连参与反垄断项目的投标资格都不符合，更不要说能够拿到反垄断项目了。因此，年轻律师要根据自己的专业领域来选择律所 / 平台和合伙人 / 团队。当然，这些都是相对而言的。随着中国法律服务市场的发展，好的律所也拥有更多好的合伙人和团队。因此，年轻律师在选择合适的律所和合伙人的时候也不用特别纠结。

同时，年轻律师选择律所 / 平台和合伙人 / 团队要考虑自身的特点，适合自己的才是最好的，千万不能一味追求排名。当然排名可以作为选择的参考，但是没有必要唯排名论。同时，要多向已经在目标律所或团队工作的朋友、校友了解目标律所或团队的情况。花时间去了解目标律所或团队是必要的。毕竟一旦选定律所或团队，年轻律师一般至少要工作两三年的时间（考虑到现在实习的时间都比较长）。笔者认识一位年轻律师，她当时仅仅因为某个小所的业务领域听起来很光鲜就加入了该所。加入前并没有做很多的了解，当然也可能了解了，但是问题都被这家律所的光鲜所掩盖了。等到真正入职工作几年后才发现，自己是唯一具有留学背景的律师，而且其所做的业务也利用不上其留学背景。古语云，物以类聚，人以群分。所以，在选择合适的平台或律师团队的时候一定要花时间了解一下目标律所或团队的现有律师构成，看看其现有律师中是不是有跟自己背景相类似的。如果没有，或者很少，笔者建议最好还是不去这样的律所。

第二，年轻律师也要考虑其执业所在的城市。有些专业领域在不同的城市发展程度和业务机会是不一样的。以反垄断法为例，当《反垄断法》在 2008 年 8 月 1 日开始实施的时候，由于反垄断法是中央事权，所以在反垄断法初期主要执法获得都是由在北京的发改委、商务部和工商总局来主导的。尤其是经营者集中申报的反垄断审查一直都是中央部委才有审查权限，地方政府无权审查经营者集中。因此，《反垄断法》出台的前几年基本上都是在北京执业的律师做反垄断法业务。即便经过了十多年的发展，目前能够有很好的反垄断法业务的律所和律师团队也都集中在北京。因此，即便是同一家律所，年轻律师也要考虑是在该律所的哪个办公室执业的。所以，年轻律师不仅要选择律所还要考虑具体执业所在的城市。

总体来讲，从律师行业发展水平来看，北京和上海的律师行业发展水平是在国内领先的。在北京和上海执业会使得年轻律师有机会接触自己专业领域的最前沿业务，同时结识更多的专业大咖。从竞争压力的角度来讲，在北京和上海执业对于年轻律师来讲也是比较有挑战性的，毕竟在北京和上海执业的律师基本上都是国内最好的律师。同样，在二三线城市执业也是有优势的。毕竟这些城市竞争压力小，更容易崭露头角，争取到更多的业务机会。笔者有个格拉斯哥大学的小师弟。他毕业后没有选择北京和上海这些大城市，而是选择回到自己家乡的省会城市。现在他在自己家乡成功把自己发展成为媒体知名律师，他兼职主持当地电视台的一些法律节目。所以还是那句老话，最好的不一定是最适合自己的。笔者认为，年轻律师在选择执业的城市时要量力而行，综合考虑自身的优势和抗压能力等多方面来决定在哪个城市执业。当然，如果所选择的律所允许律师自由换不同办公室执业，那就更好了。目前，斐石允许律师在北上广三个地方的办公室之间自由选择执业地点。

第三，年轻律师一旦选择好专业，并且找到合适的平台和团队后，就要努力投入，做到专业。其中既要努力学习相关专业理论，也要努力参加相关项目。在这个过程中切忌急功近利，急于求成。有些年轻律师在参与项目过程中会不太愿意做很边缘的业务，想一下子就成为主办律师，做非常核心的业务。有这种理想是好的，一般来讲合伙人也喜欢有理想的律师。但是，毕竟年轻律师经验有限，而且，合伙人也需要考查年轻律师是不是适合客户的风格和要求。所以，一般会让年轻律师先做一些不是特别核心的事情，以便考查该律师的能力和潜力。例如，笔者北京办公室有一个年轻同事，刚刚实习几个月。笔者有一次在外地出差，所以让他帮忙打印一下服务协议，然后去申请盖章。该同事拿到协议后，没有像其他同事那样就直接帮笔者打印去盖章，而是仔细读了一下服务协议，并且发现了几处他认为有问题的地方。这个事情给笔者的印象特别深刻。之后，因为该同事做事认真负责的优点，笔者开始逐渐在一些重要的项目中让他参与，并且发挥其认真和有责任心的优点。所以，年轻律师一定要抓住每一次合伙人和其他同事给的机会，努力做好。这样才能取得大家的信任，从而逐渐接触更多的核心业务。

第四，年轻律师要学会在参与的每一项业务中仔细体会，这样有利于提高自己。有些时候，年轻律师可能参与的项目很多。多到自己只能忙于应付完成合伙人或团队其他同事安排的工作，而没有时间仔细体会自己做的事情在整个项目中的作用，也没有时间了解整个项目。当然，年轻律师也会面临自己从事的事情跟做到专业的目标越来越远的困惑，这些都是正常的。每当遇到这些情况的时候，年轻律师就需要仔细思考，如果存在问题就要学会及时调整。同时，多跟其他同事或者合伙人交流，从他们身上学到经验和教训。笔者在做到专业的过程中也有类似的经历。例如，当初笔者刚刚入职的时候，尽管是专门做反垄断业务，但是反垄断业务也包括很多工作。当时笔者做的工作中就包含大量的翻译，因为当时做的都是涉及外国公司在中国的反垄断申报业务。当时笔者非常不喜欢做这些翻译工作，感觉很苦恼。但是也没有办法，只能硬着头皮做。那时候笔者没有跟同事多交流这些苦恼和困惑，因为觉得那样会显得自己很没用。笔者随着不断成长才逐渐明白了当年做翻译这个基本功有多重要。现在笔者常常后悔当初没有意识到翻译基本功的重要性，所以没有把这个基本功学好。因此，笔者的经验是要努力体会自己做的每一件事情，并且努力看到其背后的意义。同时，笔者建议遇到职业发展困惑的时候要学会向同事和年长的律师请教，这样可以帮助年轻律师成长。

第五，年轻律师要有责任感。凡是合伙人或者其他同事安排的任务一定要全力完成，不能觉得做得差不多就行，反正有其他团队同事帮着检查。自己负责的事情一定要保证质量，不能把希望寄托到其他同事和合伙人身上，希望他们能发现自己工作成果的不足。毕竟，大家都有自己要负责的事情。在非诉业务中，团队之间的配合是非常重要的。而且，很多时候都是背靠背地配合。所以，如果年轻律师负责的业务不能保证质量就会导致整个项目的质量受到影响。而且，长此以往，也会导致其他团队成员和合伙人不愿意带该律师做项目。无论是合伙人还是其他团队成员都喜欢跟有责任感、做事认真的同事配合。其实有责任心表面上看跟做到专业并不是直接相关的，但是实际上恰恰是非常重要的。

因为如果没有责任心，参与做项目的机会就会减少甚至没有。如果没有了参与项目的机会，做到专业也只能是纸上谈兵。毕竟要做到专业还是要靠不断地参与相关业务，在实践中提升自己的专业水平。

三、第三阶段：不断专业化

笔者在本文开始的时候就提到，专业律师本身的专业也是在不断被细分的。例如，公司业务又进一步被细分为并购律师、资本市场律师、私募律师等。因此，律师的专业领域面临着不断细分的趋势。年轻律师在选择了适合自己的专业领域并且成功进入该领域后，还需要通过学习和实践来不断提升自己的专业水平和能力。笔者把这个阶段称为不断专业化的阶段。当然，笔者自己也还在这个阶段上努力奋斗。平心而论，成为专业律师的三个阶段里不断专业化这个阶段才是最难的。我们常说，学如逆水行舟，不进则退。其实做好专业律师也是一样的。如果不能不断提升自己的专业水平，逐渐地，专业律师就会变成不专业的律师。

以笔者从事的反垄断法领域为例，笔者 2007 年年底回国专门从事反垄断法业务至今，十几年过去了。应该说笔者在 2010 年左右就完成了律师专业化第二阶段即进入专业的阶段。那么接下来的十年时间笔者都是在不断提升专业水平，并且随着中国反垄断法理论和实践的发展开始进入一些之前没有的反垄断细分领域，如国际航空联营。笔者早在 2008 年就参与过国际航空公司并购的反垄断申报项目。那是笔者第一次接触航空领域的反垄断业务。后来由于一些机会，笔者开始认识一些航空领域的律师和法务，逐渐了解这一行业，并且陆续提供一些很小的咨询和培训。坦白讲这些业务量都非常小，当时也没有专门做全面航空联营业务的律师。其实即使现在除了我们斐石的反垄断团队以外，也很少有可以为航空公司提供全面国际航空公司联营的服务的律所。这主要是因为航空联营涉及很多纯行业的知识和商业习惯，作为外部律师需要花很多时间才能有大概的了解，而且这还是在有很好的项目机会的情况下。如果没有很好的项目机会，外部律师是不能了解这些的。此外，国际航空联营谈判对英语要求极高，因为所有国际航空联营谈判都是英文，谈判文件只有英文版本，没有我们律师常见的中英双语版本。最后，全面参与国际航空联营的律师还要懂反垄断法，不仅仅是中国的，还要懂全球主要国家和地区的反垄断法，尤其是欧盟、英国、澳洲和日本的反垄断法。笔者自己也是在专业化的过程中逐渐利用各种跟航空律师和法务接触的机会不断学习理论和积累非常紧缺的项目经验，最后成功开拓了一项全新的反垄断细分领域，目前国内航空公司的国际联营项目基本上都是笔者带领斐石团队做的。这一过程说起来很简单，但是回过头来看确实也是不容易的。国际航空联营业务是比较新的，这个业务主要由航空公司的商务部门和财务部门来主导谈判，法律部门只是保证联营过程和最后文件的合法合规。因此，以前外部律师介入的国际航空联营项目都是比较浅的项目，并没有全程介入国际航空联营谈判的各个阶段。正因如此，想要更深入和全面地介入这个业务是比较困难的。一方面没有很系统的航空反垄断法理论书籍，另一方面也缺乏很好的项目经验来借鉴。所以，很容易陷入一种恶性循环中。做了四年国际航空联营业务，笔者总结了一下，尽管这一过程有不可控的因素，但是归根结底还是要不断提升自己的专业水平，只有这样才能发现自己专业领域的细分领域，并且抓住机遇迅速成为专业细分领域的专家。

笔者之所以跟年轻律师分享这段经历，是想让已经成功选择了适合自己的专业领域并且顺利完成了进入专业领域阶段的年轻律师意识到成为专业律师的路还很长，律师的专业化是不断细分、不断深入和不断更专业的过程，这个过程本身是没有止境的。正因为专业化之路是没有止境的，年轻律师在进入专业领域后要更加努力提升自己的专业水平，而不能停滞不前，满足于已经取得的初步专业化能力和水平。那么年轻律师如何才能不断提升专业水平，真正做好专业呢？

年轻律师要加强专业领域理论知识的学习。法学理论和实务脱钩的现象已经很常见。笔者认为，法学理论可以为实务发展提供理论和技术支持，实务能够为法学理论的发展提供方向。两者是相互依存、不可分割的。没有法学理论的支持，法律实务是走不远的。相反，没有法律实务的支持，法学理论研究就失去了方向。因此，专业律师要想不断提升自己的专业水平就必须利用闲暇时间学习相关的法学专业理论。真正做到不仅仅要知道法律是如何规定的，还要知道为什么法律是那样规定的。这样才能在实务中避免简单被动地运用法条，而不知道灵活变通。跟很多律师不同，笔者是获得了反垄断法博士以后才开始从事反垄断法实务的。所以，笔者从事反垄断法实务是有很好的反垄断法理论基础的。尽管如此，在参加工作的第二年，笔者就发现原有的理论知识已经不足以支持笔者的专业化发展。其实经过了博士阶段的辛苦，笔者当时是非常抗拒还要继续加强学习专业理论知识的。但是，既然选择了反垄断专业，不继续学习理论知识也没办法发展。所以，笔者当时继续学习反垄断理论并不是完全自愿的。事实上，很大程度上是迫于形势。尤其是当时所在的国际律所的同事都非常优秀，自己根本不敢懈怠。所以，笔者在业余时间开始继续大量阅读国际反垄断法的前沿文章和著作。这些理论学习在笔者应对中国反垄断法发展初期案例和实践经验比较稀缺的情况下很有帮助。

读到这里可能会有年轻律师不禁要问，是不是要读个博士来使得自己更专业化呢？其实也不尽然。笔者认为一边工作一边读博士，要想读好书是不容易的。当然笔者是说要读好这个博士学位，而不是混个文凭。因为工作会占用大量时间，很多情况下，年轻律师的时间不是自己能支配的，还可能经常出差。一般工作后再去兼职读博士都是工作多年的律师，他们的工作时间相对自由一些。但是这个时候有多少律师可以真正静下心来读书就是个问题了。笔者见过一些一边工作一边读博士的律师，他们都是做合伙人多年，其中一些人在读博士过程中会让助理帮助查研究资料。根据笔者的接触，这些人当中有相当一部分读博士的初衷不是想使自己变得更专业，而是想利用读博士来扩展资源和增加业务市场开拓的机会。当然这些无可厚非。笔者只是想说不断专业化是没有必要一定通过读博士来完成的。事实上，笔者认为二者完全不同。

既然对于年轻律师而言工作后短期内兼职读博士不太现实，那么要不要等读完博士再去工作呢？因为笔者是从本科一直读到博士的，而且硕士和博士学位都是在英国获得的，所以经常会有年轻律师来问笔者这个问题。坦白地讲，如果年轻律师选择的专业领域是比较前沿的，国内相关立法和实践还处在形成过程中，那么笔者认为读相关领域的博士是比较有帮助的，而且确实能够使得年轻律师在其接下来的几年都保持相对领先的地位。这主要是因为该领域缺乏实践经验，所以理论知识就显得更为重要了。相反，如果年轻律师选择的领域是发展相对成熟的业务领域，读该领域的博士能为其带来的专业优势是比较有限的，这个时候实践经验更为重要一些。因此，是不是要读到博士才能成为更专业的律师也是因人而异、因专业领域而异的。

要不断专业化光有理论深度是不够的，律师还要努力参加和主导自己专业领域的业务。律师的成长还是要靠实践的。这也是专业律师区别于大学老师的地方。对于已经在专业上小有成就的律师来讲，继续花时间投入业务中也不是件容易的事情。由于要开拓业务和发展客户，以及一些社会活动的增加，当律师逐渐变成高级顾问或者合伙人后，具体从事专业业务的时间就会减少。此时，专业律师就更要努力挤出时间来提升自己的专业水平。一方面要努力关注专业领域的最新法律发展。不仅要关注中国的相关立法和执法新动向，同时也要关注全球主要国家的相关立法和执法发展。另一方面也要积极投入相关项目中。一些合伙人在有团队支持后开始逐渐减少了自己投入项目的时间。对于专业律师来讲，长时间不自己亲自参与项目的话，专业水平的提升是会受到限制的。总之，在成为专业律师后，律师还需要不断努力提升业务水平。这是没有止境的。以笔者为例，尽管现在是管理合伙人，每年出国参加斐石全球管理合伙人会议就多达四次，参加朝阳区律协、北京市律协和几个专业委员会的会议会把时间占去一些，还不用说平时要花大量时间维护客户和开拓市场。此外，笔者平时还要花时间管理斐石中国区的北上广三个办公室。这些工作使得笔者参与项目的时间明显受到限制。因此，笔者开始逐渐利用各种出差的空档来做项目。尽管随着执业时间的增长，律师会变得越来越忙，但律师是不能完全脱离业务的，一定要尽可能在有限的时间里挤出时间做业务。长期不做业务，很难做到不断专业化。不仅要做业务，还要尽可能做专业领域里非常复杂的业务，这样才能提高专业水平。当然，想通过复杂的案件来提升专业水平的前提是要抢到这样的业务才行。能抢到这样的复杂业务从某种程度上也印证了该律师或其所在的律所是足够专业的。

笔者在执业中遇到过做得比较好的专业律师，也很知名。其在执业几年后，就把大部分时间用来搞客户关系和对外宣传了，业务都是由团队来做，自己完全不做业务。笔者认为之所以造成该律师脱离业务，专注市场开发，是因为其从事的领域门槛不高、技术含量较低，导致其专业化几年后便没有更多的提升空间，而此时要想维持很好的收入就必须花更多的时间维护客户和做更多的市场宣传。如果从事的专业领域门槛不高，同时又比较赚钱的话，必然会吸引很多律师加入这一专业，从而大家只能拼价格和拼关系。显然这对于先进入该专业领域的律师有一定优势，但是架不住后来的律师价格更低。所以，笔者不建议年轻律师选择进入门槛不高的领域。

笔者从2002年开始系统学习反垄断法,2007年年底开始从事反垄断法实务。近20年的时间过去了，笔者还是在不断学习和参与到反垄断法项目的实务中。而且，每年都亲自给多家央企做全球反垄断合规培训的审查。在从事实务期间也多次在国际顶级反垄断法杂志上发表文章。当然，笔者还在不断专业化的路上。也希望越来越多的律师走上专业化道路，为客户提供更专业的服务，从而体现律师的价值。

笔者始终认为，能够不断提升自己的专业水平是律师最终能否成为专业律师最关键的一步。前面两个阶段都是为了这个阶段而存在的。如果第一阶段选择的专业不是自己喜欢的，那么在第三阶段不断提升专业化水平就会因为没有兴趣而失去动力。如果第一阶段选择的专业领域没有考虑自身的优势，那么在第三阶段即便很努力，律师也可能会在激烈的竞争中感到力不从心。如果在第一阶段选择的专业领域不具有可持续性，那么在第三阶段就会出现律师经过几年发展反而因所选专业出现业务萎缩甚至消失而无业务可做的尴尬局面。如果在第一阶段选择的专业领域门槛不高、没有技术含量，那么在第三阶段律师就会面临经过几年发展专业技术水平无法提高的局面。基于第一阶段选择专业的四个标准笔者把第三阶段无法继续专业化的原因归纳为主观和客观两个方面来分析。

无法继续专业化的主观原因是对所选专业不感兴趣，没有按照兴趣和优势导向来选择专业，或者在选择专业的时候以为自己感兴趣，没有过多考虑自身优势，但是真正做了几年后发现自己并不感兴趣，也利用不上自身优势。笔者前文提到的律师成为该所唯一一位有留学背景的律师，留学经历无法在其所在的律所发挥任何优势。相反，因为在思维方式、做事风格上的细微差别，该律师的留学背景也使得她跟其他同事之间存在一些交流和工作配合上的障碍。这些其实都是细小的问题。但是经过三年的发展，她说恰恰是这些细节使得她继续在该律所做下去变得非常痛苦。

无法继续专业化的客观原因是所选专业不具有可持续性或者门槛和技术含量不高。如果所选择的专业没有可持续性，就会导致律师即便做得很好，也无法继续在该领域专业化。笔者前文提到的 A 律师，应该说作为从业才两三年的年轻律师，他算是很早就选择好了专业领域，并且进入其选择的专业领域。但是随着前几年基金业务的萎缩，他继续专业化的路径受到阻碍。其实因为所选择的专业不具有可持续性而导致无法继续专业化的情况相对来说比较少。很多专业领域是波动性发展的，存在高峰和低谷。例如，资本证券市场就是个例子。因此，不能因为一时的低谷而认为自己选择的领域是没有持续性的。当然，从这个角度来说，基金也不是完全没有可持续性的，只是相对其发展高峰而言，出现了低谷。不过不管是真正的低谷还是虚假的萎缩，对于年轻律师而言都是不利于其专业化发展的，毕竟在一个专业领域的低谷期，想要持续专业化是非常困难的，因为没有足够的业务量支持其专业化发展。

其实相比于因所选专业的不可持续性而导致的无法继续专业化的情况，因为所选专业门槛和技术含量不高而导致的无法继续专业化更为普遍。至少笔者见到的例子更多。事实上笔者认为其实有很多大家认为专业化很成功的律师就面临这个问题。他们在专业化的第一和第二阶段都很成功，甚至在第三阶段，从外表看也是很成功的。例如，笔者见过几个专业化比较出名的“80后”律师，有的甚至都是自己创建了很成功的律所。但是经过接触，笔者发现他们大部分的时间都是在维持客户，完全不做业务，业务都是由团队做的。笔者刚开始还是非常好奇和羡慕的。花很多时间维护客户关系这是必要的，但笔者无法理解是他们是怎么做到可以完全不做业务的。因为笔者一直坚信不断专业化的途径之一就是要亲身参与复杂的专业项目。只有这样才能不断提升自己的专业水平。经过不断接触，笔者逐渐发现这些律师之所以能不做业务，除了因为有很好的团队支持以外，更主要的原因是其选择的专业本身门槛和技术含量不高，团队在经过一两年的指导和实践后就可以完全独立完成业务。这种情况下，负责的律师继续提升专业技能已经没有现实可能性。同时又要不断扩大创收，所以花更多的时间维护客户就是唯一选择。因此，在一个进入门槛和技术含量比较低的领域，客户关系尤其重要，而且很容易被对手低价抢走。

所以，进入门槛和技术含量比较低是导致专业律师在第三阶段无法继续专业化的重要客观原因。如果选择的专业领域门槛不高、没有多少技术难度，那么即便想长期努力做好专业也是不可能的。因为专业门槛不高、没有多少技术难度的领域经过律师的几年努力就基本做到极致了，这个时候想要继续提升专业水平是非常困难的。这个和跳水运动员选择项目的时候有项目难度系数是一样的。如果选择项目的难度系数不高，即便动作再标准也很难得到高分。所以，要想真正能够在专业化道路上越走越远，不断提升，就需要选择专业门槛和技术含量高的专业领域。

能否在自己选择的专业领域不断地专业化是衡量一个律师专业化是否成功的重要标准。只有能够不断专业化的律师才能为国内外顶级企业提供复杂的法律服务，而不是其日常简单的法律需求。对于央企和国际500强企业来说，其本身强大的法律团队已经可以基本解决其日常简单的法律需求。因此，外部律师主要是被请来解决复杂的专项问题的。这个时候非常考验律师的专业水平。如果没有持续不断的专业化，律师就很难满足这些复杂的法律需求。

四、总结

在新冠疫情还在全球肆虐的时候谈律师的专业化发展还是很有挑战性的。新冠疫情导致很多律师和律所出现业务下滑或者不饱和的状态。疫情对于那些自负盈亏、完全靠自己项目来赚取收入的非工薪律师的影响就更大了。这时候，大家首先想到的是生存。如果连活着都是问题，还谈什么专业化。但笔者认为恰恰是这个时候才能凸显律师专业化的重要性。因为疫情会导致业务量的整体萎缩，客户会变得更加挑剔，业务机会变得更加难得。这时候专业水平高的律师才能有更多机会抢到业务。通过新冠疫情也会淘汰一批伪专业化的律师，把真正想专业化的律师留下来，这样也有利于专业律师队伍的健康发展。

一个法律毕业生从实习律师到最终成长为专业律师是要经历一系列过程的。笔者基于自己的经验大体将这一过程分为三个阶段：选择专业阶段、进入专业阶段和不断专业化阶段。这一过程有人为可以把握的因素，也有非人为的因素。年轻律师需要注意的是把握好人为因素就可以了，不要太关注那些非人为因素。年轻律师要在选择专业的时候考虑兴趣导向、优势导向、可持续性和专业门槛高且有技术含量的因素，最终选择适合自己、能发挥自身长处又具有发展前景的专业领域。当然选择适合自己、能发挥自身长处又具有发展前景和有技术含量的专业领域只是成为专业律师的第一步。要想真正成为专业律师，还需要选择合适的律所平台和合伙人 / 团队来发展自己的专业。律师经过几年的发展后初步成为专业的律师。此时，千万不能懈怠，要再接再厉，不断继续提升自己的专业水平，这是成为真正专业律师的关键。坚持不懈地提升自己的专业水平才是成为专业律师的关键，但这也是最难的。一般来讲，没有十几年甚至二十几年的实践是很难真正成为专业律师的。

最后，还是要再强调一下开头讲到的那个小马过河的故事。尽管笔者尽可能从自己的职业经历中挖掘一些笔者认为有代表性和共性的东西，但是跟很多专业律师的成长经历相比，笔者的职业经历还是有很多偶然的机会在里面。笔者当初博士专业方向选择的就是反垄断。当时中国还没有反垄断法，笔者只是根据自己的兴趣选择了反垄断法。后来找工作，笔者只是想着有些实务经验才能成为好的大学老师。于是笔者就选择了去律所。因为当时能够提供全职反垄断职位的律所基本都是顶级国际律所，所以严格说来笔者没有经历很好的专业律师成长的第二阶段，即进入专业领域。可能第一阶段也基本是凭借兴趣导向和优势导向这两个标准选择的。可持续性和进入门槛高、有技术含量并不是笔者选择专业领域时明确考虑的标准，这两个标准也是后来笔者在实践中逐渐总结的。

每个成功的专业律师的成长都是天时地利人和的结果，严格来讲可能都不具有可复制性。所以，年轻律师在选择专业和最终成为专业律师的过程中切忌生搬硬套，一定要结合自身的优点，扬长避短，这样才能事半功倍。此外，要避免一味攀比，因为每个律师所有拥有或者可以利用的资源也是不同的，千万不要看到某些成功律师所拥有的独特资源而放弃专业化的努力。尽管成为专业律师的途径有很多，可参考的经验有很多，但是笔者认为在专业化的道路上只有持之以恒的努力才是成为专业律师的关键。这一点有点像废话，但却是笔者的肺腑之言，因为很多在专业化初期小有成就的律师，后来都没能继续专业化（无论是由于主观原因还是客观原因），这也说明了不断努力提升自己专业水平的难度。因此，想要真正成为专业律师，没有不断努力是不行的。仅仅靠一时的运气选择对了专业，但是经过几年发展就不再做业务和提升专业水平的律师是不能真正成为专业律师的。这一点对于年轻律师极为重要，千万不能急功近利，要有为做专业律师而奋斗终身（至少十几年）的准备。

图书在版编目 (CIP) 数据

律师如何发展：从选择专业到做好专业 / 北京市朝阳区律师协会编 .
—北京：中国法制出版社，2020.12
ISBN 978-7-5216-1530-2

Ⅰ . ①律⋯　Ⅱ . ①北⋯　Ⅲ . ①律师业务－中国　Ⅳ . ① D926.5

中国版本图书馆 CIP 数据核字（2020）第 257413 号

策划编辑：李槟红
责任编辑：李璞娜　李槟红　　　　封面设计：周黎明

律师如何发展：从选择专业到做好专业
LÜSHI RUHE FAZHAN: CONG XUANZE ZHUANYE DAO ZUOHAO ZHUANYE

编者 / 北京市朝阳区律师协会
经销 / 新华书店
印刷 / 三河市紫恒印装有限公司
开本 / 710 毫米 ×1000 毫米　16 开　　　　印张 / 17.25　字数 / 251 千
版次 / 2020 年 12 月第 1 版　　　　2020 年 12 月第 1 次印刷

中国法制出版社出版
书号 ISBN 978-7-5216-1530-2　　　　定价：68.00 元

值班电话：010-66026508
北京西单横二条 2 号　邮政编码 100031　　　　传真：010-66031119
网址：http://www.zgfzs.com　　　　**编辑部电话：010-66075800**
市场营销部电话：010-66033393　　　　**邮购部电话：010-66033288**
（如有印装质量问题，请与本社编务印务管理部联系调换。电话：010-66032926）